组织情境中关系管理的理论建构与实证研究

王忠军◎著

吉林大学出版社

长春

图书在版编目（CIP）数据

组织情境中关系管理的理论建构与实证研究 / 王忠
军著 . -- 长春：吉林大学出版社，2022.5
ISBN 978-7-5768-0262-7

Ⅰ . ①组… Ⅱ . ①王… Ⅲ . ①组织管理学 Ⅳ .
① C936

中国版本图书馆 CIP 数据核字（2022）第 150828 号

书　　名：组织情境中关系管理的理论建构与实证研究
　　　　　ZUZHI QINGJING ZHONG GUANXI GUANLI DE LILUN JIANGOU
　　　　　YU SHIZHENG YANJIU
作　　者：王忠军　著
策划编辑：卢　婵
责任编辑：陶　冉
责任校对：柳　燕
装帧设计：叶杨杨
出版发行：吉林大学出版社
社　　址：长春市人民大街 4059 号
邮政编码：130021
发行电话：0431-89580028/29/21
网　　址：http://www.jlup.com.cn
电子邮箱：jldxcbs@sina.com
印　　刷：武汉鑫佳捷印务有限公司
开　　本：787mm×1092mm　　1/16
印　　张：20.5
字　　数：290 千字
版　　次：2022 年 5 月　第 1 版
印　　次：2022 年 5 月　第 1 次
书　　号：ISBN 978-7-5768-0262-7
定　　价：99.00 元

前　言

自 1978 年以来，中国实施经济改革与门户开放的政策，迄今已经超过 40 年。40 余年间，中国经济保持持续、快速、稳定的增长态势，实现了世界罕见的高速增长，成为全球第二大经济体，中国正势不可挡地快速崛起。中国经济发展上取得的辉煌成就，除了归功于中国共产党的坚强领导、长期稳定的社会政治局面，以及持续的改革开放政策外，各类企业组织的发展与贡献也功不可没。与此同时，东亚华人经济圈也迅速崛起，并在全球经济格局中占据重要的地位。比如以往的亚洲"四小龙"（韩国、新加坡、中国香港、中国台湾）曾在短短几十年间，造就了高速的经济增长。其中，中国台湾和香港地区及新加坡都是典型的华人社会，而韩国亦颇受中国传统文化的洗礼（Rozman，1991）。在中国及东亚华人经济圈蓬勃发展之时，许多跨国企业早已将进入中国市场、对华投资看作是提高全球竞争力并确保盈利的重要途径。基于上述理由，许多领域的学者纷纷投入华人组织管理的学术研究中，试图理解华人组织行为与管理心理学。于是，华人企业组织独特的经营管理行为、"中国式管理"备受瞩目。

与辉煌的经济成就相比，对华人的企业管理与组织行为的认识，我们仍知之有限。笔者认为，一个主要的原因是，国内组织行为学与管理心理学研究者都习惯在国外研究的基础上进行拓展，甚至重复验证，这种状况目前几乎已经到了"泛滥"的程度，成为国内学术圈中的"盛行"模式和"主流"现象。这种学术现象不仅在中国大陆如此，在中国香港、台湾地区也是如此。早在二十多年前，台湾大学心理系的组织心理学家郑伯埙（1995）就称此类研究为"移植性研究"，并不无感叹地认为："真正从中国式管理特色、中国文化与企业管理现实出发进行的'文化型研究'，则少之又少。"北京大学光华管理学院的张志学等人（2014）在总结近些年中国的组织行为学研究时发现，国内研究者在选题时偏好追随国际潮流，缺乏对本土重要问题的关注，呈现"扎堆""模仿"和"跟风"的现象。在笔者看来，这的确是一件令人深感遗憾的事情。

那么，究竟华人企业的经营管理与组织行为有什么样的特色？其背后又蕴含着什么样的文化特质？这显然是一个十分宏大又很难回答的问题。在这里，笔者仅就上下级关系这一主题进行简要归纳。

第一，中国是一个注重人际关系的社会，关系充斥在人们的日常生活、经济活动与组织行为之中（Standifird 和 Marshall，2000），并深刻影响着管理者和员工的心理与行为。在高度注重人际关系的中国社会，甚至"关系"本身往往就是人们追求的目标，而不仅是达到个人目标的手段（Tsui 和 Farh，1997）。

第二，与西方不同，中国各类组织中的员工普遍重视与上级以及同事建立并维持良好的私人关系，工作关系与社会关系的交叠与融合在中国是一个普遍的现象。对中国员工来说，在一个缺乏与上级、主管、同事进行广泛和深入的人际互动的组织中工作，是难以想象的（Yg 和 Huo，1993）。

第三，相对于推崇个人主义价值观的西方国家，在集体主义氛围更浓的中国社会，上级与下级之间关系的处理与维护对下级有着重要的影响。反过来，与下级建立和维持良好的关系也是中国的管理者有效管理下级的一个关键要素（Law、Wong、Wang 和 Wang，2000）。

　　在中国数千年的传统文化及价值体系之中，关系是一个最有代表性、也最具特色的现象。"关系"是中国人日常生活中时常听到和用到的字眼，人们常说"走关系""拉关系""托关系""关系铁""关系硬""咱俩什么关系"等等，皆体现了关系一词在中国社会话语体系中的地位，以及关系在中国社会中的重要性。也许有人会认为，随着全球化与现代化的日益发展，传统文化与价值观离我们越来越遥远。但笔者更相信很多文化学者的观点，即无论社会变革、物质经济、技术革新如何发展，文化和价值往往是根深蒂固的，也是最难改变的部分。诚如余英时（1987）先生所言："以整个中国民族而言，我深觉中国文化的基本价值并没有完全离我们而去，只不过是存在于一种模糊笼统的状态中。中国人一般对人、对事、处世、接物的方式，暗中依然有中国价值系统在操纵主持。这是一个经验性的问题，必须留待经验研究来回答。"笔者认为这个观点在今天依然没有过时。

　　搜索文献后，笔者发现近几十年来，越来越多的社会学、心理学、管理学和经济学领域的国内外学者关注中国人的关系，并对关系进行了诸多的研究和论述，在关系研究领域积累了丰富的学术成果（例如，黄光国，1988；金耀基，1992；李艳梅，1996；罗家德，2012；乔建，1982；杨中芳，2001；翟学伟，2004；郑伯埙，1995；佐斌，2002；Davies、Leung、Luk和Wong，1995；Fan，2002a；Farh、Tsui、Xin和Cheng，1998；Jacobs，1980；Leung、Wong和Wong，1996；Peng，1998；Zhang，2001，等等）。

　　有趣的是，英文中的"interpersonal relationship"一词与中文语境中的"关系"相去甚远，学术界竟然很难找到一个对应的英文翻译来指代中国人的"关系"概念。检索国外文献，目前国际学术界（比如在英文学术期刊中）对于中国人的关系概念一般直接采用汉语拼音"guanxi"来指代，这也成为一种"学术规范"。而guanxi（关系）一词在著名的华裔管理学家徐淑英教授等（Tsui和Farh，1997）的推动下，已成为西方管理学中指代中国特色管理的关键词。

目前，管理学界对于关系的研究热情长盛不衰。例如，在最近几届中国管理研究国际学会的学术年会中，"关系"成为一个重要的研究议题。不仅国内研究者在关注关系研究，一些国际学者也十分关注这一问题。概言之，当传统文化价值遇到现代化的企业组织时，自然也会展现在企业经营与组织管理上。基于中国本土概念，解释中国管理现象，是中国管理研究者的使命。关系是了解中国人社会心理与组织行为的核心概念之一，由关系概念来透视中国的组织管理是研究"中国式管理"的重要切入点。

从现实方面来看，在全球化和现代化日益发展的背景下，中国的改革开放使得经济维持快速与稳定的发展态势，中国成为世界上最大的贸易国，其巨大的内部市场吸引着大量外资的进入。在外资企业的管理本土化与国内企业的管理现代化的过程中，管理者亟须加深对中国社会文化的认识和理解，并精心地在现代管理制度和有着深厚积淀的中国传统社会文化元素间保持平衡，以推动管理变革与企业发展。因而，"关系管理"作为中国式管理的核心，目前正成为企业界探讨的热门话题，也是中国的组织管理中最复杂、最吸引人的地方。怀着这样的认识，笔者开始一段探索中国组织情境中"关系"，特别是上下级关系的研究历程。

目　录

第一章　中国人关系的概念与研究

任何学术概念均有其产生的社会文化背景，关系概念根植的是中国的传统社会与文化。在本章中，笔者首先介绍关系概念的文化背景，然后梳理关系的定义与类别，最后简要回顾关系在不同学科下的研究现状。

一、关系的文化背景

长期以来，强调社会和谐与人际关系一直被认为是中国文化最显著的特性之一（Abbott，1970）。由此而论，关系概念的文化背景一般可以归为两点：一是差序格局，二是关系取向。

1. 差序格局

"关系"概念的前身是儒家文化所推崇的"人伦"。伦，秩序也，存在于个人之间的"等差秩序"，构成了中国社会的基本格局和结构。直至现代，费孝通先生将"伦"视为"差序"，提出"关系"一词，认为个体按亲疏远近而建立与他人的等差关系，自我处于人际交往圈的中心，以差异原则对待他人，形成"差序格局"（费孝通，1998）。差序格局是费孝通（1948）在对中国乡土社会做了十年的田野调查后，从比较社会学的角度提出来的概念，用以说明中国社会结构的基本原则。费孝通（1948）认为，西方社会是"团体格局"，即每个人属于不同的社会团体，而中国社会则是具有"同心圆"波纹性质的差序格局，波纹的中心是自己，与别人发生的社会关系就像水波一样，一圈一圈推出去，随着波纹与中心的远近，而形成种种亲疏不同、贵贱不一的差序关系，如此每个人都以自己为中心构成了一个有伸缩性的社会关系网络。正如费孝通（1998）所言："在差序格局中，社会关系是逐渐从一个一个人推出去的，是私人联系的增加，社会范围是一根根私人联系所构成的网络。"

简言之，差序格局展现了中国人关系互动的三个特色之处：①以家族主义的概念来区分人际亲疏；②展现一种"特殊主义"式的人际差别对待；③具有伸缩弹性的格局界线。费孝通的差序格局思想与传统儒家所倡导的"人伦位差"有异曲同工之妙，即个人与个人之间的关系是有差等的，而非一视同仁。差序格局概念经常被华人社会学家和心理学家引用，并对了解中国人的社会行为有莫大的帮助。

2.关系取向

关系取向（relational orientation）最早由何友晖提出（何友晖，陈淑娟，赵志裕，1991）。何友晖认为，"关系取向"一词最能体现中国社会心理学的精髓，该词不仅具有本土特色，还能与西方"个人取向"的概念区分开来，在中国式社会生存论的影响之下，"人际关系除了在人类性格发展过程中承担历史使命之外，它在个体有生之年，为生命定出人之所以为人的意义。个人的生命是不完整的，它只有透过与其他人的共存才能尽其意义"。何友晖进一步指出，中国人的自我是"关系性自我"，对其他人的存在具有高度的觉察能力，自我与他人同体，形成"在他人关系中的自我"。杨国枢（1993）则在对中国人之社会取向的讨论中，同样提出中国人具有关系取向的观点，认为关系取向具有五大特点：第一，关系形式——角色关系的规范决定交往行为；第二，资源回报性——交往的回报期望；第三，关系和谐性——人际交往以和谐相处为最终目标；第四，关系宿命观——以缘分、宿命的观点来化解冲突；第五，关系决定论——根据关系决定交往的行为。杨国枢提出的这五个特点十分全面、精辟。

至此，由差序格局与关系取向而引出的关系概念，逐渐成为华人心理学家进行本土心理学建构并由此了解中国人社会心理与行为的核心概念之一（Hwang，1987；叶光辉，2002a，2002b；乔健，1982；金耀基，1980，1981；杨中芳，1999，2001；翟学伟，1993），并逐渐被引入华人组织行为与企业管理的研究中。

二、关系的定义

关系可能是中国社会科学中最复杂的概念之一。《新华词典》中对于"关系"的解释是"人或事物之间的相互联系"（1982），包括人与人、人与事物以及事物与事物之间的相互联系。Tsui 和 Farh（1997）在对华人组织中经理人关系的研究中认为，在华人社会，"关系"一词总共包含六种对人与人之间关系的指称：①一种共享的团体身份；②有共同认识的第三者；③互动频繁；④有关联但很少直接互动；⑤没有共同背景的朋友关系；⑥关系品质。但是，从差序格局的特殊主义观点来看，关系指涉的应该是基于特定标准而形成的人际关系，而非泛指所有人与人之间的互动关系。因此，部分学者根据儒家文化对于人际关系的影响，对关系进行了多种界定。然而这些定义差异较大，缺乏统一。

比如将关系定义为：①"一种特殊的连带"（Jacobs，1980）；②"基于特殊准则的人际关系"（金耀基，1992）；③"个体间所具有的直接特殊连带"（Farh、Tsui、Xin 和 Cheng，1998）；④"一种基于相互义务之非正式的、私人的且特殊的关系"（Peng，1998）。此外，Lee 等（2001）认为关系一般指的是"基于相互利益的关系或社会联结""是通过相互义务和人情的互惠交换而建立起来的一种特殊关系"。Standifird 和 Marshall（2000）也对关系做了类似的界定："关系指的是通过人情和礼物交换，发展相互依靠的网络，并创造一种义务和恩惠感而培育起来的个人化关系。"Tung 和 Worm（2001）认为关系指的是"互相有求于对方的人际间双向的、个人化连带，关系越强，能满足的需求越大"。Fan（2002b）对关系的定义亦进行了归纳，结果如表 1-1 所示。

表 1-1　关系（guanxi）的定义

关系的指称	定义
关系（relationship）	二者之间的特殊关系（Alston，1989）
特殊连带（particularistic tie）	根据共有属性的特殊连带，如关系基础（Jocobs，1980）
友谊（friendship）	恩惠的持续交换（Pye，1982）
联结（connection）	人与人之间具有的实际联结与频繁接触（Bian，1994）
交换（exchange）	两个人之间的互惠交换（黄光国，1988）
资源（resource）	社会投资或社会资本的一种形式（Butterfield，1983）
历程（process）	一种历程，两位关系人之间的人际互动（Fan，2002a）
网络（network）	多重路径历程，类似网络的社会联结（Fan，2002b）

资料来源：Fan，2002b。

虽然关系的定义众多，但仔细检视，有以下几个共同特征：①特殊性（particularistic），基于差序格局，不同的关系基础会受到不同的对待；②动态性（dynamic），在关系的建立、维持与互动历程中，关系可由生至熟，亦可由亲至疏；③互惠性（reciprocal），受"报"之规范与人情法则的影响，关系互动中蕴含着人情和资源的互惠交换。而在组织行为学中还应关注关系的另一个特征，即④非正式性（informal），是一种组织环境中人与人基于工作之外的个人化或私人性（personal）关系，从而与基于工作范围内的正式职务或工作关系区别开来。

三、关系的类型

中国人关系之复杂性由关系的分类中可见一斑。Jacobs（1980）在观察中国台湾地区某一小镇的政治活动时，发现华人社会的关系是根据两人之间过去共享的生活经验或社会认同所建立的连带，称之为"关系基础"（guanxi basis）。在中国社会，常见的关系基础有血缘（含宗亲与姻亲）、地缘、同事、同学、结拜兄弟、姓氏、师生关系等。乔健（1982）根据关系双方的共同经历，区分出十二种常见的关系种类：亲属、同乡、同学、同事、同道、世交、老上司、老部下、业师、门生、同派以及熟人／朋友／知己。何友晖则根据关系的形成，将关系分成十四类（Ho，1998）。综观而言，不论根据何种划分方式，个人与不同关系对象间的互动与对待方式是不同的。对此，黄光国（1987）在其"人情与面子"模型中集中进行了探讨。

黄光国（1987）以社会交换理论为基础，认为中国人在进行资源交换时，关系判断在整个关系互动历程中是很重要的考量。人们会根据对方与自己的三种关系——包括情感性关系、混合性关系及工具性关系，采用三种不同的互动法则。其中，如家人、密友等的情感性关系，会遵循"需求法则"，用以满足双方关爱、温情、安全及归属感等的情感需求；陌生人、售货员与顾客、公共汽车司机与乘客等的工具性关系会遵循"公平法则"进行纯计算与功利性的交往；至于如亲戚、师生、同事等的混合性关系，则遵循"人情法则"，透过受恩回报来维持与经营关系。

杨国枢（1993）提出三种重要的关系类别，即家人关系、熟人关系（包括亲属、朋友、师生、同学、同乡等）及生人关系（无任何间接或直接的持久性社会关系的人）。同样，对家人、熟人及生人会有不同的对待原则（①讲责任、低回报性；②论人情、中回报性；③论利害、高回报性）、对待方式（①全力保护、高特殊主义；②设法通融、低特殊主义；③便宜行事、非特殊主义）、互依形式（①无条件相互依赖；②有条件相互依赖；③无任何相互依赖）及不同的互动效果与回应方式。不过，在关系成分上，杨国枢所提出的家人、熟人、生人关系类别，乃在工具性与情感性这两种成分上做不同的加权处理，并加上了义务性的成分（杨中芳，2001a）。

在组织行为学的研究中，Tsui、Farh 和 Xin（2000）根据杨国枢（1993）的关系分类，归纳出组织中的四种人际关系类型，并指出对不同人际关系类型的互动原则、对待方式及关系基础，如表1-2所示。

表1-2 华人组织中的关系类型与互动原则、对待方式及关系基础

关系类型	互动原则	对待方式	关系基础
家人	责任与义务	无条件保护和忠诚	近亲
熟人	宽宏与互惠	信任、社会性协助与偏私	远亲、邻居（过去）、同学（过去）、同事（过去）
具共同特性的生人	去私人情感的利益互换	偏私	同姓（宗）、籍贯、其他人口背景属性（如年龄、性别、教育等）
不具共同特性的生人	不具情感的利益互换	谨慎防备	无

资料来源：Tsui 和 Farh，1997。

此外，受社会学家 Granovetter（1973）根据互动频率、情感力量、信任程度和互惠交换四方面将西方人际关系进行强连带（strong ties）与弱连带（weak ties）的区分的启发，社会学家边燕杰（Bian，1997）将中国人的关系分为无连带、弱连带、朋友与亲人四类。罗家德和赵延东（2007）亦将中国人的关系分为四类——家人、熟人、弱连带与无连带。罗家德（2008）后来又称之为家人、熟人、认识之人、陌生人（如图1-1）。Tsang（1998）则将关系划分为血缘关系（blood guanxi）和社会关系（social guanxi）。Su 和 Littlefield（2001）则将关系区分为求助关系（favoring-seeking guanxi）和寻租关系（rent-seeking guanxi）。Fan（2002a，2002b）将关系划分为三类：家庭关系、帮助关系和商业关系。最后，Zhang 和 Zhang（2006）将关系也分为三类：一是义务关系（the obligatory type），也称亲情关系，包含

家庭成员和亲戚，由心理认同支配，遵循责任义务的互动法则；二是互惠关系（the reciprocal type），也称人情关系，包含同乡、同学、同事等，遵循的是人情交换和互惠的互动法则；三是功利关系（the utilitarian type），也称交易关系，包含对象为单纯的熟人关系，信任度低，遵循的是功利性互动法则。

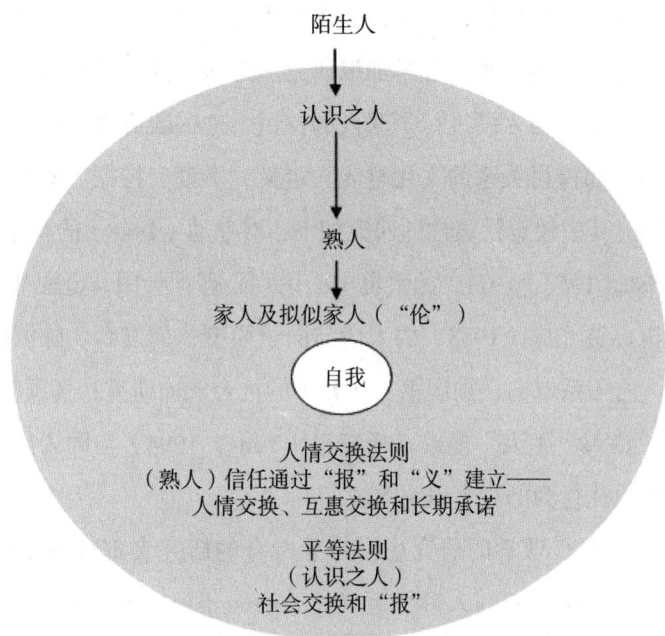

陌生人

↓

认识之人

↓

熟人

↓

家人及拟似家人（"伦"）

自我

人情交换法则
（熟人）信任通过"报"和"义"建立——
人情交换、互惠交换和长期承诺

平等法则
（认识之人）
社会交换和"报"

图1-1　中国人关系的差序格局

（资料来源：罗家德，2008）

虽然不同学者对中国人的关系进行不同的分类，但总的来说，存在以下两个特点：其一，都是承袭了费孝通（1948）差序格局的思想，在特殊主义原则下，以自我为中心，将关系对象依照亲疏远近区分为不同的关系类别，并给予不同的对待；其二，不同学者对关系作不同分类的依据都是关系成分，比如情感性成分、工具性成分、义务性成分，因而不同关系基础有不同的互动法则。

四、关系的研究

（一）社会心理学中的关系研究

早在 20 世纪 80 年代，关系只是作为华人社会文化所孕育出来的独特现象被社会学、人类学和心理学加以研究。许多华人学者对华人社会日常人际交往中的关系与人情进行了深入的探讨，这些研究大多从较为抽象的层面展开，比如探讨关系的文化意涵、定义、类型、特征、维度和关系互动的法则等。其中较有代表性的研究如下：费孝通（1948）的差序格局观；许烺光（Hsu，1953，1971）的情境中心论和心理社会图；金耀基（1980）的人情分析；黄光国（1988）的人情与面子模型；何友晖、陈淑娟、赵志裕（1991）的关系取向；杨国枢（1993）的社会取向研究；杨国枢（1993）的"家人、熟人、生人"模式；杨美惠（Yang，1994）与阎云翔（2000）对中国社会送礼行为的观察研究等。

在上述社会心理学的研究中，几乎所有的研究者都认为中国的关系（guanxi）概念与西方的人际关系（interpersonal relationship）抑或其他概念（如 connection，socialities，social network）是不同的概念：相对于中国的关系概念，西方的人际关系概念更为宽泛，几乎指代了两个个体之间所有的关系；并且西方的人际关系概念不像中国的关系概念那样，会涉及对不同关系类型中既定的并可能变化的义务、社会行为规范或期望的分析（Hwang，1987）；因此，中国的关系概念是高度特殊性的（King，1991），是动态化的，因此有时被翻译成"人际间的特殊性连带"（Hui 和 Graen，1997），以至于在英文中无法找到一个对等的词汇来表达关系的意涵（Parnell，2005）。正是关系概念的动态性及特殊性，使其与西方文化中人际关系等概念区别开来（Fu、Tsui 和 Dess，2006），直接用汉

语拼音 "guanxi" 来指代的关系概念被国际学术界广泛接受，并引起管理学界的极大兴趣。

（二）组织管理学中的关系研究

虽然中国的现代化有了重大发展，但中国社会仍然是以传统的儒家文化和价值观为基础的（Bond，1996）。这种文化与价值观也塑造了中国的组织管理活动及其特征，包括决策权的高度集中、活动的低组织性、家长式的领导风格、强调集体主义和集体行为，以及高度的家庭式的管理和所有权等（Sheh，2001）。西方的管理者与研究者发现，中国人的关系展现方式及其结果与西方的人际关系有很大的差异——关系在中国人的商业活动、企业管理与组织行为中扮演不可言喻的重要角色（Xin 和 Pearce，1996）。概观之，该领域的研究大体包括以下两个层次：一是组织层次，二是个体层次。

1. 组织间关系

在组织层次上，关系研究呈现出一片繁荣的景象。关系经常被用来描述中国企业伙伴之间复杂的相互关系和长期互动的社会特征。关系是建立社会连带（social ties）以获得人际关系中的协助、义务、保证和理解，被誉为商业活动的 "润滑剂"（Luo，1997b；Park 和 Luo，2001）；关系还被看作是既有的关系基础及其进一步的延伸发展，从而能获取超越惯例、规范与法律的特权（Han 和 Xi，2001）；此外，关系是中国商业社会的 "生命力源泉"（Alston，1989；Hall 和 Xu，1990；Jacobs，1980；Lockett，1988；Yang，1994；Fang，2011）。关系对组织的意义和价值由以上管理学者的描述可见一斑。

因此，在组织层面上，许多研究一直致力于探讨关系如何能够并在多大程度上影响企业的绩效（Luo，1997a；Luo 和 Chen，1996；Park 和

Luo，2001；Peng 和 Luo、2000；Luo、Huang 和 Wang，2012；Opper、Nee 和 Holm，2017）。研究的结果大多表明：关系对企业绩效有着积极的、重要的作用，并且这种作用能"部分替代"正式的法律与制度安排（Xin 和 Pearce，1996）。例如，在这些研究中，关系能直接或间接提供给企业组织的利益或好处包括：①获得政府的政策、市场发展与商业机会的信息；②便利商业运作与交易（Davies、Leung、Luk 和 Wong，1995；Fock 和 Woo，1998；Leung 等，1996，1999，2001）；③降低交易成本（Standifird 和 Marshall，2000）；④获得企业的竞争优势（Tsang，1998）；⑤促进组织内部和组织之间的知识共享和知识管理（Ramasamy、Goh 和 Yeung，2006；Shin、Ishman 和 Sanders，2007），等等。关系也进一步成为组织战略（Qi，2006；Carlisle 和 Flynn，2005）、公司治理（Braendle、Gasser 和 Null，2005）、市场营销（Lee 和 Dawes，2005；Leung 等，2005；Wong 和 Chan，1999）等领域的研究热点。许多研究者认为，由于关系在中国社会的重要性，而被中国人认为是取得长期商业成功的主要决定因素，并且这种作用将在未来的中国以及东亚国家一直持续下去（Davies 等，1995；Leung 等，1996；Lovett、Simmons 和 Kali，1999；Millington 等，2005；Yang，1994，2002）。与此同时，一些学者便开始探讨组织间关系的建立、维持和管理的过程（Leung 等，1996；Vanhonacker，2004；Wong 和 Chan，1999；Yeung 和 Tung，1996）。

学术界关于关系的积极作用的研究证据虽然众多，然而并没有取得一致的结论。也有部分研究者对于关系的作用持审慎的观点和态度。比如，Dunfee 和 Warren（2001）认为在关系对经济绩效的影响研究中，我们所知还十分有限。另外有一部分研究则认为，关系对经济绩效和组织效能的积极效果可能被"过度夸大"了。这些研究者坚持认为关系对企业及其绩效没有任何作用，甚至还有消极的影响（Braendle 等，2005；Li 和 Athuahene-Gima，2001），抑或认为随着现代化的发展，关系在中国商业

经济中的作用将"逐渐减弱"（Fan，2002a，2002b；Guthrie，1998）。但
遗憾的是，目前这方面的实证研究证据总体上还十分有限。

2. 组织内关系

相对于组织间关系研究的繁荣景象，组织内部的关系研究目前仍是方
兴未艾。组织内的关系一般被看作组织内个体间的特殊性社会连带和关系
网络，是个体社会资本（social capital）的来源。不过，以往的研究大多
从组织行为学与人力资源管理的角度出发，探讨关系可能给组织中的个体
所带来的影响。这方面的研究主要集中在下述方面：①探讨上级与下级之
间既定的关系连带（比如血缘关系、九同关系等）对上下级的关系品质、
上级对下级的绩效评估的影响（Farh、Tsui、Xin 和 Cheng，1998；Tsui 和
Farh，1997；Xin、Farh、Cheng 和 Tsui，1998）；②探讨上下级的关系质
量与关系行为对上级的人力资源管理决策（如晋升、奖酬分配、工作安排、
绩效评价）（Law 等，2000）、下级对上级的满意度与组织承诺（Wong
等，2003）、下级对上级资源回报与公平感（Chen 等，2008）的积极影
响；③探讨员工在组织中的关系网络和社会资源对其职业发展和职业生涯
成功的积极影响（Burt，1992，1997；Farh、Tsui、Xin 和 Cheng，1998；
Seibert 和 Kraimer，2001；刘军，宋继文，吴隆增，2008；王忠军，龙立荣，
2008）。

强调关系对个体的积极效果是上述研究的共同之处，但如果从集体或
组织的角度来看，这种积极效果的背后可能潜藏着消极的效应，而这一点
对于组织管理来讲尤其重要。但遗憾的是，过去的研究大多忽视了这一点。
有研究者注意到组织中个体的关系行为和关系运作的"消极后果"。比
如 Chen、Chen 和 Xin（2004）研究发现以注重关系为基础的人力资源管理
系统会影响员工的程序公平感，进而损害员工对管理的信任。Chen 等
（2008）、傅博等（2019）的研究也表明，在个体水平上，关系在给个人

带来积极效果的同时，在群体水平上却会带来消极的后果，比如降低员工的程序公平感和工作绩效。正如一枚硬币有正反两面一样，在不同层面和不同情境下，关系可能表现出积极的一面，也有可能表现出消极的一面。认识这一点，对于关系研究以及组织管理实践有着十分重要的意义。

（三）伦理道德视角下的关系研究

在学术界对关系的功能和作用研究倾注极大的热情的同时，关系一直未曾逃脱伦理与道德的责难。但有关"关系"是否符合伦理和道德，学术界一直存在着争议。

1. 关系是非伦理的或不道德的

西方学者一般认为关系是不符合伦理和道德的（Chan 等，2002），并且这种观点也经常得到一些华人学者的支持（Dunfee 和 Warren，2001）。首先，应该承认的是，关系的确会给某些特定的行动者（比如个人或商业组织）带来有利的结果，但同时也可能会损害他人或社会集体的利益（如其他的商业组织或团体）（Warren 等，2004）。其次，一些研究者经常将关系视作官僚政治中的"腐败"和"贿赂"的同义语（Lovett 等，1999；Su 和 Littlefield，2001；Su 等，2003），或者将关系看作是腐败、裙带关系和任用亲信的来源（Braendle 等，2005；Chan 等，2002；Tan 和 Snell，2002），并认为关系导致的是"特殊待遇"或"台面下的交易行为"（Millington 等，2005）。Fan（2002b）甚至将关系形容为社会的"毒瘤"，认为关系在为部分人带来利益的同时，社会为此付出巨大的成本，因为关系导致"官商勾结"，提供了腐败的土壤。Fan 进一步用"金钱←关系→权力→腐败"的模式将关系与腐败联结起来。上述研究观点给关系研究蒙上了一层阴影。

2. 关系是符合伦理道德的

不过，也有一些研究者对上述消极观点持否定态度。他们认为关系是符合伦理的，具备自身特有的道德规范和社会服务功能（Vanhonacker，2004）。关系道德起源于儒家以关系为基础的社会，强调个人的道德品质，如忠诚、正直、顺从、诚实，并将义务和责任看作是特殊的、以关系为基础的和与角色相关的（Tan 和 Snell，2002）。Su 等（2003）也认为关系产生于中国人的工作道德规范，是在中国环境下进行企业经营必须遵守的文化规范。这种关于关系伦理和道德的积极观点，也试图解释关系的消极影响产生的原因。他们认为对于关系的批评，大多是将关系与社会中存在的腐败联系在一起的（Yeung 和 Tung，1996）。但腐败是以交易行为为中心的，而关系只是以人际连带为中心的（Vanhonacker，2004）。这种观点认为，是由于制度设计的缺陷，给关系带来消极的后果，并将腐败和贿赂行为带进关系之中。一些研究者提供了至少两个有力证据来支持上述观点：第一，在一些经济发达并且深受儒家文化影响的社会，如日本、韩国、新加坡、中国台湾和香港，法律制度的建设并没有完全取代对关系的依赖（Vanhonacker，2004；Yeung 和 Tung，1996）。第二，世界上没有哪一个国家能彻底消除腐败（Braendle 等，2005）。

3. 关系是一把"双刃剑"

实际上，在西方国家，人际关系与社会关系网络同样是十分重要的，即便其作用有时会被法律制度所遮蔽。这从近几十年来西方国家社会科学中普遍兴起的对"社会资本"和"社会网络"研究的热潮可见一斑。并且，一些研究者还指出，对关系道德的争论首先必须讨论"道德的标准为何"的问题（Dunfee 和 Warren，2001；Fan，2002b）。关系是否符合伦理道德的结论，在东西方之间可能还存在差异。这一观点在 Leung 和 Wong（2001）

对在中国大陆直接投资的香港企业中 164 名管理者的调查研究中得到证实。Chatterjee 等（2006）在对中国南方沿海 8 个城市 78 家民营与合资企业的193 名管理人员的问卷调查中，也进一步证实了关系符合伦理道德的观点。

因此，客观地看，关系既有其好的一面，也有其不好的一面。关系的"正面性"可能更多地体现在经济优化方面，而"负面性"则表现在企业伦理道德方面（Zhang 和 Zhang，2006）。比如，Warren 等（2004）就将关系比喻为一把"双刃剑"。实际上，关系的任何一种形式对组织和社会并不是完全有利的。同理，也不是绝对有害的。鉴于此，Su 和 Littlefield（2001）就区分了两种形式的关系：一是来源于文化的求助关系，二是从制度层面定义的寻租关系。研究者认为前一种关系是积极的，而后一种关系可能是社会腐败的根源。因此，为了全面正确地看待关系问题，在进行关系研究时，采取综合性的视角可能是较为合适的。

第二章 　关系与社会资本

　　提到中国人的关系，国内社会科学研究者最容易想起的一个相关概念就是社会资本（social capital）。社会资本概念源自西方，也是目前社会科学中一个热门又复杂的学术概念。国内一些研究者甚至认为，中国人的关系概念其实就是西方的社会资本，二者在本质上没有区别。但也有研究者反对这一观点，认为关系不同于社会资本，关系是中国的本土概念，需要单独研究。为了更好地理解关系概念，笔者认为，我们有必要对关系与相关的（或相近的）概念进行比较。因此，本章首先详细介绍社会资本的概念，然后尝试对社会资本与关系概念进行比较分析。

一、社会资本的概念

　　社会资本这一概念最早由法国社会学家 Bourdieu（1977，1986）提出。Bourdieu 对社会资本的定义侧重于社会系统的整体层面，他认为：①社会资本是个人或群体社会连带的总和；②社会资本源自社会连带的建立、维持与资源交换。Bourdieu（1980）将"社会资本"视作与"经济资本"和"文化资本"并列的三种资本形态。经济学家 Loury（1977）也引用了社会资本概念，认为社会资本是一种家庭内或社区内对人力资本的发展起关键作用的特殊资源。20世纪80年代以后，社会资本概念逐步获得学术界的认可，并逐渐成为社会学、经济学、政治学、管理学等社会科学的热门学术概念。笔者认为，社会资本概念之所以具有如此强大的解释力，部分原因在于其概念的界定比较宽泛，在不同的研究中它可以有不同的含义。为了能较全面地反映社会资本概念的全貌及其复杂性，表2-1列举了最有影响力和代表性的社会资本概念界定。

表2-1　社会资本的不同定义

代表学者	社会资本的定义
Bourdieu（1986）	是社会网络成员或群体拥有的实际和潜在资源的累积。它是由一个特定群体成员共享的集体资产，为群体的每一个成员提供共有资源的支持。
Loury（1977）	存在于个人社会关系中的那些能促进或帮助个人在市场中获得技能或其他有用价值的资产。
Coleman（1990）	社会资本可以由其功能来定义。它不是一个单独的实体，而是多种实体，但具有以下两个共同特征：它们由社会结构的某些方面所组成，而且它们有利于处于结构之中的个人的特定行动。
Lin（2001）	通过社会关系所获得的资本。社会资本是潜藏在社会网络中、社会行动者为了其利益可以接触和动员的社会资源。
Burt（1992）	社会网络结构中不同网络结点所具有的网络资源数量以及对网络资源控制的程度。
Putnam（1995）	社会组织中的人际网络、社会规范和社会信任特征，这些特征能促进为了集体利益的协同合作。
Portes（1998）	个人通过其在社会结构或社会网络中的关系获取和运用稀缺资源的能力。
Fukuyama（1995）	非正式的，一个群体中成员共享并且能使群体成员进行合作的价值和规范。社会资本也表明人们为了共同目标在群体和组织中共同工作的能力。
Nahapiet 和 Ghoshal（1998）	镶嵌在由个体或者单位拥有的关系网络中的现实或潜在的资源总和。社会资本有助于组织建立自己的智力资本，并间接地影响组织优势。
Woolcock（1998）	存在于个人社会网络中能带来互惠的信息、信任和规范。

资料来源：根据相关资料整理。

　　然而，需要指出的是，自20世纪90年代以来，社会资本在不同的社会科学领域中得到广泛运用，从而使得社会资本的概念呈现出一种错综复杂的局面。譬如，在社会经济学中，社会资本被用于探讨市场结构和交易成本；在政治社会学领域，学者使用社会资本的概念去解释公民参与、民主发展、权力结构等问题；在管理学领域，社会资本被广泛地应用到知识管理、战略研究、智力资本与人力资本的开发、虚拟团队建设、组织结构重组、战略联盟与产业集群的形成、合资公司管理、家族企业与民营企业发展、创业行为、市场营销等诸多问题的研究。这就使得社会资本的研究形成了跨学科的差异和难以逾越的巨大鸿沟，这种复杂局面要比关系概念"有过之而无不及"。

二、社会资本的层次

社会资本是西方社会科学中争议最多、最复杂的概念之一。笔者认为，此种争议与复杂性，与研究者选择的分析层次、研究取向和视角有关。例如，Brown（1997）提出微观、中观和宏观三个社会资本的分析层次（李惠斌，杨雪冬，2000）。

其一，微观层次的社会资本，称为嵌入自我的观点，社会资本被理解为个人联系，是个体获取社会资源的人际关系网络。因此，微观层次的研究是分析个体透过社会网络动员资源的潜力。其中，Granovetter（1973）的弱连带优势理论（the strength of weak ties），林南的社会资源理论（social resources theory）（Lin，1981；林南，2004）应是微观层次社会资本理论的代表。

其二，中观层次的社会资本，也称结构的观点，强调社会资本的公共产品性质，主要研究网络的结构，包括个体的结构位置和集体的结构形态，以及结构特征能带来的资源。Coleman（1990）为这一层次上的研究提供了理论基础和贡献，Burt（1992）的"结构洞"理论（structural holes theory）也属于中观的分析层次。

　　其三，宏观层次的社会资本，或称嵌入结构的观点。Brown（1997）认为宏观社会资本的观察重心在于社会系统中的文化、规范、领导、组织以及政治经济制度等；Adler 和 Kwon（2002）则认为宏观社会资本理论要讨论的是群体内部的网络连带、规范、信任、社会信念和规则等。因此，宏观层次社会资本主要分析一个体系之中的人际连带状态，以及这样的状态对社会实体内部的互信与合作所产生的影响。这一层次将社会资本与集体行动和公共政策联系起来，极大地拓展了社会资本的解释力和研究领域，其政策实践意义也大为增强。比如 Putnam（1993，1995）对意大利和美国公民社会的研究较具代表性。

　　此外，Adler 和 Kwon（2002）采取了两分的方法，将微观层次和部分中观层次（个体在社会网中的结构位置）的社会资本合称为"外部社会资本"，因为它产生于某一行动者的外在社会连带，其功能在于帮助行动者获得外部资源；而宏观及部分中观层次（群体内部的结构形态）的社会资本则被他们称为"内部社会资本"，因为它形成于行动者（一个群体）内部的连带，其功能在于提升群体的集体行动水平。Leana 和 Van Buren（1999）也提出十分类似的分类，将外部社会资本视作私人财产（private goods），因为它为某一个体行动者所拥有，而且服务于私人利益；内部社会资本则被视作公共财产（public goods），因为它为某一群体所拥有，而且服务于该群体的公共利益。

　　类似的，罗家德（2008）从组织社会学的角度，将组织社会资本首先划分为组织内部的社会资本和组织外部的社会资本，再将组织内部的社会资本分为组织内个体社会资本和组织内集体社会资本。其中，组织外部社会资本指的是一个组织作为组织网络或社会网络中的一员，其所占有的网络结构位置以及组织之间的关系、组织内高管的个人对外连带关系，因为这些结构位置与关系能为组织带来资源。

　　由于本书主要探讨的上下级关系局限于组织内部，为了对应的需要，并且与管理学的研究对接，下面我们主要采用罗家德（2008）的分类框架，简要介绍组织内个体和集体社会资本的相关研究。

三、组织内个体社会资本

组织内个体社会资本指的是组织内个人的人际连带、占有的网络位置以及这些结构性特征如何为个人服务以取得资源（罗家德，2008）。社会资本在管理学界如何衡量，最常被引用的当属 Nahapiet 和 Ghoshal（1998）对社会资本的界定，他们认为社会资本主要是群体中的人际连带网络，及其发展出的信任、合作进而为行动者带来的资源，其内涵可分成三个维度：①结构维度，包含网络连带、网络结构、可使用的组织；②认知维度，包含共享符号、共享语言、共享叙事；③关系维度，包含信任、规范、认同、义务。虽然 Nahapiet 和 Ghoshal（1998）对社会资本的界定和测量工具在管理学中被广泛接受和应用，但罗家德（2008）认为 Nahapiet 和 Ghoshal（1998）将社会资本的定义扩大化了，他们建构的是一种相对完整的社会资本架构。这一庞大又分歧的概念体系，虽然一定程度上符合管理学研究的取向，但可能导致在操作与解释上的困难。因此，罗家德（2008）将其限定于结构和关系维度中的网络连带、网络结构以及信任的范围内。这样，组织内个体社会资本即可简化为三方面：①作为组织内个体社会资本的关系维度的"两两信任"；②作为组织内个体社会资本的结构维度的"网络连带"，例如 Krackhart（1992）将个体在组织中的网络分成情感网络（friendship network）、咨询网络（advice network）以及信息网络（information network）；③作为组织内个体社会资本的结构维度的"网络结构位置"，这方面则以 Burt（1992，1997，2000，2001）的一系列关于"结构洞"的研究最具代表性，这方面的研究表明个体占据网络结构中的"内向中心性位置"（indegree centrality）和"中介中心性位置"（betweenness centrality）能带来最佳的资源优势，能促进个体的职业成功。

四、组织内集体社会资本

组织内集体社会资本指的是整个组织或群体的非正式关系网络形态以及组织或群体内成员的相互信任与善意，足以促成合作与分享行为，而使整个组织或群体得益（罗家德，2008）。[①]

首先看组织内集体社会资本的关系维度。综合来看，信任应是组织内集体社会资本的核心，不少研究者直接将社会资本等同于信任。Nahapiet 和 Ghoshal（1998）在社会资本关系维度中提出的信任当属此类。Fukuyama（1995）在《信任》一书中即是以互信的角度来讨论社会资本，将社会资本视为存在于价值观或规范中的信任，并指出信任是一种有助于"使人们在群体或组织中为共同目标而团结合作"的因素，信任增加了个体间或群体间彼此合作的机会，同时也提升了整体的福祉。将信任包括在社会资本之内也普遍为管理学者所认可。如 Adler 和 Kwon（2002）提出善意（good will），包括同情、信任和宽容等，是构成积极的社会连带的重要因素，而"社会资本就是个人或组织可以得到的善意"。而规范和认同则可视为在一个群体中产生信任的前因，因此，组织内集体社会资本的关系维度可以化约为群体成员间的信任，包括对群体内其他人的信任以及对群体的信任，这种信任可从两方面来衡量：一是对一般信任（或组织信任）的衡量，二是对两两信任网络的衡量（罗家德，2008）。

---

① 在罗家德（2008）对组织内集体社会资本的定义中的"集体"仅仅指代整个组织，笔者认为还应包含组织内的其他群体，如部门或团队，故在其定义中加入了"群体"范畴。

其次是组织内集体社会资本的结构维度。在个体层次上，网络结构指的是个人的结构位置，但在群体层次上，网络结构却指的是一个群体内部社会网络结构的形态。什么样的网络结构形态对一个组织是有益的？什么样的又是有害的？这是一个相当具有挑战性的议题。为此，社会网络研究者发展出一套完备的整体网（whole network）分析技术来研究一个群体的网络结构形态，其核心的概念有网络密度（network density）、群体中心性（group centralization）等，以探讨不同的网络结构特征对组织效能的影响，比如对群体知识创造和知识共享的影响（Cummings，2004；Levin 和 Cross，2004；Suarez，2005；Sparrowe、Linden 和 Kraimer，2001；Luo，2005）、对组织绩效的影响（Reagans 和 Zuckerman，2001）、对创新的影响（Ibarra，1993）等。

五、关系与社会资本的比较

总体来看，社会网络与社会资本取向的研究无论在视角、方法和概念上，都同本土研究者所进行的关系研究和试图建立的关系理论保持高度并行的关系。然而，关系和社会资本概念到底有何区别和联系，对这一问题，目前还没有研究结论。但据笔者所知，国内学术界中，对这个问题曾有过深入思考和研究的是南京大学的翟学伟教授和清华大学的罗家德教授。总体而言，翟学伟更多地持差异化的观点，即关注关系和社会资本的不同，而罗家德的观点更加"包容"，认为关系和社会资本的研究可以"结合"。下面简要介绍他们的主要观点。

翟学伟教授认为，社会资本是西方社会学家不用关系概念而建立起来的一种研究关系的理论（翟学伟，2007）。就其目前发展势头和在学科中的流行程度看，社会网络与社会资本理论正在将以往中国的关系研究包含进来（特纳，2004）。而许多研究关系的中国学者似乎也认可这种包含与被包含的关系，因为他们乐于使用目前发展相对较为成熟的社会网络分析的概念与工具来重新看待中国人的"关系网"（guanxi net），如图2-1所示。而"关系学"给关系研究带来的消极或批判性立场，也随同在这样的理论中潜在地得到纠正，因为个体社会资本的基本含义之一就是指关系网络中的成员获取或动员社会稀缺资源的潜在或显在之能力。这就意味着有目的地通过关系方式来获取社会上的稀缺资源，不但不应有道德上的焦虑，还应该成为衡量个体或组织能力与发展潜质的重要指标（翟学伟，2007）。以上也是社会网络和社会资本在中国的社会科学研究中大行其道的部分原因。不过，关系与社会资本到底有何区别与联系是一个较为重大而复杂的理论问题，还需要更多的研究。而在国内学界，翟学伟教授率先对此问题进行了探讨，下面将介绍其部分观点。

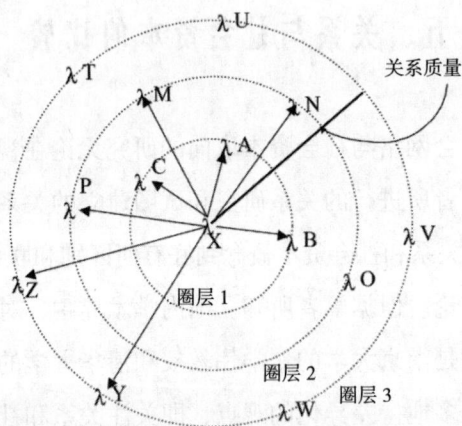

图2-1　中国人（例如X）的关系网与关系质量

（注：图中字母代表不同个体。资料来源：Chen 和 Chen，2004）

1. 翟学伟的观点

翟学伟（2007）认为："相较于西方社会资本理论的逻辑起点放在个

人的理性选择基础上，中国人的关系逻辑起点却放在了持久而无选择性的起点上。因此，中国人的关系具有了去个性化与情理兼备的特征，进而导致工具性与情感性相混合，个人的利益也通常借助公益来表达。"并且，"由于中国人关系分类中始终体现着被儒家强化的等级类别和亲疏远近之分，因此关系网络中的义务界定、权利扩展、情理间的平衡术与行为计策等显得尤为重要，相对而言，（社会资本概念中关注的）信任、规范、信息和资源等问题并不怎么突出"。但随着时空条件的改变，中国人在职业生涯发展中也更多地体现出西方职业生涯学者所提出的所谓"无边界化职业生涯"（boundaryless career）的趋势，"中国人的关系网络从被动的自生型转化为主动的建构型"（翟学伟，2007），职业流动越来越普遍，人们更多地会积极主动地建构和扩张其既定的社会关系网络，并从中寻求社会支持（王忠军、龙立荣，2007，2008）。中国人关系网络中持久的、天然的、无选择性因素可能会逐渐淡化，导致工具性动机与工具理性不断上升。在工作场所中，关系双方彼此维系的也只是一层薄薄的人情面纱。正是在这一层意义上，中国人的关系既具有了所谓的"关系学"的特点，又有了西方社会资本理论的可解释之处（翟学伟，2007）。

关系作为一个特指的概念，我们可以探究关系在建立、激活、扩展及运作中的中国式特点，这对我们深化关系研究、认识中国社会具有重要的意义。同时，我们也可以借助社会网络与社会资本理论来认识中国人的关系网络在当今社会的分层与流动、社会支持、信任、资源流向、信息传递、营销渠道、组织行为等方面的积极和消极影响（翟学伟，2007）。

2. 罗家德的观点

罗家德（2008）认为，关系维度及结构维度的社会资本都建基在行动者的连接上，也就是社会连带，在中国就是关系。关系与其中的信任正好是关系维度社会资本的主要内容，而关系形成的社会网络，不管是个体中心社会网络还是整体网络，都是结构维度社会资本的主要内容。显然，罗家德将中国的关系概念与西方社会资本概念几乎画上了等号，并且在研究上没有刻意区分。罗家德认为在中国进行关系研究正是中国组织社会资本本土研究的起点，换言之，了解中国人关系的特质以及结构的特质是深入分析中国人关系维度与结构维度社会资本的基础（罗家德，2008）。

关系有哪些地方不同于西方的社会连带概念？已有一些研究得出了一些有价值的成果。例如，有研究发现，中国人的工作关系与情感关系往往密不可分（Chai 和 Rhee，2010）。关系建立在家伦理的基础之上，被当作是一种家庭关系的对外延伸（梁漱溟，1982）。中国人的关系建立常是以"九同"这样的血缘、地缘及个人互动经验而建立（翟学伟，2005）。相比而言，西方人的社会连带更多建立在性别、年龄、种族、阶层等的"社会类别"之上（费孝通，1998；Ibarra，1997）。相较于西方人更多地使用"弱连带"获得信息与结构洞的利益（Granovetter，1973；Burt，1992），中国人更倾向于使用"强关系"获得"网络中介人"及封闭网络中的利益（Bian，1997；Xiao 和 Tsui，2007）。罗家德（2008）进一步总结提出，中国人的关系概念有三点最为特殊，特别重要：第一，与社会连带的概念不同之处在于，关系是差序格局的，随远近不同有不同的交往模式，所以对中国人来说，关系不是一个统一的概念，比如至少有三种关系类型——家人、熟人、认识之人（或家人、熟人、生人）；第二，一种特殊的关系被命名为"熟人"，类似于黄光国（1988）所谓的"混合性关系"，构成了中国人自我中心社会网最重要的组成部分；第三，熟人的存在以及中国人的阴阳思维使得中国人擅长动态平衡人际关系中的工具性与情感性动机，平衡不同关系间的利益，因此带来了关系运作的高度弹性。

六、总结与展望

必须指出的是，关系与社会资本是十分类似的概念，并存在一定的交叠之处，比如二者都涉及"社会关系"，但关系并非完全与社会资本有关，或者也可以说关系是一种形式较为特殊的社会资本（Huang 和 Yuan，2011）。与关系研究相似，无论是组织内部个体社会资本，还是集体社会资本的研究，都明显地偏向于社会资本的积极面，而严重缺乏对社会资本的消极面的研究。比如，在个体社会资本方面，学界大多强调其能帮助个体获取资源、获取信息的优势，能获得来自社会连带网络中的各种工具性和情感性支持（Lin，2001），促进职业流动和职业机会的获得（Granovetter，1973；Bian，1997），促进职业成功（Seibert、Linden 和 Kraimer，2001；王忠军、龙立荣，2005，2008）等；而作为集体社会资本的信任、网络、规范、合作等，学界大多考察其对组织绩效、创新行为、知识共享、知识创造、企业成长、战略选择、企业联盟等的积极作用，相关的文献十分丰富，在此不赘述。而实际上，社会资本也存在其负面性的作用，比如维系与他人的关系需要投入资源，而对于一些群体中的人来说，他们会发现自己难以负担这样的资源投入（Riley 和 Eckenrode，1986），这样，关系问题就可能反过来影响人们的福利（Rook，1984）。另外，处于像友谊这样的亲密关系之中的人，也可能会辜负对方的信任，而做出有害于对方的某种行为（Granovetter，1985）。Portes（2000）则认为社会资本的负面影响包括：①排斥圈外人；②对团体成员要求过多；③限制个人自由；④用规范压制秀异。目前有越来越多的研究已经把兴趣点放在了探讨社会互动的负面效应上（如 Brass 和 Labianca，1999；Yager，2002）。总之，组织中个体社会资本和集体社会资本会给个体和集体分别带来什么样的负面后果，是未来值得关注的一个重要议题。

　　为了研究的便利，过去对组织内个体社会资本与集体社会资本的研究往往是分别展开的，两条研究线路界限分明，导致跨层次的研究极其缺乏。实际上，组织内个体社会资本与集体社会资本存在着紧密的联系。比如作为个体社会资本的社会网络往往与集体的社会网络既有相互重叠的部分，也有不重叠的部分。那么，个体的社会网络关系和社会资源能否为组织集体所运用？个体的社会网络资源如何转化为组织的资源？个体的社会资本运作和社会网络是否会与组织集体的社会资本发生冲突？组织集体的社会资本是否会影响个体社会资本的积累和运用？这些问题涉及跨层次的研究，研究起来有相当的难度，但对于组织管理而言极其重要，应成为未来研究中一个十分重要的方向。

　　个体社会资本的积累、动员与关系的建立、运作有着共通之处，但如何整合关系与社会资本的研究还值得深入探索。以往的研究大多关注社会资本如何衡量，并如何影响个体和集体的行动结果，而对社会资本是如何积累的过程鲜有关注，尤其是对组织中的个体如何积累、运用其社会资本的研究目前还不多见。既然学界一致承认，社会资本无论是对个体还是对集体都十分重要，那么如何获取和积累社会资本应是一个重要的问题。此外，众所周知，中国是一个人情和关系社会，关系充斥在我们的管理行为之中。虽然许多研究者都认为西方社会资本概念中的社会连带不同于中国人的关系概念，但笔者认为，在中国情境下，个体社会资本的运作与个体的关系运作的区别并不是十分明显，二者有着共通之处。那么，组织中个体间的关系与关系行为会给组织集体的社会资本带来什么样的影响，应是一个十分有趣而又重要的问题。正如罗家德所言，如何对西方的社会资本理论在中国进行本土化，如何将中国本土的关系研究提升到理论的层次，或者西方社会资本研究如何能与中国关系研究联系起来，是未来中国管理研究最有趣又最有挑战性的议题（罗家德，2008）。

第三章 上下级关系的研究视角

对组织中关系的研究处于社会学、心理学与管理学的"交叉地带"，并呈现出多元化的研究层次，如对偶（dyad）、三方关系（triads）以及关系网络（networks）层次，在不同研究层次中更有不同的研究视角。由于上下级关系属于对偶层次，在这里我们主要回顾对偶层次的关系研究。组织中的对偶关系大体有两类：一是上下级之间，如员工与其主管，属于垂直型对偶关系；二是同级之间，比如同事关系、高管团队中两两关系，属于水平型对偶关系。目前组织行为学的研究大多关注垂直对偶关系，水平对偶关系研究还不多见。故本章的文献回顾主要基于垂直对偶关系研究展开，对部分涉及水平对偶关系亦将进行讨论。

概言之，垂直型对偶关系的研究主要包含四种研究视角：一是基于关系基础的研究，关注组织中的个体间既有的不同关系基础对管理行为产生的影响；二是基于员工归类的研究，关注主管、上级如何根据关系对员工进行归类，并进行差序对待的行为；三是基于关系行为的研究，关注的是下级如何与上级、主管建立和维持良好的私人关系的行为及其影响；四是基于关系历程的研究，关注不同主体间的关系动态演进过程。下面我们分别进行阐述。

一、关系基础研究

　　中国人关系概念的一个典型特征为：关系往往建立在共同社会身份特征的基础上，比如"九同"（同学、同事、同乡、同姓、同好、同行、同年、同袍、同宗）、血缘、出生地、母校、工作单位等，而不是简单的个人或人口统计学上的相似性（Jacobs，1982；Tsui 和 Fsrh，1997；Yang，1997）。因此关系基础的类型即表明了关系距离和关系亲密度的差异。在关系基础所进行的关系研究方面，大多探讨企业主管、上级与下级之间既定的关系连带对上下级关系品质（如亲信、友谊、认知性信任与情感性信任）、绩效评估的影响（Farh、Tsui、Xin 和 Cheng，1998；Tsui 和 Farh，1997；Xin、Farh、Cheng 和 Tsui，1999）。这类研究的结果发现：上级与下级间的某些关系基础的存在，会产生较好的上下级关系品质，且上级评估的下级绩效也较好。除了垂直关系之外，Farh、Tsui、Xin 和 Cheng（1998）的研究也探讨了组织中经理人的水平关系连带的效果，其研究结果发现，高阶管理人员个人的亲戚、同乡与过去同学的关系连带会对其职业成功有所帮助。另外，有研究者认为不论是组织中的垂直与水平关系，还是组织外的业务关系，相互的关系基础对关系品质的影响，都是透过彼此的"价值观相近"的中介作用而造成的，这一观点也得到实证研究的证实（陈静慧，2000）。Tsui、Farh 和 Xin（2000）还根据关系分类与互动原则的架构，提出了一个华人组织中关系与效能的概念模型，如图 3-1 所示。此外，Fu、Tsui 和 Dess（2006）提出了一个动态的模型来解释关系以及不同基础的关系（家人、熟人、生人）在创业企业不同阶段中的知识管理与决策过程中的作用。

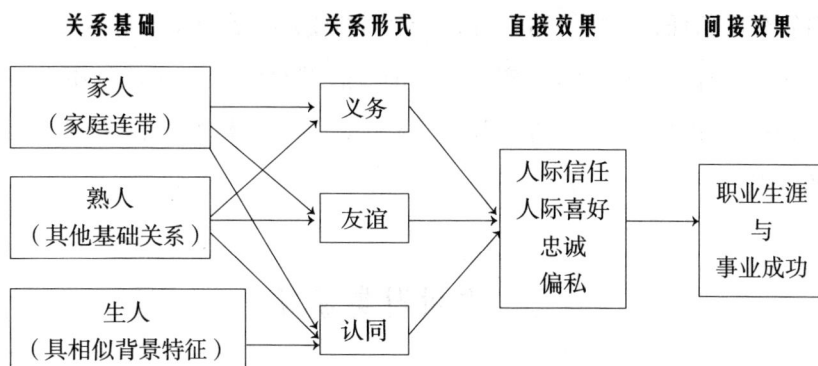

图 3-1　华人组织中"关系"与效能的概念模型

（资料来源：Tsui，Farh 和 Xin，2000）

　　然而总的来看，目前关系基础与相关后果变量间的关系似乎不是很稳定（Farh、Xin、Cheng 和 Tsui，1998；Xin、Farh、Cheng 和 Tsui，1998）。其原因如下（周丽芳，2002）：第一，由关系基础到关系成分（情感、义务、工具等）的推论不够清晰，例如即使过去有同宗或同学的关系基础，并不必然会出现某种形式的关系成分；第二，对家庭以外的工作组织而言，具有关系基础的对偶双方或网络成员的比例相当低，从而影响了研究结果的可靠性。因此，以关系成分，而非关系基础来进行组织中的关系研究，似乎比较合适。至于关系基础，则可视为产生关系成分的前置变量，并会受到关系双方的传统性格与先前互动整合的程度的影响，从而形成不同程度的关系成分。

　　组织中主管、上级依据关系基础而对员工进行差别化对待，意味着"特殊主义"原则对"普遍主义"原则的销蚀，可能影响人们的公平感。如 Chen、Chen 和 Xin（2004）通过问卷研究发现，中国组织中基于关系基础而进行的人力资源管理实践，会通过知觉的程序公平的中介作用，给员工对组织管理制度的信任造成消极影响；进一步的实验研究又发现，这种消极后果会受到关系基础的调节，比如帮助自己的侄子或同乡，会降低员工对管理的信任，但是帮助自己的大学同学或亲密的朋友，则不太会降低信任感。另外一项研究也证实了上述消极后果的存在（Chen、Friedman、Yu 和 Sun，2011）。上述研究引起了人们对组织个体间关系基础的负面效果的重视。

二、上级归类研究

台湾大学心理系的郑伯埙等人从"差序格局"概念出发，从上级的角度，建立了员工归类模型（employee categorization model），并进行了一系列研究（郑伯埙，1995；郑伯埙、林家五，1999；徐玮玲、郑伯埙、黄敏萍，2003；Cheng、Farh、Cheng 和 Hsu，2002）。郑伯埙（1995）首先从差序格局的概念带出华人企业经营者会根据三方面对员工进行归类（如图3-2）：一是员工与自己关系亲疏，二是该员工对自己的忠诚度高低，三是该员工的才能大小。结果可将组织成员归为八种类型，分别为：经营核心（亲/忠/才）、事业辅佐（亲/忠/庸）、恃才傲物（亲/逆/才）、不肖子弟（亲/逆/庸）、事业伙伴（疏/忠/才）、耳目眼线（疏/忠/庸）、防范对象（疏/逆/才）及边际人员（疏/逆/庸）。这种归类历程还受企业主持人的价值观（重亲主义/重忠主义/重才主义）影响，进而逐步将组织成员区分成自己人或外人并给予差异的对待（如信任、授权、奖励、升迁等）。郑伯埙（1995）认为，企业主持人与八种类型的员工的互动法则，即构成了华人企业组织行为运作的基础。

之后的系列实证研究也证实，不论是企业经营者或一般主管，对其员工或下级确实会根据关系基础或关系成分的不同进行归类，并产生差异性的领导方式，进一步影响员工对主管、上级的忠诚，以及对组织的承诺（郑伯埙、林家五，1999；Cheng、Farh、Cheng 和 Hsu，2002；Hsu、Cheng 和 Huang，2002；Hu、Hsu 和 Cheng，2004）。上级归类视角研究的独特之

处，在于从上级角度出发来探讨上下级关系及其影响，这类研究区别于基
于下级的角度，或是基于上级与下级双向互动的视角。但遗憾的是，这类
视角的研究并不多见，主要的原因可能是研究的难度较大。因为上级归类
是一个复杂的动态过程，当研究者要获取大量的企业主管、上级样本，并
深入了解其对员工如何进行社会互动与归类及其后续效应，是相当具有挑
战性的。

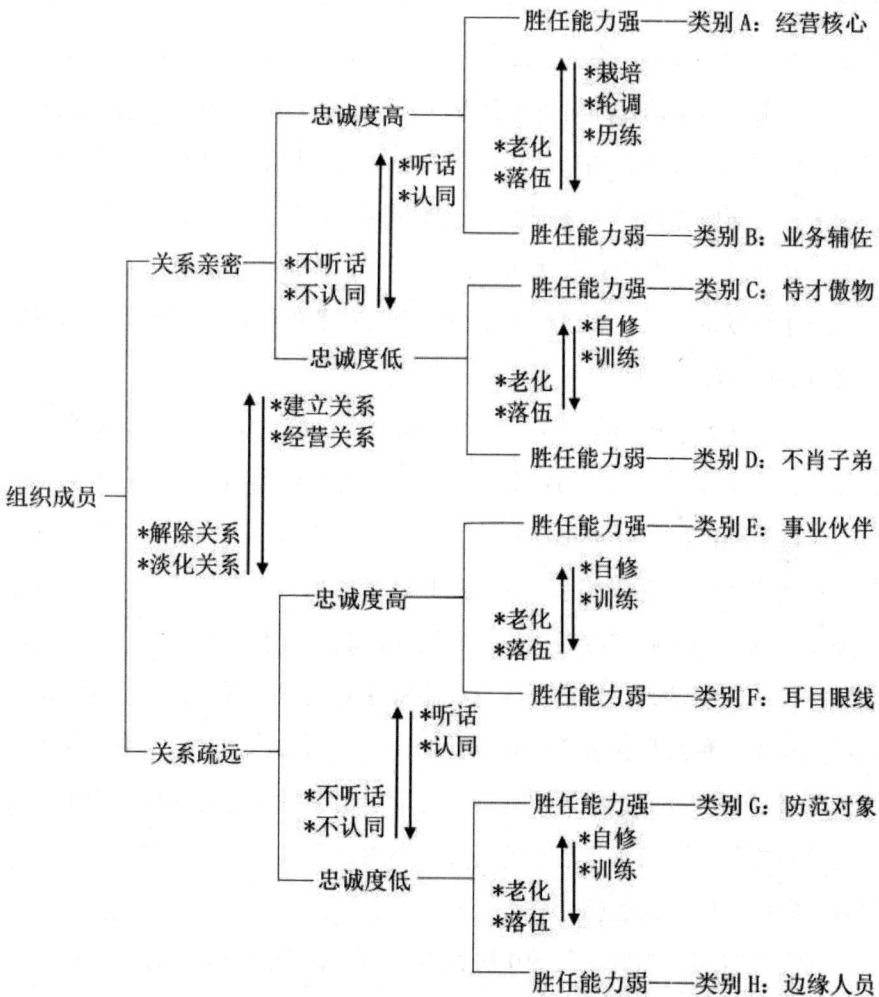

图 3-2　华人领导对组织成员的归类历程与归类原型（郑伯埙，1995）

三、关系质量研究

关系质量（guanxi quality）视角的研究关注的是下级如何与主管或上级建立和维持良好的私人关系，以及上下级间关系质量的影响。因为在中国社会与组织环境中，下级都普遍重视与上级建立和维持好的关系。如前面所述，在高度注重人际关系的中国社会，甚至关系本身往往就是人们追求的目标，而不仅是达到个人目标的手段（Tsui 和 Farh，1997）。并且上级与下级关系质量的好坏对下级有着巨大的影响。比如 Chen 和 Chen（2004）指出，以往的有关员工离职的理论模型都认为工作满意度对员工离职有重要影响，但影响中国员工离职的一个重要因素是与上级的关系，特别是与顶头上司的关系，如果这种关系处理得不好，不管工作满意与否，都会让员工产生离职的念头，实证研究也发现上级行为能够解释直接下级离职行为将近 50% 的变异量。

因此，研究者提出了"主管—下级关系"的概念，并将其定义为"主管与下级在工作时间之外通过非工作相关的行为活动而建立的私人关系质量"（Law 等，2000；Wong、Tinsley、Law 和 Mobley，2003）。为了探讨建立和促进主管—下级关系的途径，Law 等（2000）编制了一份主管—下级关系行为问卷，研究者通过对来自天津的国企、乡镇企业和合资企业的全职员工的问卷调查，搜集下级与其主管建立良好关系的各种行为活动，最后选择了 6 种最具代表性和有效性的行为活动，作为主管—下级关系行为的测量项目，并通过实证研究得以验证。研究者认为这 6 种行为不仅能作为测量主管—下级关系质量的工具，还由此提供了如何建立和发展与主管或上级关系的方式途径。

在资源有限、强调集权的中国社会，为了在资源分配过程中获得最大利益，人们需要与关键人物建立个人关系（Davies，1995）。上级可能会根据与下级的关系来进行管理决策（如工作分配、晋升、奖酬），而与上级建立有良好私人关系的下级也期待着这一结果。比如在 Law 等（2000）的实证研究中发现，在控制了领导—成员交换关系、主管承诺和任务绩效的影响后，主管—下级关系对主管的管理决策，如下级的晋升和奖酬分配有显著的正向影响，并通过晋升的中介作用影响下级的工作安排；但主管—下级关系对绩效评价的影响作用不显著，而领导—成员交换关系对绩效评价有着直接的、显著的正向影响，并间接影响奖酬分配、晋升和工作安排，此外，领导—成员交换关系还对工作安排有直接的正向影响。Wong、Tinsley、Law 和 Mobley（2003）在深入讨论了关系概念后，研制了一套关系量表，该量表包含 5 个维度共 20 个项目，并通过实证研究检验了该量表的汇聚效度和区分效度，证明主管—下级关系能有效地预测下级对主管的满意度以及对组织的情感承诺。不过，Chen、Friedman、Yu 和 Sun（2008）认为 Law 和 Wong 等人编制的关系量表中的测量项目侧重于下级单方面的感受，无法真实地反映主管—下级双方对关系质量一致的感受，并且 Law 和 Wong 等人编制的关系量表更多地反映了建立关系的初级阶段，而非现有的主管—下级关系质量。因此，Chen、Friedman、Yu 和 Sun（2011）重新编制了包含 4 个项目的主管—下级关系量表。

Chen 等（2011）进一步通过中国 11 家企业的 69 个工作群体共 339 名被试的数据，运用多层线性模型（HLM）方法分析发现，在个体水平上，主管—下级关系质量对个体从主管那里获得的关系报酬（如奖酬分配、晋升机会和任务安排等）有显著的正向影响，进而提升下级知觉的程序公平感；然而在群体水平上，工作群体中的下级共同知觉的关系导向性人力资源管理活动会给下级的程序公平感带来消极影响；此外，下级共同知觉的关系导向人力资源管理实践对个体获得的关系性报酬和程序公平间的关系起着调节的作用，在高关系导向的工作群体里，二者间的关系更强。显然，与以往的研究大多强调关系的积极作用不同，该研究基于程序公平的视角，指出关系在为个人带来"利益"的同时，也会在群体的层面上损害员工的公平感。但遗憾的是，该研究并没有十分清楚地展现不同层次上的关系行为"利—弊"的转化机制、行为动力及其策略选择，而这还有待进一步的研究。

四、关系历程研究

通过前面对关系定义的分析，动态性是关系概念的重要方面，在关系研究中不可忽视。从费孝通（1948）对中国人关系的以自我为中心的类似同心圆和波纹式的差序格局分析中，就可见动态性或伸缩性正是华人关系的特色，其中蕴含着极为丰富的中国人社会行为的深层心理表征。然而遗憾的是，目前对这方面的研究总体上还停留在定性分析与经验观察的基础上，实证研究十分缺乏。

关系历程的研究主要是探讨关系从形成到断裂之动态历程（郑伯埙，刘怡君，1995；郑伯埙，任金刚，张慧芳，郭建志，1997）。例如郑伯埙和刘怡君（1995）以核心工厂及其卫星公司为分析单位，发现组织间交易起始于企业主或双方接洽者，透过关系基础来产生初步人际信任（阶段一）；然后因市场互利建立经济信任（阶段二）；接着因交易互动频繁进而深化双方交情和情感性关系，而由生人变为熟人（阶段三）；最后则产生义利共生的长期关系（阶段四）。该项研究还指出，每一阶段所建立的关系也会因各种危机而停滞，甚至退回前一个阶段。上述研究的模式虽然是建构在组织层次的组织间关系模式，但是其关系发展的本质还是发生在个体层次的人际互动基础上的，可为个体层次的关系研究带来启发。Chen和Chen（2004）还提出了一个三阶段的关系模型（如表3-1），用来解释关系如何被建立、发展以及运用。不过，该研究只是停留在概念分析的层面，还欠缺实证支持。

表 3-1　关系的过程模型

关系阶段	关系目标	互动活动	互动原则
开始阶段	建立关系基础	相互熟悉	相互的自我暴露
建立阶段	提升关系质量	表达性和工具性的交易	动态性互惠
使用阶段	获得利益、重新评价关系质量	人情交换、相互帮助	长期公平

资料来源：Chen 和 Chen，2004。

　　对关系历程的研究涉及时间维度，需要采用纵向研究设计，难度较大，故在以往的研究中比较少见。

五、总结与展望

　　台湾大学心理系的周丽芳（2002）在回顾了华人组织中对偶关系研究后，尝试建立了一个概念整合模型，如图 3-3 所示，此模型能较清晰地反映华人组织中对偶关系研究的概况，下文的评析将由此模型展开。

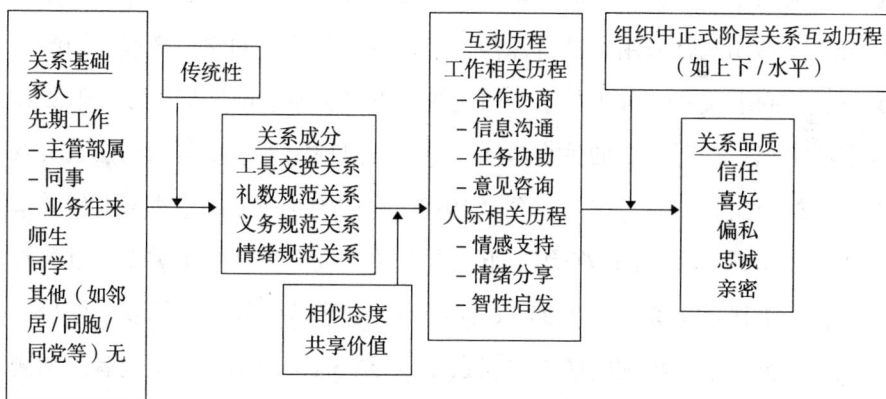

图 3-3　华人组织中对偶关系之互动模型

（资料来源：周丽芳，2002）

　　从上面的模型来看，华人组织中关系的研究基本是依循由"关系基础→关系成分→互动历程→关系品质"的概念模型，关系基础与关系成分为前因，关系品质为后果，互动历程为其中介机制，其中还贯穿着关系互动双方的个人传统性、相似态度与价值、组织中正式阶层关系的调节因素。总体来看，上述模型还只是一种整合性的概念架构。下面我们先分析目前研究中存在的两种视角，然后在此基础上提出未来的研究方向。

1. 静态性研究进路

即探究组织成员间（如上下、水平）什么样的关系基础能带来什么样的关系品质，进而给个人和组织的效能带来什么样的影响，比如 Farh 等（1998）、Tsui 和 Farh（1997）、Xin 等（1999）的研究。

之所以说这条研究进路总体上偏于静态，原因是此类研究关注的是组织成员间既定的关系基础。在关系基础的研究中，关系实际上仍被定义为一种"特殊性社会连带"（King，1985；Yang，1986）。在此定义下，关系经常被操作为一种二分的变量，要么存在某种关系，要么不存在。比如 Farh 等（1998）就采用八种特殊性连带来测量关系：同学、亲戚、同姓、同乡、前同事关系、师生关系、前主管—下级关系、前邻居关系。但观察现实的组织，在上下级的垂直对偶关系中，出现家人关系与亲密熟人关系的比例相当少。例如，在 Farh 等（1998）对中国企业组织中垂直对偶关系的研究中发现，在全部 560 组上下级配对中，没有发现师生关系，过去曾是主管—下级的关系仅占 0.04%，而在同学、亲戚、同姓、同乡、同事、邻里这六类关系中出现的频次也仅在 2.1% 至 3.4% 之间，在研究者试图测量的八项"关系基础"中，任何一项存在的垂直配对所占比重都不足 5%，这样的比例可能导致关系因素的变异较小，从而在一定程度上影响实证研究结果。

现实中，除部分家族式企业的高管团队外，组织中绝大部分的上下级之间是"非亲非故"的关系。随着中国现代化的发展和人口流动性增强，中国企业组织管理的现代化与规范化日益进步，无论是管理者还是员工，越来越多地关注制度规范与公平正义（Chen、Chen 和 Xin，2004），而纯粹的特殊主义法则更有可能逐渐退居幕后，或成为所谓的"潜规则"。根据笔者对企业的经验观察，组织中很少存在家人与熟人关系。即使存在这样的现象，按通俗的说法，为了"避嫌"，管理者大多也不会让他们出现在相同部门中，因为其导致的管理成本太高。因此，在当代的企业组织中，采用传统的中国人关系分类思路，探讨既定的关系基础及其效能的做法，可能导致两个后果：要么是与组织现实相距甚远，要么是产生一些不太稳定可靠的研究结果。

总之，尽管关系基础方面的研究揭示了上级与下级间的某种"特殊性社会连带"对下级的工作效果（如绩效评价、离职意愿、上级承诺）有重要的影响，但没有涉及如何建立和发展良好的上下级关系方面的内容。

2. 动态性研究进路

采用动态性视角来研究组织中的关系包含三类：①上级对员工的归类及其对员工的影响研究；②上下级间的关系行为和关系质量研究；③考察对偶双方的关系演变过程。由于第三类研究目前较为少见，下面的分析主要针对前两类研究。

首先，郑伯埙（1995）的员工归类研究看似采用动态化的视角，实际采取的仍是静态化的方法（如横截面研究）。如先从中国传统文化入手，自上而下地推演出华人企业的主持人的员工归类模式，然后从企业组织中取样，以验证企业管理者的确如此对员工归类，并发现归为不同类型的员工对上级的忠诚与对组织的承诺存在差异，从而淡化了上级对员工的归类过程。其次，归类过程涉及双方的互动，郑伯埙等人的研究选择从上级入手，从而暗自将员工置于消极被动的地位，对员工进行了静态化的"处理"，忽视了员工的"能动性"。再次，诚如郑伯埙（1995）所指，企业主持人对员工的归类是动态性的历程，而非静止的状态，在二者的互动中，当员工的某些行为事件或特征一再不符合所归类别要求时，将会重新归类。比如员工可能同上级建立关系、经营关系，上级也可能对员工解除关系、淡化关系，从而产生亲疏异位。尤其是关系建立与经营在中国社会不但常见，而且十分普遍，比如认（认亲）、拉（拉关系）、攀（攀交情）、钻（钻营）、做（做人情）、联（联络感情）、送（送礼）都是常用的手法（乔健，1982）。组织成员对位阶较高的上级建立与经营关系的现象也是常见的。

因此，有一些研究则将关系定义为缺乏"特殊性连带"的双方间的关系质量（Alston，1989；Davies 等，1995；Leung 等，1996）。实际上，大多数的学者在讨论关系对个体的影响结果时，采用的都是这种较为宽泛的关系定义，即"关系"是在互相满足关系双方个人目标的过程中所建立起来的，并为工具性目的服务的关系质量（Law 等，2000）。例如 Xin 和 Pearce（1996）将关系操作为员工与那些"对你（被试）处理当前工作中的日常问题有用的人"以及"对你（被试）最终的职业生涯成功有帮助的人"之间的联结（connection）。这一操作方式就引出了中国人的"拉关系"的说法。在文献中，"拉关系"（La guanxi）指的是为了特定的目的而与别人发展关系（Ambler，1995）。事实上，中国人关系概念的复杂性和丰富性，也正是体现在关系的互动方面，即不具备特殊性关系连带的个体之间如何建立和发展关系。由于组织中上下级关系质量的研究中（Law 等，2000；Wong 等，2003；Chen 等，2011）对关系质量的操作和测量都是基于关系行为，因此这类研究仍可归结为一种动态化的关系研究视角。

3. 未来研究方向

综上所述，笔者认为，组织中的上下级关系研究至少有如下几个值得拓展的方向。

第一，应多采取动态化的视角，从下级与上级建立与经营关系入手，并考察其可能的影响后果。第二，探讨上下级关系的互动历程，尤其是互动过程中的工具性和情感性成分变化以及资源交换的过程、影响因素及其后果。第三，以往研究很少探究关系行为的前因变量，比如什么因素会影响组织中的上下级之间的关系互动与关系质量，回答这一问题对于组织中的关系管理至关重要，应成为未来的一个研究方向。第四，可进一步厘清上下级之间的这种垂直对偶关系对下级工作绩效的影响效果与过程，并拓展其后果变量的研究，比如对工作满意度、离职、工作幸福感、职业健康等的影响。第五，以往组织中关系的研究过度关注关系的积极效果，对其可能带来的消极后果，比如偏私、派系、排斥"外人"、小群体、损害公平等方面的研究显然还不够。第六，以往对水平对偶关系的研究局限于高层管理者或组织经营伙伴之间，而对中层管理者与员工间的水平对偶关系研究尚是空白，未来可以进行探究。

至此，我们对以往有关上下级关系的相关文献和研究现状进行了较为系统全面的梳理和总结。从下章开始，笔者首先将建构一个上下级关系的概念模型，在此基础上围绕中国组织情境下最吸引人的上下级关系互动现象展开一系列的实证研究。

第四章 上下级关系的社会交换模型

在本章中，笔者将基于社会交换理论，尝试界定上下级关系概念，并建构上下级关系的社会交换模型，进而带出后续的实证研究议题和方向。

一、上下级关系的概念界定

1. 上下级关系的概念界定

虽然关系已有了众多定义，但我们探讨的是中国组织背景下的上下级关系，有必要基于组织的视角，对上下级关系概念进行界定。我们从社会交换的角度将"上下级关系"定义为："组织中下级通过工作范围之外的互动行为与上级建立的非正式、特殊性社会交换关系。"关系包含以下几方面的含义：①从关系主体来看，上下级关系指代的是组织中的下级或员工与其直接主管、上级、企业经营者以及其他高管之间的垂直对偶关系；②从关系边界来看，上下级关系指代的是一种非正式的、特殊性私人关系，从而区别于基于正式的职务和工作关系，如"领导—成员交换关系"；③从关系基础来看，上下级关系应相当于"熟人关系"（杨国枢，1993；

Tsui 和 Farh，1997；罗家德、赵延东，2007），也对应于黄光国（1987）所说的"混合性关系"，即工具性和情感性成分兼而有之。但情感成分和工具成分孰轻孰重，很难说清，有时它是自情感关系开始，但发展出交换关系，更经常的，它是"伪装"在情感之下的交换关系；④从互动法则来看，上下级关系的互动遵循的是人情法则，本质上是一种"人情交换"（金耀基，1981），强调特殊性和个人性，即社会规范不要求我做的，我也尽力去做，符合"报"之规范，是建立在长时期的关系互动基础上的，而非短暂性的一次性交换。

较为特殊的还有以下三点：①与社会生活中一般的熟人关系、朋友关系或同事关系不同，上下级关系是一种权利不等的关系，即上级与下级之间存在着权利位阶差距、地位的不平衡性。上级的权利由组织制度和职位所赋予，上级可能掌握下级所需的资源，这决定着关系运作的方向是"自下而上"的，但由于上级和下级的需求差异，以及双方拥有资源的差异，可能导致上下级间的交换关系呈现出特殊性和复杂性的局面；②上下级间的交换关系除了受社会中一般性的人际交换的社会规范法则约束之外，还受特定的组织文化与制度的约束，即在不同的组织中，上下级间的关系总体模式可能不同，比如有的偏重于工作职务上的交换，有的则偏重于私人关系的交换，有的重工具性，有的重情感性，或者二者兼而有之；③在特定组织中，由于上级面对的可能是多个下级，而下级面对的则是单一上级，因此，在上下级间基于私人关系而进行交换时，在众多下级之间可能出现一种"相互竞争"的局面，而上级除了考虑关系的特殊性之外，可能还需要兼顾群体利益的平衡，这进一步导致上下级基于关系的交换出现复杂性的局面。

2. 上下级关系与领导—成员交换关系

在现有文献中，常被拿来与上下级关系概念一起讨论的是领导—成员交换关系概念。领导—成员交换概念最早由 Graen 和 Cashman（1975）提出，其提出源于在新员工社会化的研究中发现，上级对不同下级的领导风格和支持程度是"有差异"的，这与过去的领导理论假定上级对所有下级采用"平均的"、相同的领导方式不符。因此，领导—成员交换的关系质量引起了西方学者的重视，并被定义为上级与成员彼此之间在工作关系上呈现出信任、忠诚、情感、贡献与责任的行为（Graen 和 Cashman，1975）。由于时间和精力有限，上级在工作中要区分不同的下级，采用不同的管理风格，并与不同的下级建立起不同类型的关系。其中，上级和一部分下级建立了较佳的交换关系质量，这些下级会得到更多信任和关照，可能享有特权，如工作更有自主性、灵活性，以及更多的升迁机会和报酬，等等，属于"圈内人"（In-group member）；其余与上级交换关系质量不佳的下级则成为"圈外人"（Out-group member）。后者占用上级的时间较少，获得奖励机会也较少（Graen 和 Uhl-Bien，1995）。实证研究也表明，圈内人、圈外人的现象在组织环境中确实广泛存在（Green 等，1996）。

之所以将上下级关系与领导—成员交换关系相比较，是因为二者在概念的外延上是相同的，指代的都是组织中垂直对偶性的上下级之间的关系，是中西两种文化上的对等概念。但在概念内涵或实质上，二者是完全不同的独立概念（Law 等，2000）。最主要的区别是：领导—成员交换关系是建立在工作职责与工作活动上的，是一种正式的、工作性关系（Graen 和 Uhl-Bien，1995），而上下级关系则是建立在工作范围之外的，是非正式的、私人性关系（Wong 等，2003）。比如，在西方人的眼里，工作就是工作，生活就是生活，在工作的八小时内，需要严格管理、相互协作，而在八小时之外，大家互不相关，员工有事也不用找上级；但在中国人的眼里，工作是生活的一部分，密不可分，应该把工作单位看作家庭一样，八小时之外，员工有事还是应该找上级解决，而上级也应关心员工的个人生活。正是基于上述文化上的差异，才各自产生了领导—成员交换关系和上下级关系的概念。

Hui 和 Graen（1997）在深入比较了中国的关系概念与西方的领导—成员交换概念后指出二者的区别表现在五方面：第一，中国人的"关系"具有决定性，在交往初期就将对象划分到不同类别，这些类别甚至可能是天赋的；而领导—成员交换关系强调的是选择性，即基于关系双方的双向性选择，是在双方自愿的前提下发展起来的。第二，"关系"的确立看重忠诚程度，而领导—成员交换关系则侧重于能力。第三，"关系"倾向于发展个人化网络，在中国，"关系"的影响深入社会经济生活的方方面面，每个员工都有其个人关系网，并履行着各自的角色义务；而领导—成员交换关系则侧重发展组织化网络，工作关系较个人关系更重要；且现实中个人关系网与组织化网络经常处于竞争和矛盾的地位。第四，"关系"可能是超道德的，维持和发展关系往往可以超越道德，而领导—成员交换关系则是以道德为基础发展双方的关系。第五，"关系"侧重于家庭式关系，受中国家庭主义文化影响较深，而领导—成员交换关系更偏重雇佣性关系，主要受组织文化和制度的制约。

此外，国内研究者郭晓薇（2011）对中国组织情境下的"上下级关系"与领导—成员交换关系的区别做了进一步的补充：首先是关系形态的不同，西方的上下级关系是在平等基础上的互惠关系，互惠的契约规定了彼此的权利义务，而中国的上下级关系建立在家长式权威的基础上，上位者和下位者的身份规定了双方的权利义务，互惠原则对下属员工行为的影响相对较弱，前者是契约关系，后者是身份关系；其次是互惠原则的不同，西方较强调上下级关系中的理性因素，而在中国背景中关系的情感层面受到更多的重视，因此西方的上下级关系属于工具性连带，遵循公平法则，这种关系的本质是普遍性和非个人性，而中国典型的上下级关系是介于情感性连带与工具性连带之间的熟人连带，其交换原则是人情法则，交往本质则是特殊性和个人化的。

二、社会交换视角下的上下级关系

无论中国，还是西方，社会交换的思想古已有之，如中国古语云："投之以桃，报之以李"（《诗经·大雅·抑》）、"往而不来，非礼也；来而不往，亦非礼也"（《礼记·曲礼上》）；古罗马哲学家西塞罗认为"没有比报答好意更有必要的责任了""人们不会信任一个忘恩负义的人"（Gouldner，1960）。近20年来，社会交换理论（social exchange theory）成为组织行为研究中最有影响的理论框架之一，雇佣关系、员工—组织关系、心理契约、组织支持、组织承诺、离职等大量研究都以此理论为基础。社会交换的理论众多，其中 Banard（1938）、March 和 Simon（1958）的理论常被用来解释员工与组织之间的社会交换；Homans（1958）、Blau（1964）、Foa 和 Foa（1980）的理论主要用来解释个体之间的社会交换；而 Gouldner（1960）和 Sahlins（1972）提出互惠原则是社会交换中的潜在规则。

1. 为何交换

西方社会学家强调了人类的社会交换行为的普遍性，尤其在人际关系互动中表现得更为明显。比如 Homans（1958）借鉴行为心理学的理论，把人类行为当作是互动中的个体彼此进行酬赏（或惩罚）的交换，他认为个体努力争取与别人的交换平衡，也追求交换收益，即获得的回报的价值与付出的成本的差异达到最大化。Blau（1964）将交换行为定义为"个人受到可以从交换另一方那里得到回报的激励而产生的自愿行为，是当别人做出报答性反应就发生、当别人不做出报答性行为就停止的行动"。中国人的关系行为本质上是一种社会交换行为的观点也得到普遍认同，一些本土心理学研究者甚至直接采用社会交换的观点来分析中国人的关系（如金耀基，1981；黄光国，1987）。从社会资本的观点来看，人际关系网络中的节点处蕴藏着社会资本，这种社会资本只有通过社会连带和关系才能得以获取和动员。

而在"权力距离"（power distance）（Hofstede，1980，1991，1993）较大的中国组织中，组织结构大多为"金字塔"式的层级结构，不同层级的权力和资源是不平衡的。比如 Wang 和 Heller（1993）发现中国企业中的决策权力一般要比英国企业更多地集中于中高层，并且中国的管理人员在关于员工选拔、薪酬和雇用等人事决策上有着更大的影响力，并且中国员工更适应于集权式的上级。在组织中，下级为"下位者"，上级乃"上位者"，双方所拥有的资源多寡不一，处于"不平衡"的状况，这种差距在组织的中高层与基层之间表现得尤其明显（王忠军，2006），下级只有通过与上级建立较强的社会连带和关系才能得以借用。另外，与下级建立和维持良好的关系也是中国管理者有效管理员工的一个关键要素（Law 等，2000）。Chew 和 Lim（1995）的研究还表明，中国企业的管理者在处理冲突问题时更多地倾向于采取妥协的方式，因为他们更看重的是和谐与和睦。Easterby-Smith 等（1995）在比较了英国企业与中国企业后指出，在绩效评价方面，维持和谐的关系对中国企业是更为重要的。因此，组织中上下级间基于关系的社会交换才有了基本的动因和条件。

2. 交换什么

Foa 和 Foa（1980）将人际间社会交换的资源分为以下六类：①钱币；②商品；③服务；④信息；⑤地位；⑥爱。他们的实证研究还证明，人们更喜欢进行邻近种类之间的交换，比如以商品交换商品，以爱交换爱，商品则很难交换爱。显然，上述交换内容指涉的是更为一般化的人际交换关系。那么，组织中下级与上级关系交换的内容是什么？或者说下级需要投入什么？上级相应地回报什么？

（1）下级的关系投入

根据本书对上下级关系的概念界定，从下级方面来看，建立、维持或经营与上级的特殊性私人关系，在此过程中需要付出一些成本，比如时间成本、金钱成本、情绪成本，乃至机会成本，即对上级关系的投入（guanxi input）。当然，在下级对上级的关系投入中，可能也包含情感性的成分。总之，下级在与上级建立并维持关系的过程中，方式与手法各异。比如，Law 等（2000）探讨了下级如何建立和提升与其直接主管的私人关系的方法，并相应地编制了测量下级关系行为的问卷。

（2）上级的资源回报

我们认为，上级主要给予下级以下两种回报。

工具性资源回报。在以往的研究中大多关注的是获得上级的"工具性资源回报"（instrumental resources output，IRO），亦简称工具性回报，指的是晋升机会、工作安排、奖金分配、绩效考评等直接性客观利益或好处。也有研究者称之为"关系性报酬"（relationship payoff）（Friedman 等，2006；Chen 等，2008）。但我们认为，仅关注工具性回报存在一定的局限性。因为一个下级对应于一个特定的直接上级，而一个上级可能需要管理多个下级，上级掌握的工具性资源具有一定的限度，需要进行一对多的分配，给张三多一点，给李四就会少一点。根据员工归类（郑伯埙，1995）和差序格局中特殊主义的观点（费孝通，1948），虽然上级有可能对下级厚此薄彼，但仍然需要进行平衡，并顾及公平性，比如今天提拔了张三，明天就给李四加薪。不过依靠工具性资源进行平衡毕竟时机有限，有时会捉襟见肘，因此在现实中，上级更擅长动用另一项资源：情感性资源，而后者显然是以往的研究者所忽视的。

情感性资源回报。社会学家林南（Lin，2001）认为，社会行动者主要有两类行动：工具性行动（寻找和获得额外有价值的资源），以及情感性行动（寻找情感和支持的行动），并且情感性行动往往比工具性行动更重要。根据社会交换理论，人类的社会交换行为不仅是工具性资源交换，还有情感性资源交换。在组织中，上级同样拥有着情感性资源，比如给予下级信任、赏识、认可、鼓励、友善、关心、情感分享、宽容、工作咨询、给面子、提供信息、帮助解决家属问题的个别照顾等等，我们称之为"情感性资源回报"（affective resources output，ARO），亦简称情感性回报。显然，这种情感性回报对下级来说也是极其重要的，也正是这一点促发了社会网络研究中对情感网络、咨询网络、信息网络的普遍重视。因此，下级与上级建立和维持关系，不仅是想获取上级的工具性资源，还更想博取情感性回报，成为上级的"圈内人"、心腹和左膀右臂。相较而言，工具性资源具有客观性和有限性，而情感性资源具有主观性和丰富性，在组织环境中，上级对下级往往一手运用工具性资源，一手运用情感性资源，或动之以情，或诱之以利，交互运作，以更好地驾驭下级。

3. 如何交换

Blau（1964）认为，与经济交换不同，社会交换包含未详细说明的责任——"回报的特点是不能讨价还价，但必须留给回报者去判断"。因此，在交换的初期，一方需要相信另一方将来会履行责任，而职责的照常履行会提升双方对彼此的信任，使得交换得以进行的机制是回报的规范与信任。也就是说，人际的社会交换需要遵循互惠原则才能正常进行。Gouldner（1960）认为互惠有两个要求：①人们应当帮助那些帮助过他们的人；②人们不应当伤害那些帮助过他们的人。Gouldner（1960）还将互惠分为异质互惠和同质互惠，前者指双方交换的东西不同，但认知的价值相等；后者指双方交换的内容或情境是相同的。显然，上下级关系的社会交换更多地属于异质互惠。Gouldner（1960）认为回报的责任感的强度取决于对方付出的价值，在下列情况下回报者会认为对方的付出更有价值：①回报者特别需要某个东西；②对方不能负担所付出的，但还是付出了；③对方的付出完全与个人利益无关；④对方没有被要求付出。由此，我们也能在现实中观察到下级为搞好上级关系的各种努力，诸如维护面子、印象整饰、投其所好、不计回报等等，其无非为了获得更优质的回报。

Sahlins（1972）提出互惠的三个维度：①回报及时性，即回报的时间选择；②回报等同性，即双方交换相同资源的程度；③兴趣，即交换双方对交换过程感兴趣的程度。根据这三个维度来分析上下级关系交换可见：①上级对下级的工具性回报往往具有延迟回报性，情感性回报往往具有即时性；②下级的关系投入与上级资源回报是否等价，一方面会受到双方所拥有权利资源的限制，另一方面可能会受到双方主观认知的影响；③双方对关系交换的兴趣可能受更多客观条件与个人价值取向的影响。总之，上下级间的关系交换并不像经济性交换那样清晰与公平合理，更可能受到众多主观和客观因素的影响。

三、上下级关系的社会交换模型

根据以上分析，我们建构了一个中国组织中上下级关系的社会交换模型，如图 4-1 所示。

该模型的基本含义是：在差序格局、关系取向以及特殊主义的中国社会文化以及具体的组织文化与制度背景下，组织中的下级在工作范围之外与其上级建立非正式的私人关系，展现为一个双向互动的过程，为与上级建立良好的私人关系，下级会付出各种行动和努力，上级因此而给予下级不同程度的资源回报（工具性的、情感性的），这种交换过程与结果会进一步影响上级和下级双方的心理和行为。

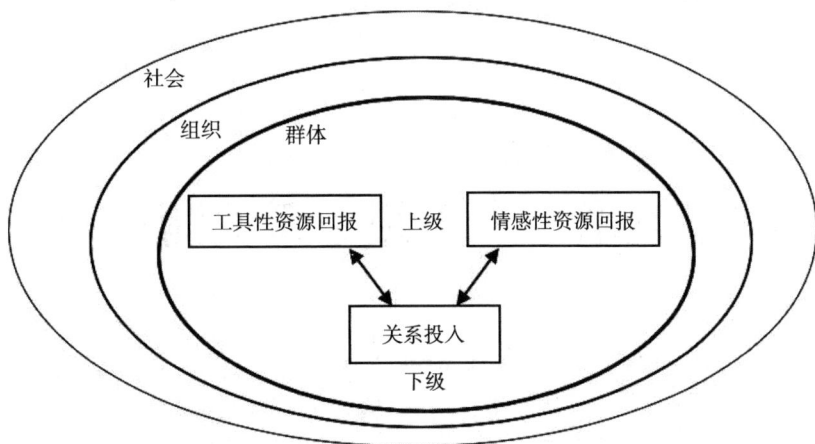

图 4-1 中国组织中上下级关系的社会交换模型

　　从社会资本的角度来看，组织中下级与上级的"私人关系"是下级所拥有的一种"社会资本"。对下级而言，与上级建立和维持特殊性私人关系的行为也是一种社会资本的投资和运作，暗含着成本与收益的理性计算，其目的是适时地获取、动员这种社会资本，以促进职业生涯的发展。

　　基于上述上下级关系的社会交换模型，我们将展开系列的实证研究。

第五章　上下级关系的测量

　　在上一章中，我们构建了中国组织情境中上下级关系的社会交换模型。在实证研究的层面，我们面临的第一个问题是：在组织中，下级通常如何与上级建立并经营和维持特殊性私人关系？下级需要付出哪些努力？上级基于与下级的私人关系，或者下级发展关系的努力，通常会给予下级哪些资源回报？

　　另外，为了对上下级关系进行更多的实证研究，首先必须确立上下级关系的测量工具。虽然以往文献中已有一些相关的、可供借鉴的测量工具，但我们还需要根据特定研究目的进行修订。例如，在以往涉及上级资源的研究中，主要关注工具性资源，而很少关注情感性资源。我们试图同时考虑上级的工具性与情感性资源，并纳入测量工具的开发之中。

　　对上下级关系互动中社会交换内容的考察，以及上下级关系测量工具的开发是一项重要的基础性工作。在本章中，我们将基于"自下而上"和"自上而下"的双向路径来完成这一研究工作：首先，综合开放式问卷调查结果与现有的测量工具，初步编制下级关系投入和上级资源回报问卷；然后，通过预试搜集数据对问卷结构进行探索性因素分析；最后，通过正式调查收集数据，对问卷结构进行验证性因素分析和信效度检验。

一、上下级关系的概念结构

1. 下级关系行为

关系与关系行为在中国社会的普遍性和重要性已经成为学术界的共识（Hwang，1987；King，1991；Xin 和 Pearce，1996；Yeung 和 Tung，1996）。在高度重视人际关系的中国社会和组织环境中，下级普遍重视与上级"搞好关系"。Chen 和 Chen（2004）发现上下级关系能解释员工离职行为将近 50% 的变异量，这间接证明上下级关系对下级的重要性。那么，下级如何与上级搞好关系？上下级之间建立和维持关系一般有两条途径：一是从工作方面入手，建立良好的基于职务的正式工作关系，比如高质量的领导—成员交换关系；二是从非工作方面入手，建立良好的非正式的、特殊性私人关系，即本书所探讨的上下级关系。下级要与上级建立和维持私人关系要有所付出，即要进行关系行为（guanxi practices）（Law 等，2000）的投入。在这里，首先需要说明的是，"关系"和"关系行为"是不同的概念。如前文所述，关系是一般性的表达，有比较宽泛的定义。"关系来源于人与人之间的联系和从'人情'中产生的人类情感"（Guthrie，1998）。关系行为则比较具体，是"运用社会关系来进行交换，布施恩惠，或达成目标"的行为活动（Guthrie，1998）。其他学者对关系、建立关系以及关系运作也进行了类似的区分（Bell，2000；Kipnis，1997；Tsui 和 Farh，1997；Yang，1997）。并且以往的研究大多将关系行为作为一个单维度的概念进行操作（Law 等，2000；Chen 和 Chen，2004；Chen 等，2008；刘军等，2007）。鉴于此，我们可将下级的"关系行为"（Leader-Member Guanxi Input，LMGI）界定为"为与上级建立良好的私人关系，下级在工作范围之外针对其上级进行的各种行为活动投入"。我们提出如下假设。

H1：下级对上级的关系行为投入是一个单维度的结构。

2.上级资源回报

根据我们建构的上下级关系的社会交换模型，下级对上级进行关系行为投入的主要目的是获得上级的两类资源回报：一是"工具性资源回报"，简称为"工具性回报"，我们将其界定为"上级给予下级晋升机会、任务安排、奖金分配、绩效考评、工作支持等直接的、客观性物质利益或好处"；二是"情感性资源回报"，简称为"情感性回报"，我们将其界定为"上级给予下级以信任、赏识、认可、鼓励、接纳、友善、关心、宽容等间接的、主观性精神利益或好处"。较之于西方社会网络研究，中国人关系研究常将焦点置于工具性利益与义务性情感，而较少关注自我表露、内心交流、情感性支持等真实情感或情绪层面（周丽芳，2002）。因此，探究上级情感性资源回报是极为重要的，但也是以往研究忽视的方面。我们尝试同时考量两种不同类型的上级资源回报行为。因此，我们提出如下假设。

H2：上级给予下级的资源回报是一个二维度的结构，包含工具性资源回报和情感性资源回报。

二、研究方法

1.开放式问卷调查

由于现有的下级关系行为与上级资源回报研究工具主要来源于中国香港、中国台湾的组织行为学研究者，我们将通过开放式问卷调查，搜集下级关系行为与上级资源回报的测量条目，与文献中现有的研究工具进行综合比照，从而编制下级关系行为与上级资源回报的测量问卷。开放式问卷调查的题目有两项：①"在工作之余，与直接上级建立并保持良好私人关系通常有哪些行为或方式？"②"下级与直接上级建立良好私人关系后，上级会给下级带来哪些利益或好处？"要求调查对象对每道题目至少列举5项。选择武汉地区某大学开办的在职员工进修班，实施开放式问卷调查。调查对象总共27名，其中，男性42.45%，女性57.55%；国有企业34.24%，民营企业40.13%，外资企业11.23%，机关事业单位14.40%；一般或基层员工74.58%，中层员工或部门经理25.42%。

2. 预研究样本

综合开放式问卷调查与现有相关问卷的结果，初步编制了下级关系行为与上级资源回报问卷，然后通过预研究来探索问卷的结构。预研究的问卷调查在江西省某大型纺织集团进行，该集团的前身为国有性质的企业，后被民营企业并购并加以改造，现为民营性质，企业规模在2000人以上。在该集团人力资源部的配合下进行了实地调查工作，该集团下级多个分厂和分公司，随机选择了其中的3个分厂（纺纱一厂、纺纱二厂、织布二厂）和2个分公司（物业一公司、物业二公司），总共发放了260份问卷。回收问卷之后，进行了废卷的处理工作，将空白过多、反应倾向过于明显的问卷剔除，最后得到有效问卷211份，有效回收率为81.15%。

样本的基本情况如表5-1所示。此外，210名被试与其目前的直接上级保持上下级关系至少在1年以上，占99.5%，其中，上下级关系年限在1~2年的占8.1%，3~5年的占24.6%，6~10年的占22.7%，10年以上的占44.1%。这说明绝大部分的被试与其直接上级有着较长时期的关系互动过程，因此对下级关系行为与上级资源回报的评价具有可靠性。

表 5-1　预研究样本的基本情况（*N*=211）

类别		有效人数	有效百分比	缺失人数及占比
性别	男性	53	26.8%	13（6.2%）
	女性	145	73.2%	
学历	高中及以下	113	54.1%	2（0.9%）
	中专	46	22.0%	
	大专	34	16.3%	
	本科	16	7.6%	
年龄	25 岁及以下	10	4.8%	2（0.9%）
	26~30 岁	21	10.0%	
	31~35 岁	30	14.4%	
	36~40 岁	49	23.4%	
	41 岁以上	99	47.4%	
岗位	管理岗位	23	11.2%	4（1.9%）
	生产岗位	111	53.6%	
	技术岗位	28	13.5%	
	销售岗位	4	1.9%	
	行政后勤	41	19.8%	
工作任期	1~2 年	4	1.9%	3（1.4%）
	3~5 年	33	15.9%	
	6~10 年	59	28.4%	
	10 年以上	112	53.8%	

3. 正式研究样本

正式研究的问卷调查在湖北、江西、北京、上海、广东 5 个地区进行，共 8 家企业组织参与了研究工作。组织具体情况及调查方式如表 5-2 所示。

表 5-2　正式调查企业概况

组织	地区	行业	性质	调查方式	有效群体数	比例
1	江西	能源	国有企业	现场调查	16	29.6%
2	江西	纺织	民营企业	现场调查	12	22.2%
3	湖北	人力资源	民营企业	现场调查	8	14.8%
4	广东	教育	民营企业	现场调查	8	14.8%
5	北京	IT	外资企业	委托调查	2	3.7%
6	北京	信息服务	国有企业	委托调查	3	5.6%
7	北京	电信	国有企业	委托调查	3	5.6%
8	上海	电信	民营企业	委托调查	2	3.7%

从表 5-2 可知，正式的大规模问卷调查主要包含两种方式：一是现场

调查，二是委托调查。由于本研究属于跨层次的研究，涉及个体与群体两个层次，因此，问卷调查的抽样单位均为工作群体（work group）。我们判定群体的依据有两条：①不同个体拥有一个共同的直接上级；②他们长时期在一起工作。

对于现场调查，按照上述抽样标准，首先，研究者与各企业的人力资源部门的工作人员一起确定抽样的工作群体，比如部门、处室、科室、车间、班组，等等，并对工作人员进行了培训。然后研究者和人力资源部的工作人员一起将问卷发放到工作群体中的每一个员工，研究者还对被试的问题进行了现场解答。最后，研究人员到各工作群体的所在地集中回收问卷。对于委托调查，也给被委托者及其人力资源部门提供了调查的实施细则及指导语。需要说明的是，正式调查进行的是上下级的对偶研究，各下级的关系投入问卷请部门上级填答，上级资源回报以及其他调查内容均由下级本人填答。

总共发放了700份问卷，最后回收了58个群体样本，包含561份个体问卷。为保证数据的有效性，研究者对不合要求的数据进行了筛选：①从个体方面剔除了空白过多、反应倾向过于明显的废卷；②剔除了包含个体人数过少的群体样本（少于5人）。这样，最终回收了54个有效群体样本，总共包含426份有效个体问卷，平均每个群体包含8人，人数最少的群体有6人，人数最多的群体有13人。从表5–2可知，现场调查的有效群体样本占81.4%。

在有效被试中，国有企业占40.8%，民营企业占55.5%，外资企业占3.7%；企业规模在50人以下占1.4%，50~200人占11.7%，200~800人占20.9%，2000人以上占66.0%；被试与其目前的直接上级保持上下级关系在1年以下者占16.9%，上下级关系年限在1~2年的占21.8%，3~5年的占24.2%，6~10年的占19.5%，10年以上占17.6%，这说明有83.1%的被试与其直接上级保持的上下级关系年限在1年以上。被试的其他基本情况见表 5-3。

表 5-3　正式调查样本的基本情况（*N*=426）

类别		有效人数	有效百分比	缺失人数及占比
性别	男性	230	55.7%	13（3.1%）
	女性	183	44.3%	
学历	高中及以下	66	15.6%	3（0.7%）
	中专	34	8.0%	
	大专	151	35.7%	
	本科	139	32.9%	
	研究生及以上	33	7.8%	
年龄	25 岁及以下	87	20.5%	2（0.5%）
	26~30 岁	59	13.9%	
	31~35 岁	63	14.9%	
	36~40 岁	88	20.8%	
	41 岁以上	127	29.9%	
岗位	管理岗位	139	34.7%	25（5.9%）
	生产岗位	67	16.7%	
	技术岗位	92	22.9%	
	销售岗位	34	8.5%	
	行政后勤	69	17.2%	
工作任期	1 年以下	51	12.0%	1（0.2%）
	1~2 年	74	17.4%	
	3~5 年	63	14.8%	
	6~10 年	78	18.4%	
	10 年以上	159	37.4%	

4．研究工具

（1）下级关系行为问卷编制

开放式问卷调查的第一个题目要求调查对象列举一些"在工作之余与直接上级建立并保持良好私人关系的行为或方式"，即关系投入行为。根据 27 名调查对象所获得的资料，采用内容分析的方法，由 3 名研究者先分别独立从开放式问卷调查的资料中提取与研究相关的信息，进行分类、编码，并且记录频次。然后 3 名研究者对照各自的分析结果，对于一些分类和编码存在歧义的地方进行讨论，并达成一致。最后，得到如表 5-4 所示的结果。

表5-4　下级关系行为开放式问卷调查结果

对上级的关系投入行为	频次	频率
1. 业余时间的情感交流、问题沟通	21	77.8%
2. 工作之外多来往走动	19	70.4%
3. 请客、一起吃饭	19	70.4%
4. 一起参加娱乐活动（如唱歌等）	18	66.7%
5. 关心上级的生活	15	55.6%
6. 给上级送礼	13	48.1%
7. 给上级拜年	13	48.1%
8. 经常请示回报	11	40.7%
9. 为上级办理私事、解决具体问题	10	37.0%
10. 投其所好（兴趣爱好、语言等）	10	37.0%

注：频次低于30%的在表中未列出。

为了进行对照，我们列出了文献中已有的与关系行为相关的问卷项目，具体见表5-5和表5-6所示。在表中所列举的现有的关系行为测量问卷中，Law等（2000）与Chen等（2008）的问卷均为单维度，部分项目几乎相同，但其区别在于Law等（2000）对关系的测量更多地强调单向性，即下级对上级建立关系的行为与活动，Chen等（2008）则更多地强调上下级之间的私人关系质量，因此其测量项目体现了上下级的双向性，而Wong等（2003）的多维度关系问卷过长，项目过多。Chen等人开发了主管—下级关系的三维度量表共12个题目，问卷稍短，但其测量的内容超越了工作之外的关系互动，包含了部分工作之内的互动，可能与领导—成员交换关系重叠，比如"上级顺从"维度（Chen、Friedman、Yu和Lu，2009）。进一步对照表5-4，可以发现，开放式问卷调查中所列举的下级关系投入的行为基本上在Law等（2000）、Chen等（2008）与Chen等（2009）的问卷项目中都有涵盖。

因此，我们对下级关系行为投入的测量问卷，将从Law等（2000）与Chen等（2008）以及开放式问卷调查结果中加以综合整理，从下级关系投入的角度，强调关系行为的单向性，最终归纳了9个项目对关系投入进行测量。为避免被试填答问卷时的"趋中性"，采取Likert 6点计分，1表示

"非常不符合"，6 表示"非常符合"。

表 5-5　以往文献中的上下级关系测量工具（单维度）

工具开发者	维度及测量项目
Law 等（2000） 单维度 Likert7 点量表 α系数 =0.84	1. 在假日或工作之余，我会给上级打电话或拜访他（她）
	2. 我的上级会邀请我与他（她）一起吃饭
	3. 在上级的一些特殊日子（如生日），我会登门拜访并送礼
	4. 我总是积极主动地与上级交流我的想法、问题、需要和感受
	5. 我关心并理解上级的家庭与工作状况
	6. 当有不同意见时，我绝对会站在上级的一边
Chen 等（2008） 单维度 Likert 6 点量表 α系数 =0.84	1. 上级会让我帮他（她）处理一些家庭事务
	2. 节假日里上级和我会互相打电话或相互拜访
	3. 工作之余我会与上级一起参加一些社会活动,如一起吃饭或休闲娱乐
	4. 我熟悉上级的家庭成员并与他们有一些交往

表 5-6　以往文献中的上下级关系测量工具（多维度）

工具开发者		维度及测量项目
Wong 等 （2003） 五维度 Likert 5 点 量表	社会活动 α系数 =0.82	1. 跟他（她）一起打网球（或其他双人运动）
		2. 跟他（她）一起运动
		3. 邀他（她）去你家
		4. 去他（她）家拜访
	经济支持 α系数 =0.81	5. 借钱给他（她）
		6. 即使他（她）可能没有能力还钱，你还是借钱给他（她）
		7. 替他（她）作保
		8. 借钱给他（她）的家人
	优先照顾 α系数 =0.69	9. 当他（她）生病时，为了照顾他（她）而重新安排社交活动的时间
		10. 为了跟他（她）去办其他的事而不参加社交活动
		11. 为了去医院看他（她）而错过工作会议
		12. 为了帮忙处理他（她）家人的疾病而放弃你的假期
	节日庆祝 α系数 =0.73	13. 交换生日礼物或节庆贺礼
		14. 当你外出度假时，会带礼物回来给他（她）
		15. 跟他（她）一起庆祝特殊节日（如生日、节庆）
		16. 参与他（她）的婚礼
	情绪支持 α系数 =0.78	17. 聆听他（她）的担忧和烦恼
		18. 跟他（她）一起讨论你个人的想法和感觉
		19. 如果他（她）和家人吵架，你会安慰他（她）
		20. 帮他（她）纾解压力

工具开发者	维度及测量项目	
Chen 等（2009）三维度Likert 5点量表	情感依附 α 系数 =0.89	1. 我的上级经常和我分享对工作和生活的想法、意见和感受
		2. 当我和我的上级交流时，我感到轻松和舒适
		3. 如果我的上级决定为另一家公司工作，我会感到遗憾和难过
		4. 如果我的上级在个人生活上有问题，我会尽力帮助他（她）
	个人生活 α 系数 =0.87	5. 我的上级会让我帮他（她）处理一些家庭琐事
		6. 在假期，我和我的上级会互相打电话或拜访对方
		7. 下班后，我会和上级一起参加一些社交活动，比如一起吃饭、娱乐，这些都超越了工作范围
		8. 我与我的上级的家庭成员很熟悉，并与他们有私人接触
	上级顺从 α 系数 =0.84	9. 我愿意无条件地服从我的上级
		10. 即便我不同意我的上级，但我仍然支持他（她）的决定

（2）上级资源回报问卷编制

开放式问卷调查的第一个题目要求调查对象列举"下级与直接上级建立良好私人关系后，上级会给下级带来哪些利益或好处"，即上级资源回报。同样，3名研究人员根据27名调查对象所获得的资料进行了内容分析。最后，得到如表5-7所示的结果。

表 5-7　上级资源回报的开放式问卷调查结果

类型	上级资源回报内容	频次	频率
工具性资源回报	1. 得到更好的工作岗位	22	81.5%
	2. 有利于升迁与发展	19	70.4%
	3. 获得晋升机会	18	66.7%
	4. 能获得奖励和加薪	16	59.3%
	5. 获得培训学习的机会	15	55.6%
	6. 获得更广泛的资源	15	55.6%
	7. 获取更多的信息	9	33.3%
情感性资源回报	8. 获得上级的好感，留下好印象	17	63.0%
	9. 让上级了解自己、增进相互了解	17	63.0%
	10. 融洽关系，提升与上级的感情	16	59.3%
	11. 上级会关心和重视自己	13	48.1%
	12. 上级会友善对待自己	11	40.7%
	13. 获得上级的认可（如赏识、信任）	9	33.3%
	14. 与上级成为好朋友	9	33.3%

注：频次低于30%的描述在表中未列出。

开放式问卷调查的结果显然初步证实了我们从文献回顾与理论推导中得出的假设，即上级根据与下级的私人关系会给予两类回报：工具性资源回报和情感性资源回报。而文献中已有的与上级资源回报相关的问卷，大多仅关注工具性资源回报，比如 Law 等（2000）研究上下级关系的后果时，仅仅关注对上级在工作安排、绩效评价、奖金分配和晋升机会方面的管理决策的影响。Lin（2002）的 4 个项目的上级资源回报问卷同样仅测量了工具性的回报，该问卷在 Chen 等（2011）的研究中也被采用。

因此，在结合开放式问卷调查结果，并综合了 Law 等（2000）的上级管理决策量表（包含工作安排、晋升以及奖酬分配三个分量表）、Lin（2002）的上级资源回报量表，同时参考了 Cheng（2003）的知觉主管支持量表、Yoon 和 Thye（2000）的工具性与情感性支持量表后，本研究编制了 13 道题目的上级资源回报问卷。为避免被试填答问卷时的"趋中性"，采取 Likert 6 点计分，1 表示"非常不符合"，6 表示"非常符合"。

三、研究结果

1. 探索性因素分析

运用预研究收集的数据（$N=211$）分别对下级关系行为问卷（9 个项目）和上级资源回报问卷（13 个项目）进行探索性因素分析（Exploratory Factor Analysis，EFA）。选取 KMO（Kaiser Meyer Olkin，KMO）和 Bartlett 球形检验对采样充足度以及是否适宜进行因素分析进行检验。探索性因素分析采用主成分分析方法（Principal Components Analysis，PCA），用斜交方差极大旋转法（Oblimin）进行转轴，取特征根大于 1 作为截取因素的标准，并参照碎石图来确定项目抽取因素的有效数目。判断是否保留一个项目的标准定为：①该项目在某一因素上的负荷超过 0.40；②该项目不存在交叉负荷（Cross-loading），即不在两个因素上都有超过 0.35 的负荷。KMO 和 Bartlett 球体检验的结果表明，样本的数据非常适合进行因素分析。

下级关系行为问卷数据的 KMO 值为 0.908（ > 0.60），表明采样充足度高，变量间的偏相关很小；Bartlett 球体检验的 χ^2=1349.284，df=36，$p < 0.001$，说明数据适合进行因素分析。结果 9 个项目仅得到一个因素，解释的变异量为 65.147%，这一结果符合本研究的构想，具体见表 5-8。

表 5-8 下级关系行为探索性因素分析结果（*N*=211）

分析结果		F1
测量项目	熟悉并关心上级的家庭情况	0.851
	工作之余，会与上级一起吃饭或从事休闲活动	0.848
	熟悉上级的家人并与他们有交往	0.839
	逢年过节会上门看望上级	0.817
	对上级的一些特殊日子（如生日），我一定会有所表示	0.817
	在平时我会打电话或上门拜访上级	0.813
	帮助上级处理一些家庭事务或个人私事	0.789
	总是主动地与上级交流我的想法、问题、需要和感受	0.779
	当工作之外有不同意见时，会站在上级的一边	0.699
解释的变异量（%）		65.147
Cronbach α 系数		0.932

我们对上级资源回报问卷数据进行了第一次探索性因素分析，KMO 值为 0.934（ > 0.60），表明采样充足度高，变量间的偏相关很小；Bartlett 球体检验的 χ^2=2308.505，df=105，$p < 0.001$，说明数据非常适合进行因素分析。结果得到十分清晰的两因素结构，总共解释的变异量为 67.335%。但其中有两个项目出现较高的双重负荷，分别是"他（她）会给我提供各种信息和资源的支持"和"他（她）总是很赏识和信任我"，删除这两个项目后，进行了第二次探索性因素分析。在第二次探索性因素分析中，KMO 值为 0.919（ > 0.60），表明采样充足度高，变量间的偏相关很小；Bartlett 球体检验的 χ^2=1887.863，df=78，$p < 0.001$，说明数据

非常适合进行因素分析。结果仍然得到十分清晰的两因素结构，总共解释的变异量为 68.092%，具体见表 5-9。

表 5-9　上级资源回报探索性因素分析结果（N=211）

	分析结果	F1	F2
测量项目	当我犯错或工作表现不佳时，他（她）会宽容并鼓励我	0.818	—
	在公开场合中，他（她）总是给我面子	0.810	—
	他（她）待我很坦诚友善	0.791	—
	当我生活中有急难时，他（她）会及时主动地伸出援手	0.773	—
	他（她）会赞赏并和我分享我工作上的进步	0.758	—
	他（她）会与我分享他（她）的经验、想法和感受	0.758	—
	在生活中，他（她）很关心照顾我	0.754	—
	他（她）会想方设法提拔我	—	0.880
	他（她）在奖金报酬的分配上更为照顾我	—	0.872
	有培训与发展的机会，他（她）会优先考虑我	—	0.748
	他（她）在绩效考核上会给我很好的评价	—	0.708
	他（她）会尽量给我安排我期望的工作岗位	—	0.637
	他（她）会给我安排更重要或更容易完成的工作任务	—	0.606
解释的变异量（%）		37.902	30.190
Cronbach α 系数		0.892	0.923

上级资源回报问卷探索性因素分析的结果同样与本研究的理论构想一致。从表 5-9 中的因素一（F1）的测量项目来看，主要反映的是上级给予下级的友善、尊重、宽容、赏识、信任、关怀和分享，属于上级情感性资源的回报，因此将因素一命名为"上级情感性资源回报"。而因素二（F2）的测量项目则反映了上级给予下级在职务升迁、工作任务安排、培训发展、信息资源、奖酬回报以及绩效评价方面的直接利益，属于上级工具性资源的回报，因此将因素二命名为"上级工具性资源回报"。

2. 验证性因素分析

通过探索性因素分析，获得了下级关系行为的单因素结构、上级资源回报的两因素结构模型。下面将运用正式调查所获得的数据，采用验证性因素分析（Confirmitory Factor Analysis，CFA）方法，对上述结构模型的稳定性和可靠性进行检验，以进一步确定问卷的结构效度。验证性因素分析技术的关键在于通过比较多个模型之间的优劣来确定最佳匹配模型。本研究将分别验证下级关系行为的单因素结构模型、上级资源回报的两因素结构模型。此外，上级资源回报有没有可能也是一个单因素的结构呢？本研究也将进行模型的比较。各模型的示意图如下：

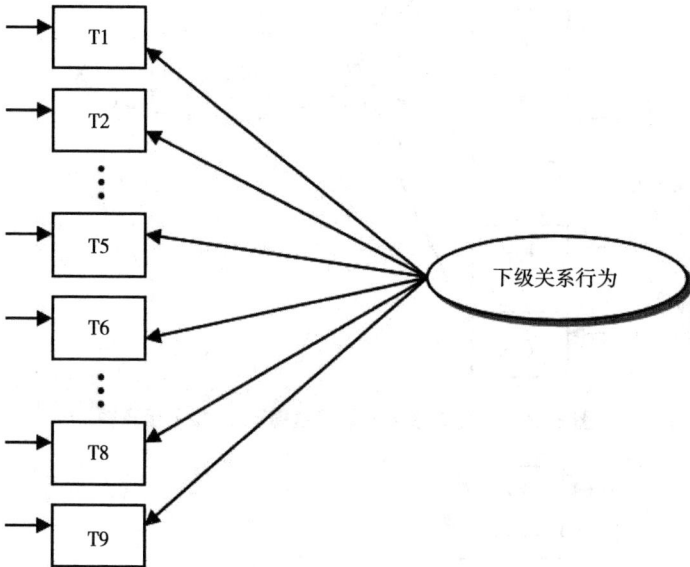

图5-1 下级关系行为单因素模型（M1）示意图

（注：图中字母 T 代表测量题项）

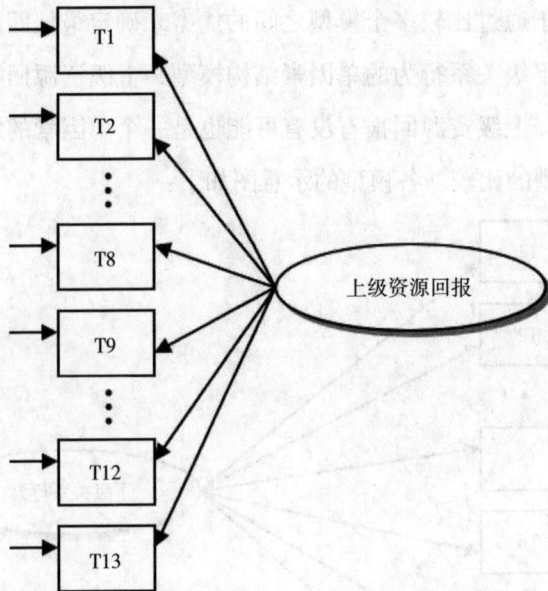

图 5-2 上级资源回报单因素模型（M2）示意图

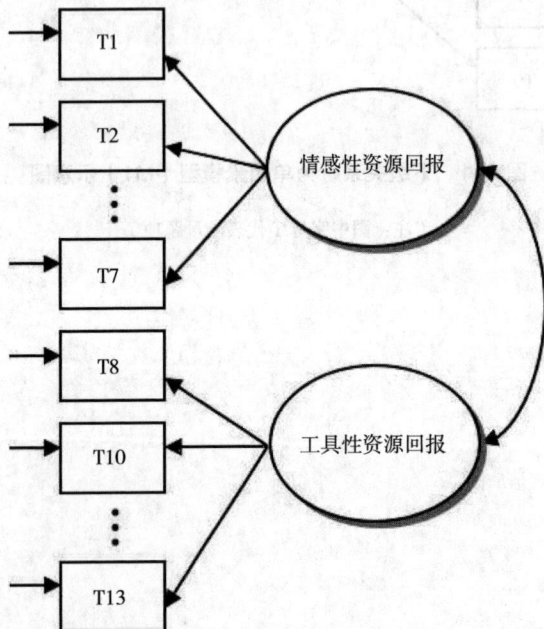

图 5-3 上级资源回报两因素模型（M3）示意图

运用正式研究的调查数据，对以上模型进行验证性因素分析。结果见表 5-10 所示。我们选择的拟合指数包括 χ^2、df、χ^2/df、RMSEA、SRMR、IFI、CFI、GFI、NNFI。各指数的拟合标准分别为：χ^2/df 大于 10 表示模型很不理想，小于 5 表示模型可以接受，小于 3 则表示模型较好；IFI、CFI、GFI、NNFI 应大于或接近 0.90，越接近 1 越好；RMSEA、SRMR 处于 0 和 1 之间，临界值为 0.08，越接近 0 越好（侯杰泰，2004）。

从表 5-10 所呈现的模型拟合指数的结果来看，模型 M1 的 χ^2/df 值虽然略大于 3，但小于 5，并且侯杰泰等（2004）学者认为，χ^2 的大小与样本容量 N 有关，当 N 很大时，χ^2 则很大，一个模型只要与真实模型有很小的差距，就可能被认为拟合不好，因此我们认为在样本容量非常大的情况下，χ^2/df 仅作为参考。模型 M3 的 χ^2/df 值则接近于 3，模型 M1 和模型 M3 的其他各项拟合指数均达到或接近临界值，而模型 M2 的拟合情况则不是十分理想。

表 5-10　下级关系行为与上级资源回报的验证性因素分析结果

模型	χ^2	df	χ^2/df	RMSEA	SRMR	IFI	CFI	NFI	NNFI
M1	109.89	27	4.07	0.07	0.05	0.91	0.91	0.90	0.90
M2	453.62	65	6.98	0.14	0.086	0.81	0.81	0.78	0.76
M3	231.68	64	3.62	0.06	0.043	0.92	0.92	0.91	0.90

另外，评价测量模型好坏的指标，还包括每个观测变量在潜变量上的负荷，以及误差变量的负荷。一般来说，观测变量在潜变量上的负荷较高，而在误差上的负荷较低，则表示模型质量较好，观测变量与潜变量的关系可靠。这一点从图 5-4 和图 5-5 所显示的下级关系行为单因素模型和上级资源回报两因素模型各项目的负荷和误差负荷中能得到证实。因此，总体来看，下级关系行为的单因素模型、上级资源回报的两因素模型是可以接受的模型。本研究的假设 1 和假设 2 得到验证。

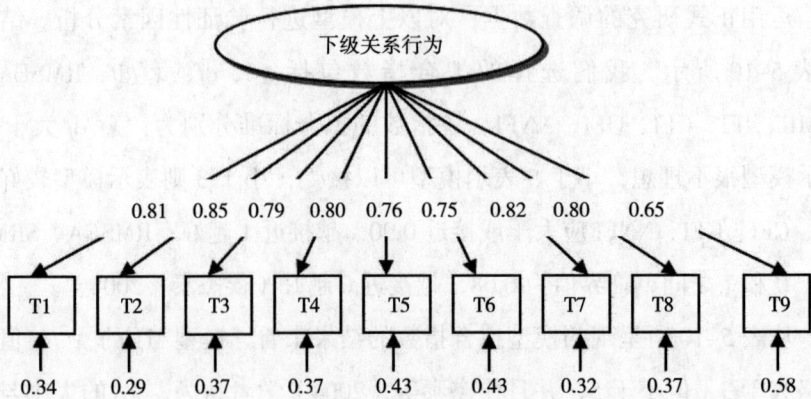

图 5-4　下级关系行为单因素模型（$N=426$）

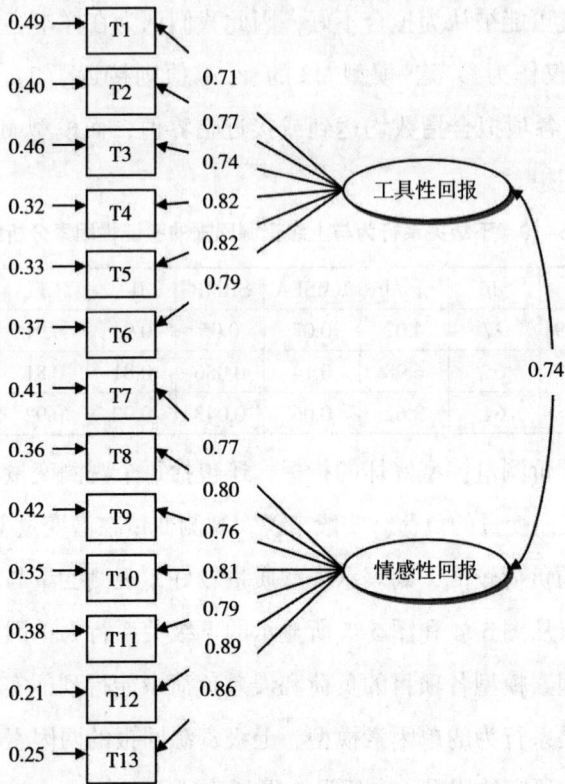

图 5-5　上级资源回报的两因素模型（$N=426$）

3. 相关分析与信度分析

相关分析的结果表明，关系投入、情感性回报与工具性回报之间具有中等左右的相关（相关系数在 0.50~0.70 之间，$p < 0.01$），其中，工具性回报和情感性回报之间的相关系数为 0.69（$p < 0.01$），具体见表 5–11 所示。信度分析结果显示，关系投入问卷 9 个项目的内部一致性系数（Cronbach α 系数）为 0.931，工具性回报和情感性回报的内部一致性信度系数分别为 0.895 和 0.923，总问卷的信度系数为 0.936，均高于 0.70，这说明关系投入和上级资源回报问卷的信度质量较好。

表 5–11　关系投入与上级资源回报的相关分析和信度分析结果（N=426）

变量	M	SD	下级关系行为	工具性回报	情感性回报
下级关系行为	3.085	1.103	（0.931）	—	—
上级工具性回报	3.474	1.053	0.589**	（0.895）	—
上级情感性回报	3.960	0.985	0.501**	0.690**	（0.923）

注：①对角线上括号内的数据为各维度的内部一致性（Cronbach α）系数。② **$p < 0.01$。

4. 效标效度

为了检测下级关系行为和上级资源回报问卷的效标效度，我们在正式问卷调查中加入一题，请被试自我评价"对与目前的直接上级建立良好的个人关系的重视程度"，该题采用 5 点计分，1 表示"完全不重视"，2 表示"不太重视"，3 表示"不确定"，4 表示"比较重视"，5 表示"非常重视"。将得分为"1"与"2"的被试归为对与直接上级建立私人关系"不重视者"，将得分为"4"和"5"的被试归为"重视者"，这样得到两类被试，然后运用独立样本 t 检验方法分析两类被试在下级关系行为、上级资源回报上的差异。表 5–12 中的统计结果表明，对与上级建立关系"重视者"在关系投入、工具性回报和情感性回报上的得分显著高于"不重视者"（$p < 0.01$）。

表 5-12　对与直接上级关系重视程度不同的被试差异分析结果

变量	对上级关系不重视者		对上级关系重视者		t
	n	$M \pm SD$	n	$M \pm SD$	
下级关系行为	50	2.289 ± 0.933	317	3.287 ± 1.054	6.899**
工具性回报	50	2.592 ± 0.829	317	3.654 ± 1.017	8.149**
情感性回报	50	3.034 ± 0.859	317	4.180 ± 0.906	8.705**

注：**$p < 0.01$。

5. 人口统计学与工作特征变量差异分析

对正式调查的数据进行独立样本 t 检验、单因素方差分析、LSD 事后多重比较检验，以探讨人口统计学变量和工作特征变量对关系行为的影响。将各种数据结果综合整理后见表 5-13。

表 5-13　关系行为与资源回报在人口统计学和工作特征变量上的差异

变量	性别	年龄	学历	职级	岗位	工作任期	组织性质
关系行为	×	×	×	基层管理者、中层管理者>一般员工	管理、技术、销售、行政后勤岗位>生产岗位	×	民营企业>国有企业>外资企业
工具性回报	×	×	本科>中专	×	管理、技术、销售、行政后勤岗位>生产岗位	×	×
情感性回报	×	×	×	×	技术、销售、行政后勤岗位>生产岗位	×	×

注：× 表示差异不显著，顿号表示类别之间无显著差异，>表示类别之间存在显著差异，前者高于后者。

统计结果表明，在关系投入与上级资源回报上的性别、年龄与工作任期的差异都不显著；在学历上，仅发现本科学历的员工获得的工具性回报显著地高于中专学历的员工；在职级上，中基层管理对关系的投入显著地高于一般员工；在岗位类型上，生产岗位的员工对关系的投入以及获得的上级资源回报均显著地低于其他类型岗位的员工；最后，在组织性质上，在关系投入方面，民营企业的员工最高，其次是国有企业，而外资企业的员工最低。

四、讨论

1. 下级关系行为的结构与测量

在实证研究之前，首先必须保证变量的测量工具符合心理测量学的要求，具有较好的信度和效度。为此，我们首先对核心变量的测量工具进行了修订。最早对组织中的上下级关系进行实证研究的是 Law 等（2000），他们认为上下级关系是一个单维度的结构，并选取了 6 种最具代表性和有效性的行为活动作为上下级关系行为的测量项目。这种单维度的测量问卷后来又相继被其他研究者所采用，比如 Chen 和 Chen（2004）、Chen 等（2008）、刘军等（2007）都采用了 Law 等（2000）编制的单维度关系行为问卷。该问卷的质量也得到多次检验。由于下级与上级建立私人关系的行为投入有着特定的目的和功能，在对关系投入的概念维度上，我们的研究同样采纳了单维度的构想。不过，在测量工具上并没有直接采用 Law 等（2000）编制的关系行为问卷，主要是出于以下两方面的考虑。

首先，虽然 Law 等（2000）认为其关系问卷中的 6 个项目不仅能作为测量上下级关系质量的工具，还提供了如何建立和发展上下级关系方式的途径，但总体上还是偏向于测量上下级关系质量，某些项目具有"双向性"（既包含下级如何对待上级，也包含上级如何对待下级的行为）。而本研究中的"关系投入"仅强调关系行为的"单向性"（即下级如何对待上级的行为），因此某些项目就需要重新修订。其次，Wong 等（2003）在深入讨论了关系概念后也重新编制了一套关系量表，该量表包含 5 个维度共20 个项目，并通过实证研究检验了该量表的汇聚效度和区分效度，5 个维度分别是社会活动、经济支持、优先照顾、节日庆祝、情绪支持。显然其中的很多具体关系行为活动在 Law 等（2000）的问卷中并没有得到反映。我们的研究将"下级关系行为"界定为"下级为了与上级建立良好的私人关系，在工作范围之外进行的各种行为活动的投入"，并决定采用与 Law 等（2000）相同的方法，通过开放式问卷调查搜集企业员工与其上级建立良好私人关系的典型行为，并与上述问卷项目加以综合对照，从而编制关系投入问卷。

我们的研究通过对 27 名组织员工进行开放式问卷调查，对资料进行整理分析，并从中归纳出 10 种最具代表性的关系投入行为，发现其中出现频次最高的典型行为基本上在 Law 等（2000）的问卷中都有不同程度的反映，这一结果在一定程度上表明 Law 等（2000）的关系行为问卷具有较高的信度。在综合了开放式问卷调查结果以及相关问卷后，我们初步确定了包含 9 个项目的关系投入问卷，并对 211 名企业员工进行了探索性因素分析。探索性因素分析结果表明 9 个项目聚合为一个因素，解释的变异量为 65.147%。在正式调查中，我们采用了上下级配对的方式来搜集数据，其中关系投入问卷由上级填答。由于上级会对下级的关系投入行为有所感知，并会据此给予不同的资源回报，所以由上级来填答关系投入问卷并不会降低关系投入的测量信度，相反会具有更高的可靠性和意义。对正式调查数据运用验证性因素分析对关系投入问卷的结构进行检验，结果反映单因素模型拟合指数均达到或接近临界值标准，这表明关系投入问卷的结构效度较好。关系投入问卷的 α 系数为 0.931（大于推荐值 0.70），表明问卷的内部一致性信度比较理想。研究还发现，重视与上级建立私人关系的员工与不重视者对关系的投入存在显著差异（$M_{重视者} = 3.287$，$M_{不重视者} = 2.897$，$t = 6.899$，$p < 0.01$），两类员工得到的上级资源回报同样存在显著差异，该结果能作为关系投入问卷具有较好的同时效度的证据。总之，以上分析结果表明关系投入是一个单维度的结构，我们修订的关系投入问卷具有较好的信度和

效度。

2. 上级资源回报的结构与测量

在以往的研究中，都明显地强调上下级的私人关系对下级的"工具性"回报，即直接的物质性利益或好处，比如晋升、工作安排、薪酬、绩效考核等（Law 等，2000；Wong 等，2003；Chen 和 Chen，2004；Chen 和 Tjosvold，2007；Chen 等，2008；刘军等，2007）。这一研究取向在个体社会资本研究的文献中同样大量存在。显然，该研究取向虽然客观地揭示出组织中的关系与关系运作对个体物质利益获得的影响，但同时可能会导致理论界与实践界对"关系"的负面看法和态度。因此，在文献中存在大量的对"关系"是否符合伦理道德的讨论甚至批评就在所难免，其结果会使得关系研究陷入尴尬的情形。而另外一种可能的结果即是导致人们对关系的看法存在片面性，表现在上级资源回报中，人们容易仅仅看到"工具性"的一面，而难以看到"情感性"的一面。这样就导致关系研究难以真正展现其全貌，陷入一种极端、狭窄的空间或领域。

因此，我们首先从理论构想上进行了一些突破。根据林南（2001）的观点，社会行动者主要有两类行动：一是工具性行动（寻找和获得额外有价值的资源），二是情感性或表达性行动（寻找情感和支持的行动，其目的为维持和保护既有资源），并且情感性行动往往比工具性行动更为重要。推论至组织中的员工而言，员工的工具性行动表现为在组织中（如上级处）寻找和获得更多的资源或利益，情感性行动表现为维持和保护既有的资源或地位，比如与上级保持良好的关系，建立和稳固情感上的联系，以便在需要时能及时获得上级的各种支持。而从上级方面来看，同样的，上级由于职位的原因而掌握组织资源的分配权利，同时还拥有情感性资源，两种资源性质不同，运用效果也可能不同，因此上级往往会交互运作两种资源，从而达到激励下级的目的。基于以上理论推导，我们的研究在上级资源回报中纳入了"情感性回报"的维度，而这一维度显然在以往的研究中很少有涉及。该维度的纳入是否合理，还必须得到实证研究的支持，我们同样进行了验证。

首先，通过开放式问卷调查的结果分析，我们发现除了文献中大量存在的工具性回报外，员工还普遍指出了上级资源回报中存在着间接性、非物质的利益和好处，比如"给上级留下好印象、增进相互了解、融洽关系、提升感情、获得关心和重视、得到友善对待、认可、成为知己"等，我们将其归类于"情感性的资源回报"。在参考了相关问卷项目后，我们初步编制了上级资源回报问卷，并对 211 名预试样本的数据进行了探索性因素分析。结果表明上级资源回报出现十分清晰的两因素结构，与我们的理论构想一致，两因素解释的变异量为 68.092%，其中情感性回报因素解释的变异量相对更大（37.902%）。对正式调查所获得的大样本数据进行验证性因素分析，结果表明上级资源回报的两因素模型的拟合情况较好，各项拟合指数均达到和接近临界值标准，两因素模型是可接受的模型。该结果说明上级资源回报问卷具有较好的构想效度。

而信度分析结果表明，工具性回报、情感性回报的 α 系数分别为 0.895 和 0.923，总问卷的 α 系数为 0.936（均高于推荐值 0.70），表明问卷的内部一致性信度比较理想。研究还发现，重视与上级建立私人关系的员工与不重视者在工具性回报（$M_{重视者} = 3.654$，$M_{不重视者} = 2.592$，$t = 8.149$，$p < 0.01$）和情感性回报（$M_{重视者} = 4.180$，$M_{不重视者} = 3.034$，$t = 8.705$，$p < 0.01$）上都存在显著差异，该结果能作为上级资源回报问卷具有较好的同时效度的一个证据。总之，以上分析结果表明上级资源回报是一个二维度的结构，我们编制的上级资源回报问卷具有较好的信度和效度。

3. 下级关系行为与上级资源回报的现状与特征

在对下级关系行为在人口统计学以及工作特征变量上的差异分析结

果中，研究发现性别、年龄与工作任期的差异都不显著，这一结果更进一步地支持了中国组织中关系行为的普遍性观点（Standifird 和 Marshall，2000）。不过，研究还发现基层管理者和中层管理者对关系的投入要显著地高于一般员工，并且管理、技术、销售、行政后勤岗位的员工的关系投入也显著地高于生产岗位的员工，出现这一差异显然与岗位特性有关。首先，在制度建设普遍还不健全的中国企业组织中，中基层管理岗位尤其重视与上级的私人关系，并且他们的上级往往掌握着更多的组织资源。相反，一般员工尤其是生产岗位的员工的工作性质一般不是很复杂，工作结果的衡量也相对简单，在管理上也相对容易，并且其直接上级大多为中基层管理者，所掌握的组织资源一般较少，所以导致此类员工在关系投入上也相对较低。另外，在组织性质上，我们的研究发现民营企业员工对关系的投入要显著地高于国有企业员工以及外资企业。其原因可能是民营企业大多由家族企业演变而来，上下级之间的"人情关系味"较浓重，而随着国有企业改制和制度建设的发展，某些国有企业"关系"的色彩也日渐淡化，甚至不如部分民营企业。不过，由于本研究中外资企业样本比例较小（仅为 3.1%），对外资企业的研究结果可能还需要更大样本才能得以支持，这还有待更多的研究。

而在工具性资源回报方面，我们的研究仅发现本科学历的员工获得的工具性回报要显著地高于中专学历的员工，生产岗位的员工获得的工具性回报与情感性回报均显著地低于其他岗位的员工。除此之外，总体来看，无论是工具性回报，还是情感性回报，在多种人口学和工作特征变量上的差异均不显著。与下级关系行为差异分析的结果对比来看，至少能反映我们在理论研究部分的推论，即下级关系行为与上级资源回报并不是一个等价的交换过程，关系投入有差异，但上级如何回报、回报多少，另当别论。

五、结论

从本章的研究中可以得出以下几点结论：①下级对上级的关系行为是一个单维度的构念。上级对下级的资源回报是一个二维度的构念，包含工具性资源回报和情感性资源回报两个维度。②我们修订的上下级关系问卷具有较好的信度和效度，符合心理测量学标准。③下级关系行为与上级资源回报在性别、年龄与工作任期的差异不显著；本科学历的员工获得的工具性回报显著地高于中专学历的员工；中基层管理对上级关系的投入显著地高于一般员工；在岗位类型上，生产岗位的员工对上级关系的投入，以及获得的上级资源回报均显著地低于其他类型岗位的员工；在组织性质上，在上级关系投入方面，民营企业的员工最高，其次是国有企业，而外资企业的员工最低。

第六章　下级关系行为的影响因素

对于中国人来说，"关系"二字是十分熟悉且重要的。众所周知，中国员工普遍重视与上级建立和发展良好的私人关系。为达到此目的，在工作之余下级通常会针对上级进行一些行为活动。这被称为下级的"关系行为"（guanxi behavior）。然而与上级"搞关系"并不容易，必须付出时间、金钱、情感等各种形式的"成本"，这叫关系"投入"，这种投入和付出有时相当大，那么下级为什么要这么做？

最直接的答案是下级预期关系投入能带来丰厚的"回报"（直接的或间接的）。例如有研究证实，当上下级关系良好时，上级对下级的工作绩效评估更有利（Farh、Tsui、Xin 和 Cheng，1998；Tsui 和 Farh，1997）；能影响上级的管理决策，如给下级的晋升、奖酬分配、工作安排等带来好处（Law、Wong、Wang 和 Wang，2000；Chen、Friedman、Yu 和 Sun，2008）；能为下级带来情感性资源回报，如获得上级的接纳、友善、信任、认可、鼓励、关怀、宽容等（王忠军等，2011）；还能预测下级的职业生涯发展和职业成功（刘军，宋继文，吴隆增，2008；李燕萍，涂乙冬，2011）。另有研究通过质性的访谈研究方法，发现中国员工与上级发展私人关系的动机主要有：职业进步、团队关怀、个人生活以及印象管理（Zhang、Deng 和 Wang，2014；Zhang、Deng、Zhang 和 Hu，2016）。然而目前还没有实证研究来检验下级预期的关系"好处"如何激发关系行为。

另一种可能的解释是，存在一些特殊的个人特征和环境因素，会"诱发"下级跟上级发展关系的行为。然而我们梳理以往文献后发现，仅有几项研究探讨过下级关系行为的影响因素。比如有研究发现，主动性人格能预测积极的上下级关系（Zhang、Li 和 Harris，2015）。有研究发现，对个体水平的能力信任和良心信任能正向预测关系行为的发生，而组织水平的契约信任负向预测关系行为，同时契约信任调节了能力信任对关系行为的影响（Shou、Guo、Zhang 和 Su，2011）。Taormina 和 Gao（2009）研究发现，家庭情感支持、外倾性人格、中国传统价值观（如儒家纲常、道德操守、维持和谐等）和面子心理都能预测中国人的社会网络关系行为。有研究发现，辱虐管理（abusive supervision）一方面会带来员工的工作退缩行为，进而恶化上下级关系，一方面也可能带来员工的关系经营行为，进而促进上下级关系（Liu 和 Wang，2013；黄攸立、李游，2018）。Ren 和 Chen（2018）的研究证实，员工感知的个人—主管匹配度（感知控制）、群体水平的关系实践（主观规范）以及员工个人的"关系取向"（个体态度）能显著解释员工为什么会投入发展上下级关系的行为之中。

概言之，目前大部分研究主要关注上下级关系的效果，即以考察关系与关系行为的结果变量居多，而对于下级为什么要与上级建立和发展私人关系的研究非常少见。比如什么样的员工更倾向于与上级发展私人关系，什么样的工作特征和组织情境能更多地引发员工的关系行为，什么样的领导风格更易促进员工关系行为等，诸如此类的问题，我们知之甚少。本研究将分别从个体特征（如下级的价值观）、工作特征（如下级对上级的资源依赖性）、领导风格（如家长式领导）以及组织情境特征（如关系导向人力资源管理实践）等多个角度来探讨对下级关系行为的影响因素。

一、文献回顾与研究假设

1. 下级传统性与关系行为

中国有着悠久的历史与文化传统，其对中国人心理与行为的影响根深蒂固。即便经历剧烈的社会变迁，中国人依然保留了许多传统文化的烙印，作为人格和价值观特征的一部分而体现在现代中国人身上，影响着个人社会生活的方方面面（刘军、富萍萍、张海娜，2008）。在以往有关中国人的性格与文化价值观取向的研究中，"传统性（traditionality）"被认为是最能描述中国人性格与价值观取向的概念之一。传统性是指个体对所在国家或地区传统习俗观念的接受程度（Schwartz，1992），是"传统社会中个人所常具有的一套有组织的认知态度、思想观念、价值取向、气质特征及行为意愿"（杨国枢，2008）。传统性描述了个体对儒家五伦思想，特别是对传统社会所强调的"上尊下卑"的认可度，典型表征包括：遵从权威、敬祖孝亲、安分守成、宿命自保、男性优越等（Farh、Earley 和 Lin，1997；杨国枢、余安邦、叶明华，1989；杨国枢，1993）。中国人的传统性体现在上下级关系中，往往表现为传统社会所普遍强调的"上尊下卑"的角色关系与义务，如上级可对下级施加影响而相对不受角色规范的约束，但下级应该无条件和无批判性地尊敬、信任和服从上级（Farh、Hackett 和 Liang，2007；刘军等，2008）。

在组织情境中，持有传统性观念的下级更有可能会倾向于恪守自己作为"卑"者地位的角色规范与义务，遵从、信任、维护处于"上"者地位的上级，从而表现出积极主动地与上级建立和维护关系的行为。传统性高的个体重视遵守社会规范，崇尚权威，具有较高的权力距离感，认为上级命令不可违抗（Liu、Kwan、Fu 和 Mao，2013）。此外，中国传统文化中的关系规范，要求个人依据自己在关系中所处的地位来决定自己在面对其他人时所做出的行为。将这种关系规范推论至上下级关系中，受传统性价值观的影响的程度，下级会表现出不同程度的对上级的讨好、遵从和维护等行为。具体而言，下级的传统性越强，越可能注重通过关系行为发展与上级的私人关系质量。因此我们提出以下假设。

H1：下级传统性与对上级的关系行为正相关。

2. 资源依赖与关系行为

在中国各类型组织中，分配体系有着资源有限、集权程度高和控制严格的特点，个体往往通过和起决定性的关键人物发展"社会连带"，从而在资源分配系统中占据更有利的地位或取得优势（Davies，1995）。下级资源依赖是指下级认为通过服从上级，才能获得必要的工作资源与支持（物质资源、信息等）而形成的心理依赖（Chou、Cheng和Jen，2005）。基于资源依赖理论，资源依赖程度越高，须配合和听命行事的压力也越大，而下级也越有可能做出配合主管需求的行为（姜定宇，2005）。不仅如此，在权力距离较大、强调互依性自我建构的中国社会中，个人常具有依赖他人的倾向，不但需要上位者的指导，也寻求上位者的协助（杨国枢，1993）。以往的许多研究也指出，下级对上级资源依赖程度的不同，导致了家长式领导对下级效能（如主管忠诚、组织公民行为与工作绩效）的影响也不同（Chou等，2005；姜定宇，2005）。从社会交换理论的视角来看，下级与上级建立和发展关系的行为过程中，实际上也建构着下级与上级之间的社会交换关系。如Lawler等（1999）总结指出，利己与互相依赖是社会交换的核心属性。

因此可以推测，下级通过一些行为建立与上级的私人关系，一个很重要的目的是在工作范围内或外得到上级的资源，根本上是为了解决下级在自身资源有限的情况下，对资源的依赖问题。因为员工要想在组织中得以更好地生存和发展，除了依靠自身能力努力创造工作绩效外，离不开对组织内的各种资源的利用。组织内的资源往往是有限的、是竞争性的（如需要在不同的员工之间进行分配），而上级往往既是资源的拥有者，又是资源的分配者。在某种程度上，下级与上级之间既是一种工作上的上下级关系，也是一种个人发展上的资源依赖关系。上级的发展离不开下级的绩效贡献和工作支持，更重要的是，下级的发展离不开上级的资源支持。由此，我们推论，下级在工作中对上级的资源依赖性越强，就越有可能促发下级针对上级的关系行为投入。因此，我们提出以下假设。

H2：下级资源依赖与对上级的关系行为正相关。

3. 家长式领导与关系行为

家长式领导被定义为：在个人层面上，将严格的纪律和权威、父亲般的仁慈和高尚道德结合起来的领导方式（Farh 和 Cheng，2000）。家长式领导是在中国传统文化影响下组织中普遍存在的领导行为风格。家长式领导的三元模型包含三种领导行为风格：威权领导、仁慈领导和德行领导。其中，威权领导是指对下属绝对的权威和控制并要求他们绝对地服从领导的行为。仁慈领导指关心下属个人及其家庭福利的个性化、整体性的领导行为。德行领导是指展现可树立合法性并激发下属的认同感和尊重的个人美德或素质的领导行为。以往研究对家长式领导的效能，如对下级态度、行为、绩效等的影响进行了大量丰富的研究，但鲜有研究探讨家长式领导对上下级关系的影响。

首先看仁慈领导。当领导通过仁慈领导方式"做人情"给下级，维护下级面子，给予下级以关心、照顾，等等，根据社会交换理论，下级很容易产生"感恩图报"的心理，按照中国传统文化所倡导的"投之以桃，报之以李"的互惠法则（邹文篪、田青、刘佳，2012），下级会做出更多关系行为以示回报。而以往的研究已经发现，仁慈领导方式能够引起下属的感恩心理和回报（Cheng等，2004）。再看威权领导。前人研究表明，威权领导对下级的绩效表现要求十分严格，并且强调对下级行为的控制，要求下级绝对服从。另外，威权领导会引起下级的畏惧、害怕心理，使得员工情绪处于高唤醒状态。为了保护个人利益，或者避免威权领导的批评、惩罚，下级可能会更加重视上下级关系的经营和维护。因此，我们预测，威权取向的上级可能会促进下级的关系行为。最后来看德行领导。郑伯埙等（2004）的研究发现，德行领导会使得下级产生"认同"心理，并表现出"效法"行为。所以，当上级表现出较多的树德行为时，比如公正无私，下级会对上级的行为和个人品质产生认同，并内化上级的价值观。面对这样的道德榜样，下级会更多地以上级为道德楷模，并表现出更多的无私行为（Cheng等，1981）。因此，在工作范围之外针对高德行的上级进行的各种行为活动投入，可能是"不合时宜"的，对于下级来说也难以达到"预期"的效果。并且，在旁观者看来，关系行为也是"不道德"的，不仅会受舆论谴责，也会被德行领导者所不齿。因此，我们预期，德行领导可能会抑制下级的关系行为。综上所述，我们提出以下假设。

H3：仁慈领导与下级对上级的关系行为正相关（H3a），威权领导与下级对上级的关系行为正相关（H3b），德行领导与下级对上级的关系行为负相关（H3c）。

4. 关系导向人力资源管理实践与关系行为

在中国组织中，关系的作用很容易渗透组织的各项管理决策之中，成为"正式法制支持的替代品"（Xin和Peace，1996），这种现象在组织人力资源管理实践中也不例外。Chen、Chen和Xin（2004）提出"关系导向人力资源管理实践"（Guanxi-based Human Resources Management Practice，GHRMP）的概念，用来指代组织在人员招聘、晋升、薪酬、工作分配和绩效评估等人力资源管理决策中受私人关系影响严重的现象。

对于 GHRMP 的研究，通常将其分为人际水平及群体水平。人际水平的 GHRMP 指管理者在进行人力资源决策时，会使决策有利于与自己关系好的员工。而群体水平的 GHRMP 指组织或部门中，普遍以人际关系为基础，做出人力资源方面的决策。换言之，人际水平通常是管理者个人基于其自身人际关系的考量，而群体水平则是整个组织普遍的决策模式。在本研究中，主要采用群体水平的 GHRMP 概念，简言之，即下级对于部门内部"关系氛围"的总体感知。

目前对 GHRMP 的研究并不多见，但基本上都认为其对组织和员工的负面影响居多。例如，Chen 等（2009）研究表明，GHRMP 负向影响员工的角色内绩效和角色外绩效。也有研究表明，GHRMP 会降低员工对组织管理的信任（Chen、Chen 和 Xin，2004）。Meyer 等（2010）的研究从资源保存理论（Conservation of Resources Theory）的角度对 GHRMP 进行了分析，研究者认为 GHRMP 向员工传递了"关系行为具有工具性"这样一种暗示。换句话说，GHRMP 可能会使员工认为关系行为也是组织中可以用于社会交换的资源。Halbesleben 和 Wheeler（2015）提出，资源的信号增大了人们对所追求的资源的价值的感知，进而增大了他们想要以某些行为获取资源的可能性。简言之，当部门内部"关系氛围"浓厚时，下级会更热衷于与上级搞好关系。因此，我们提出如下研究假设。

H4：关系导向人力资源管理实践与下级对上级的关系行为正相关。

二、研究方法

1. 研究样本

研究选取中国北方某大型汽车制造厂作为研究对象企业，该集团公司是我国"一五"计划国家重点援助建设单位，世界五百强企业，共有员工数万人，可以保证充足的样本源。同时，该汽车制造厂作为国资委下属大型国有企业，其国企性质和发展历史与本研究问题相契合。在该企业人力资源部门的支持与配合下，我们首先随机抽取 10 个子单位，再按照子单位的实际规模随机抽取一定数量的员工参与填答问卷。共发放 380 份问卷，为保证数据的有效性，研究者对不合要求的数据进行了筛选，剔除了空白过多、反应倾向过于明显的废卷，最后回收有效问卷 316 份，回收有效率为 83.2%。

在有效被试中，男性占 84.2%，女性占 15.8%；在教育程度上，高中及以下占 50.9%，中专占 21.5%，大专占 16.8%，本科占 10.8%；在年龄上，25 岁及以下占 13%，26~30 岁占 13.3%，31~35 岁占 16.4%，36~40 岁占 26.9%，41 岁以上占 30.4%；在工作岗位上，基层生产岗位占 84.8%，管理岗位占 7.6%，技术岗位占 5.4%，其他岗位占 2.2%；在任职年限上，1 年以下占 7%，1~2 年占 9.8%，3~5 年占 22.8%，6~10 年占 10.1%，10 年以上占 50.3%；被试与其目前的直接上级保持上下级关系在 1 年以下者占 7.0%，上下级关系年限在 1~2 年的占 19.8%，3~5 年的占 22.8%，6~10 年的占 10.1%，10 年以上占 40.3%，共有 93% 的被试与其直接上级保持上下级关系年限在 1 年以上，这说明绝大部分的被试与其直接上级有着较长时期的关系互动过程。

2. 研究工具

传统性。采用 Farh、Earley 和 Lin（1997）开发的 5 个条目的传统性量表，例如"避免犯错误的最好方法就是听取老人的意见""服从权威和尊重长辈是孩子们应该学习的美德""当人们有争议的时候，他们应该问一下最年长的人谁是对的""孩子们应该尊重他们的父母所尊重的人"以及"国家元首就应该像一家之主，在所有国事上，公民都应该服从他的意见"。

采用 Likert 6 点计分方式，"1"表示"完全不同意"，"6"表示"完全同意"。本研究中，该量表的内部一致性信度 α 系数为 0.72。

资源依赖。采用姜定宇（2005）研究中使用的量表，共六个项目，例如"我的升迁很大程度上取决于我的直接上级""我每年工资能涨多少受到我直接上级的很大影响""我必须依靠我的直接上级的支持来获得更多福利""我必须依靠我的直接上级来获取必需的工作资源（如奖金、设备）""我的工作内容是我的上级分配的"以及"我必须依靠我的直接上级的帮助来完成工作"。采用 Likert 6 点计分方式，"1"表示"完全不同意"，"6"表示"完全同意"。本研究中，该量表的内部一致性信度 α 系数为 0.79。

家长式领导。采用郑伯埙等（2000）开发的家长式领导问卷，共三个维度，其中威权领导 9 个项目，例如"会议上，决定总是以我的上级的意愿而定""工作单位的决定，不论大小，都是由我的上级说了算""我的上级要求我完全服从他 / 她的命令""完不成任务时，上级就责备我们"；仁慈领导 6 个项目，例如"我的上级对我的个人和日常生活表现出关心""我的上级对我是不是舒服表现出关心""我的上级也把我的家人照顾得好好的"；德行领导 4 个项目，例如"我的上级通过以身作则来领导""我的上级没有偏见地公平对待我们""在道德性格和做事方法方面，我的上级是我的榜样"。采用 Likert 6 点计分方式，"1"表示"完全不同意"，"6"表示"完全同意"。在本研究中，威权领导、仁慈领导和德行领导的内部一致性 α 信度系数分别为 0.90、0.83 和 0.89。

关系导向人力资源管理实践。综合采用 Chen、Chen 和 Xin（2004）和 Chen 等（2011）的测量问卷，共 7 个测量条目，例如"在本部门内，工作任务的安排取决于与上级的关系""在本部门内，奖金的分配经常取决于与上级的关系好坏""在本部门内，与上级的关系好坏决定着个人的薪水和利益""在本部门内，很多人都是通过与上级的关系得到晋升"。采用 Likert 6 点计分方式，"1"表示"完全不同意"，"6"表示"完全同意"。

本研究中，该量表的内部一致性信度 α 系数为0.94。

关系行为。采用我们自编的关系行为问卷，共9个题项（见本书第五章），例如"在平时我会打电话或上门拜访上级""工作之余，会与上级一起吃饭或从事休闲活动""逢年过节会上门看望上级"。采用Likert 6点计分方式，"1"表示"完全不同意"，"6"表示"完全同意"。本研究中，该问卷的内部一致性信度 α 系数为0.83。

三、研究结果

1. 共同方法偏差检验

问卷研究中通常会存在共同方法偏差（common method biases）问题。共同方法偏差作为一种系统误差，这种人为的共变会影响研究结果的可信性，产生严重的混淆并对结论有潜在的误导（周浩、龙立荣，2004）。本研究运用Harman单因素检验的方法对共同方法偏差进行检验。具体方式是对所有的测量题项进行探索性因素分析，并且将抽取的负荷数目固定为1，如果所抽取的单因子累计解释变异超过50%，则共同方法偏差因子存在，反之则无严重共同方法偏差。本研究所提取的公因子解释的变异量为28.85%，故而不存在严重的共同方法偏差。

2. 描述性统计结果

通过运用SPSS18.0对研究样本的数据进行统计分析，描述性统计和变量间的相关分析结果如表6-1所示。从表中可以看出，关系行为除了与德行领导的相关系数不显著外，与其他变量之间均呈现出显著的正相关，相关系数 r 在0.14~0.43之间（$p < 0.05$）。

表 6-1　变量的描述性统计结果

变量	M	SD	1	2	3	4	5	6	7
1. 传统性	4.48	1.09	(0.72)	—	—	—	—	—	—
2. 资源依赖	3.87	1.38	0.25**	(0.79)	—	—	—	—	—
3. 威权领导	3.46	1.29	0.22**	0.64**	(0.90)	—	—	—	—
4. 仁慈领导	3.85	1.21	0.28**	0.09	-0.07	(0.83)	—	—	—
5. 德行领导	4.56	1.32	0.23**	-0.13*	-0.37**	0.51**	(0.89)	—	—
6. GHRMP	3.40	1.54	0.05	0.56**	0.70**	-0.15*	-0.45**	(0.94)	—
7. 关系行为	2.89	1.28	0.14*	0.40**	0.43**	0.30**	0.02	0.40**	(0.83)

注：GHRMP = 关系导向人力资源管理实践；对角线上括号中的数值为内部一致性 α 系数；**$p<0.01$，*$p<0.05$。

3. 回归分析结果

采用层级回归的统计方法来检验本研究的假设，我们控制了一些人口统计学变量，包括性别、年龄、职级、工作年限、任职年限和学历，将上述控制变量引入回归模型。如表 6-2 所示，分析的结果表明，在控制了人口统计学变量后，下级传统性对关系行为具有显著的正向预测作用（$\beta = 0.14$，$p < 0.05$），本研究的假设 H1 得到支持；资源依赖能够显著正向预测下级的关系行为（$\beta = 0.40$，$p < 0.01$），本研究的假设 H2 得到支持；仁慈领导能显著正向预测下级关系行为（$\beta = 0.26$，$p < 0.01$），威权领导能显著正向预测下级关系行为（$\beta = 0.48$，$p < 0.01$），而德行领导对下级关系行为的预测作用不显著（$\beta = 0.05$，$p > 0.05$），本研究的假设 H3a、H3b 得到支持，假设 H3c 未得到支持；最后，关系导向人力资源管理实践对下级关系行为具有显著的正向预测作用（$\beta = 0.42$，$p < 0.01$），假设 H4 得到支持。

表6-2 下级关系行为的层级回归分析结果

预测变量	模型1		模型2		模型3		模型4		模型5	
	β	t	β	t	β	t	β	t	β	t
性别	0.03	0.54	0.03	0.46	0.04	0.69	0.01	0.17	0.03	0.65
年龄	0.04	0.46	0.03	0.37	0.01	0.12	−0.02	−0.37	0.03	0.48
学历	−0.06	−0.94	−0.06	−0.92	−0.07	−1.31	−0.05	−0.88	−0.05	−0.91
职级	0.10	1.64	0.10	1.72	0.08	1.43	0.08	1.58	0.13	2.42**
任职年限	−0.24	−3.16**	−0.24	−3.20**	−0.23	−3.31**	−0.20	−2.98**	−0.25	−3.61**
关系年限	0.14	2.28*	0.13	2.14*	0.15	2.72**	0.12	2.37*	0.17	3.05**
传统性	—	—	0.14	2.57*	—	—	—	—	—	—
资源依赖	—	—	—	—	0.40	8.00**	—	—	—	—
威权领导	—	—	—	—	—	—	0.48	9.41**	—	—
仁慈领导	—	—	—	—	—	—	0.26	4.62**	—	—
德行领导	—	—	—	—	—	—	0.05	0.83	—	—
GHRMP	—	—	—	—	—	—	—	—	0.42	8.49**
R^2	0.07		0.09		0.23		0.34		0.24	
调整后的 R^2	0.05		0.07		0.21		0.32		0.23	
ΔR^2	—		0.02		0.16		0.27		0.18	
F Change	3.69**		6.62*		64.03**		42.17**		72.01**	

注：GHRMP = 关系导向人力资源管理实践；**$p<0.01$，*$p<0.05$。

四、讨 论

本研究基于某大型国有汽车集团公司的样本，通过问卷法收集数据，采用层级回归的分析方法，从不同角度初步考察了组织中激发下级针对上级的关系行为的因素。本研究表明，下级的传统性价值观对关系行为具有显著的预测作用，并且对上级的资源依赖能显著预测下级的关系行为。在中国的组织环境下，上级往往掌握或多或少的组织资源，这些资源对于员工在组织中的职业发展具有重要的意义，员工对其直接上级的资源依赖越强，意味着员工个人的职务升迁和工作发展，就越容易被上级所左右、掌控。因此，在中国传统文化和资源相互依赖、社会交换心理的影响下，下级为了从上级处获取资源，很可能会努力与上级建立和发展良好的私人关系。

本研究虽然证实下级传统性对关系行为的预测作用，但相对而言，其解释力并不太大，可能有以下两方面的原因：一方面，传统性价值观更多地体现在下级对于"上尊下卑"这一典型中国文化传统的认同，传统性可能更有助于预测下级对于上级的尊重、服从行为，对于下级在工作之余与上级建立和发展关系的行为的影响作用并不直接；另一方面，与上级建立和发展私人关系的行为往往具有"工具性"目的（虽然有时也有情感性动机），而传统性的价值观较为宽泛，不一定是引发关系行为的强有力的预测变量。

本研究表明，威权领导和仁慈领导对下级关系行为均有显著的正向预测作用，其中仁慈领导与关系行为的相关更强，这一研究结果与国内其他研究一致（赵申芊等，2018），而德行领导与关系行为的相关不显著。首先，威权领导能够正向预测关系行为，这表明对下级绝对控制、强调权威并要求下级完全服从的上级行为，在某种程度上也能促进员工表现出更多的关系行为。这一研究发现，提醒我们要注意威权领导的这一"附加效应"。面对威权领导，下级之所以更会展现出较多的关系行为，既可能是一种维护和保障个体资源的方式，也可能是下级的一种应对策略，毕竟威权领导往往会给下级带来较大的心理困扰和工作压力。仁慈领导之所以与下级的关系行为正相关，可能更多的是出于社会交换的原因。因为当上级对下级个人及其家庭福利展现出个性化、整体性的关心时，出于感恩图报的心理，下级可能更加在意平时与上级"搞好关系"，积极主动地投入与上级关系的维护和经营之中。另外，我们的研究虽然没有支持德行领导与关系行为负相关的关系假设，但也没有完全否定我们前面的推论，二者的相关不显著，说明德行领导风格难以促发下级的关系行为。

最后，与我们的预期一致，当部门中普遍存在基于上下级私人关系进行各类人力资源管理决策时，下级在工作之余会更多地针对上级表现出关系行为。显然，在"关系味"浓厚的组织中，积极主动地与上级发展私人关系，对员工来讲，是一个"理性"的选择，只有这样，才可能在组织中维持"生存和发展"。而这也是在许多"关系味"浓重的组织（例如一些民企、国企、机关事业单位）中，关系大行其道的部分原因。同时，我们的研究也提示管理者，要重视关系导向人力资源管理实践给组织管理带来的负面影响，"讲关系"的氛围不仅会导致关系行为在组织中盛行，还可能会对工作中的正式关系及管理决策造成损害。

本研究首次系统地直接探讨了下级关系行为的前因。虽然以往对于上下级关系的研究比较丰富，也取得了大量有价值的成果，但是关于下级关系行为的影响因素的实证研究非常少见。关系行为是中国人经常表现出来的行为，是华人组织区别于西方组织的一个显著特点。中国的下级为什么会对上级表现出关系行为？虽然在现实生活中，人们不难给出各种答案，但学术界还需要对此进行严谨的、系统的解答，这对我们进一步深入理解中国组织情境下的上下级关系具有重要意义。本研究首次尝试从个体、上级及组织的不同角度，探索了下级关系行为的影响因素，研究结果也为组织中的关系管理提供了实践参考。另外，家长式领导是在中国传统文化影响下产生的领导模式。以往关于家长式领导及其效能的研究成果也非常丰富，但把家长式领导与华人组织中特有的关系行为联系起来的研究十分罕见。本研究一定程度上响应了用华人本土理论和概念来解释华人本土组织现象的呼吁。本研究的结果既能丰富家长式领导的效果研究，也对于理解华人组织中员工关系行为的影响因素具有启发意义。

当然，本研究也存在一些局限性和不足之处。如本研究属于横向研究设计，难以确证所探究的变量之间的因果关系。另外，在研究中问卷发放对象也只是针对员工，未来如果能采取上下级的对偶研究设计，或许能更好地克服变量测量中的共同方法偏差的问题。再者，本研究采取个体"感知"的方式来测量关系导向人力资源管理实践，建议未来可进行跨层次的研究。

最后，本研究重点考察关系行为的影响因素，可能还有其他角度或前因变量没有被我们关注，未来还可以做更多的探究。

五、结 论

本研究表明，组织中关系导向的人力资源管理实践、威权领导以及下级对上级资源依赖能显著地正向预测下级针对上级的关系行为，另外，仁慈领导和下级传统性价值观也能正向预测下级针对上级的关系行为，但其影响力相较于前面的因素相对较弱。

第七章 上下级关系互动机制与效果

在组织中的各类人际关系中，最重要和吸引人的是上下级关系。中国员工普遍重视与上级建立并维持良好的私人关系。对上级而言，处理并维护好与下级的关系也是有效管理下级的关键要素。在本书第四章中，笔者构建了一个上下级关系的社会交换模型。那么，在工作之余对上级的关系行为"是否"能帮助下级获得某种资源，这一社会互动和资源交换的过程是"如何"发生的，以及在何种条件下这种互动和交换更容易发生？要解答这些问题，需要进行实证研究。在本章里，我们将基于中国社会文化和组织情境，探究上下级关系运作的机制与效果，对于理解组织中的上下级关系现象，丰富关系管理有重要的理论与实践意义。

一、文献回顾

1. 上下级关系的研究视角与现状

对于上下级关系，早期研究聚焦于关系基础及其效能，即探讨上级与下级之间既定的特殊性关系连带（如血缘关系、九同关系等）对上级与下级的关系品质（如亲信、友谊、认知性信任与情感性信任）以及上级对下级的绩效评估的影响（Farh、Tsui、Xin 和 Cheng，1998；Tsui 和 Farh，1997；Xin、Farh、Cheng 和 Tsui，1998）。关系基础的研究视角承袭的是费孝通"差序格局"的思想，关系大多被定义为一种"特殊性社会连带"（King，1985；Yang，1986）。在此定义下，关系经常被操作为一种二分变量，即要么存在某种类型的关系基础，要么不存在，并且不同的关系基础具有不同义务规范，会受到不同对待。

随后对于上下级关系的研究，逐渐转向下级与上级的私人关系质量及其对下级的积极影响。此类研究结果表明，上级与下级的私人关系质量能影响上级的管理决策，如对下级的晋升、奖酬分配、工作安排等（Law 等，2000）；能预测下级对上级的满意度以及对组织的情感承诺（Wong、Tinsley、Law 和 Mobley，2003）；能让下级从上级处获得更多的关系性报酬（guanxi payoff），如奖酬分配、晋升机会和任务安排等，并且提升下级知觉的程序公平感（Chen、Friedman、Yu 和 Sun，2011）；促进员工对工作的满意度（Li、Wang、Sun、Jiang 和 Cheng，2018）；对上级的绩效评估有积极影响（Cheng、Chiu 和 Tzeng，2013）；对员工和管理者的职业成长、职业生涯发展也有着积极的影响（刘军、宋继文、吴隆增，2008；李云、李锡元，2015；Ren 和 Chadee，2017）；还能促进员工的建言行为（voice）（梁潇杰、于桂兰、付博，2019；Davidson、Van Dyne 和 Lin，2017）；促进组织公民行为（Liu 和 Wang，2013；Rhee、Zhao、Jun 和 Kim，2017；Zhang、Li 和 Harris，2015）；抑制反生产行为（Zhang 和 Deng，2016）；上下级关系还能促进主动担责行为（taking charge behavior）（Zhang、Li 和 Harris，2015）。

从关系质量视角的研究引出的思考是：下级要想与上级拥有良好的私人关系质量，就必然要有建立、维持和运作关系的行为活动。换言之，有了建立私人关系行为的投入，才可能具备良好的关系质量。事实上，关系概念的复杂性和丰富性也正是体现在关系的互动方面，即不具备特殊性关系连带的个体之间如何建立和发展关系，并会因此带来什么样的后果。因此，从关系行为的视角来探讨上下级关系的运作机制及其效果是一个新的、重要的研究视角，而社会交换理论能为该视角提供理论解释。

2. 社会交换视角的上下级关系

中国人的关系行为本质上是一种社会交换行为的观点早已得到学界的认同（King，1985；Hwang，1987），对于组织中上下级关系也不例外。根据社会交换理论（Blau，1964；Foa 和 Foa，1980），我们将上下级关系定义为："组织中下级通过工作范围之外的互动行为与其上级建立的非正式、特殊性社会交换关系。"由此定义引出的问题是：下级与上级关系交换的内容是什么？换言之，下级投入什么，上级相应地回报什么？

从下级方面来看，要建立、维持或经营与上级的特殊性私人关系，必然要付出一些成本，比如时间、金钱、情绪乃至机会成本，即关系投入的行为。本研究提出"下级关系行为"的概念，并将其界定为"为与上级建立良好的私人关系，下级在工作范围之外对其上级进行的各种时间、经济与情感的投入行为"。而从上级方面来看，也会相应地给予下级各种资源回报。

社会交换理论认为，人类的社会交换行为不仅有工具性资源交换，还有情感性资源交换。因此，本研究认为，上级给予下级的回报主要有两种：一是工具性资源回报，亦简称工具性回报，本研究将其界定为"上级基于私人关系给予下级直接的、客观性物质利益或好处，如晋升机会、任务安排、奖金分配、绩效考评、工作支持等"。这一概念类似于其他研究者所谓的"关系性报酬"（Friedman、Chi 和 Liu，2006；Chen 等，2011）。二是情感性资源回报，亦简称情感性回报，本研究将其界定为"上级基于私人关系给予下级以间接的、主观性精神利益或好处，如接纳、友善、信任、认可、鼓励、关怀、宽容等"。以往中国人关系研究常将焦点置于工具性利益与义务性情感，而较少关注自我表露、内心交流、情感性支持等真实情感或情绪层面（周丽芳，2002）。从下级方面来看，下级与上级建立和维持关系，不仅是想获取上级的工具性资源，更想博取情感性回报。而从上级方面来看，工具性资源具有客观性和有限性，并且需要在不同下级之间维持平衡，而情感性资源具有主观性和丰富性。在组织环境中，管理者对下级往往一手运用工具性资源，一手运用情感性资源，交互运作，以更好地管理和驾驭下级。因此，探究情感性回报是极为重要的，但以往的研究很少涉及。

根据以上分析，在差序格局、关系取向以及特殊主义的中国社会文化背景下，组织中上下级关系的实质表现为下级在工作之余对其上级进行关系投入，上级相应给予下级不同程度的工具性、情感性资源回报的互动过程。

二、研究假设

1. 下级关系投入与上级资源回报

中国人常言，投之以桃，报之以李，来而不往非礼也。根据社会交换理论，若上级能感知到下级对其关系行为的投入，基于以下三个原因：回报的要求、信任、互惠原则，下级的投入终会有回报。譬如 Zhang 和 Yang（1998）研究发现中国企业管理者对于奖金分配的决策不仅受公平原则的影响，还受到关系的影响。Law 等人（2000）在对中国大陆的 189 对上下级的对偶关系研究中发现，关系会影响上级的管理决策，例如与上级拥有良好的私人关系的下级能获得更多的晋升机会、更多的奖金分配和更好的工作安排。Zhou 和 Martocchio（2001）的研究发现中国管理者会给予那些与其拥有良好关系的下级更多的非货币性报酬。Chen 和 Tjosvold（2007）的研究也发现中国企业员工与管理者的个人关系能带来更好的工作安排以及晋升机会。Chen 等人（2008）的研究也发现，良好的上下级关系能换来更好的关系性报酬。不过正如前文的分析，以往研究大多关注关系所带来的工具性资源回报，很少关注情感性资源回报。而由社会交换理论不难推出，下级对上级的私人关系投入行为也能获得上级的情感性资源回报，因为下级与其上级建立良好私人关系的各种行为中存在许多情感性投入的成分，这在 Law 等人（2000）的研究中已有所展现。对于中国人而言，直接的、赤裸裸的物质利益交换往往让人难以接受，而最有效的方式则是在利益交换的过程中渗透情感的投入与交换。比如 Wong 等人（2003）研究发现上级与下级关系互动中也无一不展现了情感互动的成分（如社会活动、优先照顾、节日庆祝和情绪支持）。因此，本研究提出如下假设。

H1：下级的关系投入与上级的工具性资源回报正相关（H1a），下级的关系投入与上级的情感性资源回报正相关（H1b）。

2. 领导—成员交换关系的中介作用

现有文献大多认为上下级关系（LMG）与领导—成员交换关系是彼此独立的概念（Law 等，2000）。其主要的区别是：LMX 是建立在工作职责上的正式的工作关系，被定义为上级与成员彼此之间在工作上展现出信任、忠诚、情感、贡献与责任的行为（Graen 和 Uhl-Bien，1995）；而上下级关系反映的是工作范围之外的、非正式的私人关系（Wong 等，2003）。Hui 和 Graen（1997）曾深入比较过关系概念与 LMX 概念的区别。基于此，以往的研究大多单独或并行地考察上下级关系和 LMX 各自的作用机制，并加以比较（比如 Law 等，2000；Chen 和 Tjosvold，2007），却很少有研究探讨二者之间的关系。那么，LMX 在上级与下级的私人关系交换过程中起着什么样的作用呢？以往的研究发现，下级影响上级的行为，如与上级结盟、相互交换、逢迎上级等会影响 LMX 的质量（Deluga，1994）。而 LMX 也会进一步影响员工的晋升、工作安排和薪酬（Wakabayashi，1988；Chen 和 Tjosvold，2007）。根据中国社会背景来看，关系在一定程度上体现了中国人所谓"做人"的一面。与西方不同，中国人是极其重视"做人"的，这直接来源于"会做人"的好处以及"不会做人"的坏处。因此，下级与上级在工作范畴之外发展出的具有强烈的"组织规定外""私人情感"色彩的关系会渗透到正常工作中，从而在组织制度内发挥作用（刘军等，2008）。由此推论，下级在工作之余对上级的私人关系投入行为，可能会对彼此在工作场所中的 LMX 关系质量产生一定程度的积极影响，而良好的 LMX 关系质量也会进一步为下级带来各种情感性和工具性资源回报。基于以上分析，本研究提出如下假设。

H2：LMX 在下级关系投入与上级工具性回报的关系中起着中介作用（H2a），LMX 在下级关系投入与上级情感性回报的关系中起着中介作用（H2b）。

3. 关系导向人力资源管理实践的调节作用

上级与下级的关系交换与运作虽然是个体间的互动行为，但嵌入在群体或组织的背景中，受到群体或组织特征的约束，而这种嵌入性在个体层面的研究中往往被忽视。在中国组织中，关系的作用会渗透到组织的各项管理决策之中，成为"正式法制支持的替代品"（Xin 和 Pearce，1996）。Chen、Chen 和 Xin（2004）因此提出"关系导向人力资源管理实践"概念，指的是人力资源管理决策中以私人关系为基础的总体状况。需要说明的是，该概念既适用于组织层面，也适用于群体层面，本研究中采取的是群体层面的概念。在注重制度规范和公平正义的组织环境下，关系导向人力资源管理实践被认为具有众多负面性，比如破坏程序公平（Chen 等，2011），降低员工对组织管理的信任（Chen、Chen 和 Xin，2004），损害员工的角色内和角色外绩效（Hsu和Wang，2007）。总之，人力资源管理决策的关系导向越强，说明"人治"气氛越浓厚，基于私人关系的弹性操作空间越大，同时也意味着制度规范性越差。在这样的环境下，上级根据私人关系而给予下级差别化的特殊对待的现象会拥有"制度合法性"的背景，并得以强化。因此，本研究提出如下假设。

H3：工作群体的关系导向人力资源管理实践对下级关系投入与上级工具性回报的关系具有调节作用，具体而言，在关系导向人力资源管理实践较多的工作群体中，下级关系投入与上级工具性回报的相关更强（H3a）。工作群体的关系导向人力资源管理实践对下级关系投入与上级情感性回报的关系具有调节作用，具体而言，在关系导向人力资源管理实践较多的工作群体中，下级关系投入与上级情感性回报的相关更强（H3b）。

三、研究方法

1. 被试与调查程序

由于本研究属于跨层次的研究，涉及个体与群体两个层面的数据搜集，因此，问卷调查均以工作群体为抽样单位，并在每个工作群体（部门）内，采取了上级与下级的二元对偶研究设计。调查包含两份问卷，分别由部门内的员工及其直接上级填写。在内容上，下级问卷包括自评的任务绩效、上级资源回报、LMX、关系导向人力资源管理实践；部门上级则仅须填答不同下级的关系投入。为了保证问卷的隐匿性以及数据的主管—下级配对，采用了一个编码系统，以匹配主管评定与下级回答。之所以采用上述研究设计，主要出于以下考虑。

第一，上级对于下级的关系投入行为一般会有感知，并会据此相应地给予下级各种资源回报；同样，下级对于上级给予的资源回报也会有直接的感知，其感知的结果会进一步影响双方的后续互动。第二，一名上级需要评价多名下级，上级的负担会较重，因此仅要求上级填答项目数量相对较少的下级关系投入问卷。出于同样的考虑，任务绩效也由下级自评。第三，上级与下级"错位式"的互评可在一定程度上降低问卷项目敏感性带来的心理压力。总之，上述研究设计既考虑了研究需要，又兼顾了可行性，从上级和下级的不同来源获取数据。

被试来自湖北、江西、北京、上海、广东地区 8 家企业中的不同工作群体（工作部门）。在调查程序上，首先，研究人员与企业人力资源部门一起确定了调查的部门，主要是企业中层部门。判定群体的依据有：①不同员工属于同一工作部门；②不同员工拥有一个共同的直接上级；③他们长时期在一起工作。然后，研究人员在企业助手的带领和协助下，进行现场调查。最后，由研究人员当场收回问卷，回收问卷后进行上级与下级问卷的配对组合。以现场调查方式所获得的样本占全部有效样本的 81.40%，这在一定程度上能保证数据的质量，而少量委托调查则给受托者及其单位的人力资源部门提供了指导语。

研究者对有效数据进行了筛选：①剔除了空白过多、反应倾向过于明显的问卷；②剔除了下级人数过少的群体样本（少于 5 人）。最终回收了 54 个有效群体样本，总共包含 426 份有效个体问卷，平均每个群体包含 8 人，人数最少的群体有 6 人，人数最多的群体有 13 人。上下级匹配后的有效填答率为 82%，其中有 83.10% 的被试与其直接主管保持的上下级关系年限在 1 年以上。在有效样本中，国有企业占 40.80%，民营企业占 55.50%，外资企业占 3.70%；男性占 55.70%，女性占 44.30%；25 岁及以下占 20.50%，26~30 岁占 13.90%，31~35 岁占 14.90%，36~40 岁占 20.80%，40 岁以上占 29.9%；管理岗位占 34.70%，生产岗位占 16.70%，技术岗位占 22.90%，销售岗位占 8.50%，行政后勤占 17.20%。

2. 研究工具

（1）下级关系投入

下级关系投入采用经我们修订过的单维度问卷（详见第五章）。该问卷包含 9 个测量项目，为避免被试填答问卷时的"趋中性"，采取 Likert 6 点计分，1 表示"非常不符合"，6 表示"非常符合"。由于正式施测中的关系投入问卷是由上级来填答，所以我们从上级的角度对问卷项目的语言表达方式进行了修改。利用我们收集的样本（N=426）数据进行验证性因素分析（CFA），下级关系投入问卷的单维度模型的各项拟合指数均达到或接近临界值，具体如下：χ^2=109.89，df=27，RMSEA=0.07，SRMR=0.05，IFI=0.91，CFI=0.91，NFI=0.90，NNFI=0.90，这表明问卷具有较好的结构效度。下级关系投入问卷的 Cronbach α 信度系数为 0.93，符合测量学的标准。

（2）上级资源回报

上级资源回报采用我们自编的问卷（详见第五章）。该问卷包含 13 个测量项目，共两个维度：一是工具性回报，包含 6 个项目，比如"他（她）会尽量给我安排我期望的工作岗位""他（她）会想方设法提拔我"；二是情感性回报，包含 7 个项目，比如"在生活中，他（她）很关心照顾我""他（她）会与我分享他（她）的经验、想法和感受"。为避免被试填答问卷时的"趋中性"，采取 Likert 6 点计分，1 表示"完全不同意"，6 表示"完全同意"。利用本研究的样本（N=426）数据进行验证性因素分析（CFA），上级资源回报的二维度模型的各项拟合指数均达到临界值，具体如下：χ^2=231.68，df=64，RMSEA=0.06，SRMR=0.43，IFI=0.92，CFI=0.92，NFI=0.91，NNFI=0.90，这表明问卷具有较好的结构效度。信度分析表明，工具性回报和情感性回报的 Cronbach α 系数分别为 0.895 和 0.923，总问卷

的 α 系数为 0.936，说明问卷的信度质量较好。

（3）领导—成员交换（LMX）

对于如何测量 LMX，学界还存在争议，主要源于其结构是单维的还是多维的差异。但 Liden 和 Maslyn（1998）提出 LMX 的维度不一定需要得到一个确定的模式，而是需要与不同的考察目的和结果变量挂钩。Schriesheim、Castro 和 Coglister（1998）运用元分析（Meta-Analysis）技术，检验了各种量表的内部一致性，结果表明 Graen 和 Uhl-Bien（1995）研制的 7 个项目量表具有最高的信度和效度，简称 LMX-7。由于本研究主要关心组织中领导—成员交换关系的质量，而非不同方面的交换内容。因此，本研究采用被广泛应用的 LMX-7 量表，并采用 Likert 6 点计分，1 表示"完全不同意"，6 表示"完全同意"。在本研究中，该问卷的 α 系数为 0.92。

（4）关系导向人力资源管理实践

本研究中关系导向人力资源管理实践是一个群体层次的变量，而对其测量是通过对群体中的个体的测量来完成的，这里面就有一个指称迁移问题。根据 Chan（1998）所提出的"指称迁移共识模型"（referent-shift consensus model），在测量时，所用的项目不是群体中单个成员的行为描述，而必须把所有成员作为一个整体来看待，以整体为出发点来描述群体成员的行为。在本研究中，关系导向人力资源管理实践采用 Chen、Chen 和 Xin（2004）开发的量表，原量表共 5 个项目，α 系数为 0.93。所有项目均以"在我所工作的部门内"为指称。此量表在 Chen 等人（2008）的一项研究中被修订为 4 个项目，α 系数为 0.88。上述两个版本的量表均为英文，本研究对其进行翻译和回译后，综合了两个版本的项目，获得了 7 个项目，其中的一个项目"在我所工作的部门内，培训发展机会的获得依靠与上级的关系"为本研究新加入的一个项目。采用 Likert 6 点计分，1 表示"非常不符合"，6 表示"非常符合"。

对关系导向人力资源管理实践问卷 7 个项目进行了探索性因素分析，结果得到单一因素，解释的变异量为 70.90%，问卷的 Cronbach α 信度系数为 0.93，这一结果同样表明关系导向人力资源管理实践问卷具有较好的信度和结构效度。此外，我们运用方差分析检验了关系导向人力资源管理实践在企业性质上的差异，结果发现不同性质的企业之间存在显著的差异，其中关系导向人力资源管理实践在国有企业的表现程度最高，民营企业次之，外资企业的关系导向最低（$M_{\text{国有企业}} = 3.53$，$M_{\text{民营企业}} = 3.03$，$M_{\text{外资企业}} = 2.54$，$F = 11.18$，$p < 0.001$），该结果与实际情况基本相符，也说明关系导向人力资源管理实践问卷具有较好的同时效度。

本研究中，关系导向人力资源管理实践在群体层次上代表群体的人力资源管理决策特征与氛围。对应于每一个工作群体，其关系导向应当是唯一的，所以有必要将群体中个体提供的评估数据汇聚到群体层次。ICC（1）、ICC（2）和 R_{wg} 是三个最常用的用于判断个体数据汇聚是否可靠的指标，本研究同时考察三者。为了判断的一致性，我们先通过方差分析（ANOVA）进行了组间差异性检验，结果组内相似性高于组间相似性，即不同工作群体之间存在显著的差异（$F(53, 372) = 4.81$，$p < 0.001$）。计算得到54 个工作群体的 R_{wg} 值在 0.27~0.96 之间，尽管少数群体的 R_{wg} 值较低，但均值为 0.75，高于 0.70 的标准（Dixon 和 Cunningham，2006）。同时，本研究计算所得 ICC（1）为 0.32，在 James（1982）推荐的 0 到 0.5 的临界值范围之内，这表明变量在各群体中有充足的内部同质性；ICC（2）为 0.79，大于 Klein 等人（2000）推荐的临界值 0.70，这表明采用个体的平均数作为群体变量的指标的可信度较高。总之，以上结果均一致表明，可以用群体中个体知觉到的关系导向人力资源管理实践数据的平均数作为群体层面变量的观察值。

（5）控制变量

除了以上关键变量外，本研究还控制了可能会影响上级给予下级资源回报的一个重要变量，即员工的任务绩效。任务绩效采用员工自评式问卷，包含 4 个项目，来源于 Williams 和 Anderson（1991）编制的任务绩效量表，这 4 个项目分别是"和同事相比，我的工作成绩比较优秀""我的上级对我的工作成绩比较满意""同事对我的工作成绩评价比较高""我的工作成绩经常受到单位的表扬"。本研究对以上 4 个项目进行探索性因素分析，结果得到单一因素，解释的变异量为 67.98%，问卷的内部一致性 α 系数为 0.84。

在数据统计分析方面，我们采用 SPSS11.5 进行描述统计、相关分析、探索性因素分析和信度分析，采用 LISREL8.30 进行验证性因素分析，采用多层线性模型 HLM6.02 对研究假设进行检验。

四、研究结果

1. 描述性统计及相关分析结果

表 7-1 呈现的是本研究中涉及的关键变量的描述性统计和相关分析结果。

表 7-1 各研究变量的平均数、标准差与相关矩阵（N=426）

变量	M	SD	1	2	3	4	5
1. 任务绩效	4.15	0.82	—	—	—	—	—
2. 关系投入	3.09	1.10	0.36**	—	—	—	—
3. 工具性回报	3.47	1.05	0.40**	0.59**	—	—	—
4. 情感性回报	3.96	0.99	0.36**	0.50**	0.69**	—	—
5. LMX	3.75	0.98	0.43**	0.58**	0.74**	0.80**	—
6. GHRMP	3.34	1.19	0.07	−0.06	−0.04	−0.24**	−0.18**

注：LMX= 领导—成员交换；GHRMP = 关系导向人力资源管理实践；GHRMP 为个体层面的数据；**p < 0.01。

2. 下级关系投入与上级资源回报的关系

在运用多层线性模型（HLM）对假设进行验证时，本研究将下级的任务绩效作为一个关键的控制变量纳入 HLM 分析之中，表 7-2 为分析的结果。由表 7-2 可知，任务绩效与工具性回报具有显著的正相关（模型 M2，$\gamma_{10} = 0.47$，$p < 0.01$），控制变量解释的方差为 0.22。在模型 M3 中，当同时纳入关系投入和任务绩效时，任务绩效与工具性回报仍具有显著的正向预测作用（$\gamma_{20} = 0.27$，$p < 0.01$），而关系投入与工具性回报具有更为显著的正相关（$\gamma_{10} = 0.43$，$p < 0.01$），关系投入解释的方差为 0.30，这表明控制了任务绩效后，关系投入与工具性回报具有显著的正相关，假设 1a 得到验证。另外，由表 7-2 可知，任务绩效与情感性回报具有显著的正相关（模型 M2，$\gamma_{10} = 0.34$，$p < 0.01$），控制变量解释的方差为 0.26。在模型 M3 中，当纳入关系投入和任务绩效一起分析时，任务绩效对情感性回报仍具有显著的正向预测作用（$\gamma_{20} = 0.18$，$p < 0.05$），而关系投入对情感性回报同样具有更为显著的正相关（$\gamma_{10} = 0.37$，$p < 0.01$），关系投入解释的方差为 0.24，这表明控制了任务绩效后，关系投入与情感性回报具有显著的正相关，假设 H1a、H1b 得到验证。

3. LMX 的中介作用

在表 7-3 中，在模型 M1 中，关系投入与领导—成员交换（LMX）具有显著的正相关（$\gamma_{10} = 0.46$，$p < 0.001$）。在模型 M3 中，LMX 与工具性回报具有显著的正相关（$\gamma_{10} = 0.83$，$p < 0.001$）。而在模型 M4 中，当将关系投入和 LMX 作为预测变量一起纳入模型中时，LMX 与工具性回报具有显著的正相关（$\gamma_{10} = 0.69$，$p < 0.001$），而关系投入虽然与工具性回报也具有显著的正相关（$\gamma_{20} = 0.21$，$p < 0.001$），但是其标准化的回归系数要比模型 M2 中的系数（$\gamma_{10} = 0.50$，$p < 0.001$）明显降低。综

合以上结果，据此可以推论，LMX 在关系投入与工具性回报的关系之间起着部分中介的作用，假设 2a 得到验证。

另外在模型 M6 中，LMX 与情感性回报具有显著的正相关（$\gamma_{10} = 0.73$，$p < 0.001$）。而在模型 M7 中，将关系投入和 LMX 作为预测变量一起纳入模型中时，LMX 与情感性回报具有显著的正相关（$\gamma_{10} = 0.69$，$p < 0.001$），而关系投入虽然与情感性回报也具有显著的正相关（$\gamma_{20} = 0.10$，$p < 0.05$），但是其标准化的回归系数要比模型 M5 中的系数（$\gamma_{10} = 0.42$，$p < 0.001$）明显降低。综合以上结果，据此可以推论，LMX 在关系投入与情感性回报之间仍起着部分中介的作用。因此，本研究的假设 2b 也得到验证。图 7-1 为基于上述研究结果而呈现的综合模型图。

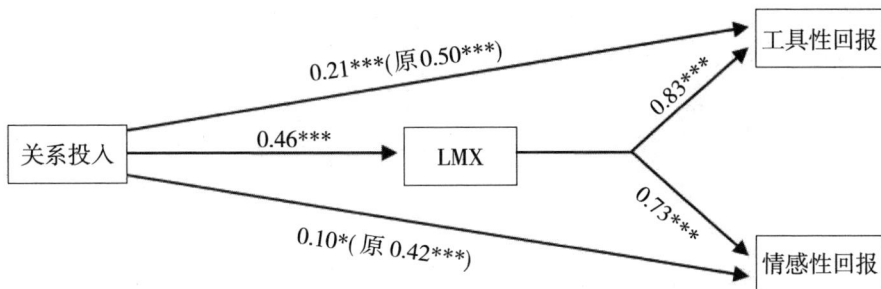

图 7-1　上下级关系的社会交换模型的实证研究结果的路径图

（注：$***p < 0.001$，$**p < 0.01$，$*p < 0.05$。原：代表未加入中介变量时的影响系数。）

4. 关系导向人力资源管理实践的调节作用

由表 7-3 的结果可知，关系投入和 LMX 对工具性回报均具有显著的正向预测作用。但从表 7-4 的结果表明，关系导向人力资源管理实践对关系投入与工具性回报之间关系的系数（即斜率）不具有显著的调节作用（$\gamma_{21} = -0.00$，$p > 0.05$），同样，关系导向人力资源管理实践对 LMX 与工具性回报之间的关系系数的调节作用也不显著（$\gamma_{11} = 0.13$，$p > 0.05$）。本研究的假设 3a 没有得到验证。此外，在

表 7-3 的结果中，关系投入和 LMX 对情感性回报均具有显著的正向预测作用，但在表 7-4 的结果中，关系导向人力资源管理实践对关系投入与情感性回报之间的关系的系数（即斜率）不具有显著的调节作用（ $\gamma_{21} = -0.01$，$p > 0.05$），同样，关系导向人力资源管理实践对 LMX 与情感性回报之间关系的系数的调节作用也不显著（ $\gamma_{11} = 0.05$，$p > 0.05$）。本研究的假设 3b 也没有得到验证。

表7-2 下级关系投入对上级资源回报的影响

因变量	模型	参数估计							
		γ_{00}	γ_{10}	γ_{20}	σ^2	τ_{00}	τ_{11}	τ_{22}	作用
工具性回报	M1：零模型	—	—	—	—	—	—	—	—
	L1：$IO_{ij}=B_{0j}+r_{ij}$　　L2：$B_{0j}=\gamma_{00}+\mu_{0j}$	3.47**	—	—	0.88	0.24**	—	—	—
	M2：任务绩效→工具性回报	—	—	—	—	—	—	—	—
	L1：$IO_{ij}=B_{0j}+B_{1j}(TP_{1ij})+r_{ij}$	3.47**	0.47**	—	0.69	0.26**	0.14**	—	0.22
	L2：$B_{0j}=\gamma_{00}+\mu_{0j}$　　$B_{1j}=\gamma_{10}+\mu_{1j}$	—	—	—	—	—	—	—	—
	M3：关系投入、任务绩效→工具性回报	—	—	—	—	—	—	—	—
	L1：$IO_{ij}=B_{0j}+B_{1j}(GI_{1ij})+B_{2j}(TP_{2ij})+r_{ij}$	3.47**	0.43**	0.27**	0.48	0.29**	0.06**	0.10**	0.30
	L2：$B_{0j}=\gamma_{00}+\mu_{0j}$	—	—	—	—	—	—	—	—
	$B_{1j}=\gamma_{10}+\mu_{1j}$	—	—	—	—	—	—	—	—
	$B_{2j}=\gamma_{20}+\mu_{2j}$	—	—	—	—	—	—	—	—
情感性回报	M1：零模型	—	—	—	—	—	—	—	—
	L1：$AO_{ij}=B_{0j}+r_{ij}$　　L2：$B_{0j}=\gamma_{00}+\mu_{0j}$	3.95**	—	—	0.69	0.30**	—	—	—
	M2：任务绩效→情感性回报	—	—	—	—	—	—	—	—
	L1：$AO_{ij}=B_{0j}+B_{1j}(TP_{1ij})+r_{ij}$	3.95**	0.34**	—	0.51	0.32**	0.22**	—	0.26
	L2：$B_{0j}=\gamma_{00}+\mu_{0j}$　　$B_{1j}=\gamma_{10}+\mu_{1j}$	—	—	—	—	—	—	—	—
	M3：关系投入、任务绩效→情感性回报	—	—	—	—	—	—	—	—
	L1：$AO_{ij}=B_{0j}+B_{1j}(GI_{1ij})+B_{2j}(TP_{2ij})+r_{ij}$	3.95**	0.37**	0.18*	0.39	0.34**	0.02*	0.17**	0.24
	L2：$B_{0j}=\gamma_{00}+\mu_{0j}$	—	—	—	—	—	—	—	—
	$B_{1j}=\gamma_{10}+\mu_{1j}$	—	—	—	—	—	—	—	—
	$B_{2j}=\gamma_{20}+\mu_{2j}$	—	—	—	—	—	—	—	—

注：①**$p＜0.01$，*$p＜0.05$。②σ^2为水平1的残差；τ_{00}为截距残差，即μ_{0j}；τ_{11}和τ_{22}为斜率残差，即μ_{1j}和μ_{2j}；③作用＝（原始残差－条件残差）/原始残差；④IO为工具性回报，AO为情感性回报，TP为任务绩效，GI为关系投入。

表 7-3　LMX 在下级关系投入与上级资源回报关系中的中介作用

模型	参数估计						
	γ_{00}	γ_{10}	γ_{20}	τ_{00}	τ_{11}	τ_{22}	σ^2
M1：关系投入→LMX	3.74[a]	0.46[a]	—	0.34[a]	0.04[b]	—	0.40
M2：关系投入→工具性回报	3.47[a]	0.50[a]	—	0.28[a]	0.06[b]	—	0.54
M3：LMX→工具性回报	3.47[a]	0.83[a]	—	0.30[a]	0.06[b]	—	0.40
M4：LMX、关系投入→工具性回报	3.47[a]	0.69[a]	0.21[a]	0.31[a]	0.14[a]	0.06[a]	0.33
M5：关系投入→情感性回报	3.95[a]	0.42[a]	—	0.33[a]	0.04[b]	—	0.45
M6：LMX→情感性回报	3.95[a]	0.73[a]	—	0.36[a]	0.09[a]	—	0.25
M7：LMX、关系投入→情感性回报	3.95[a]	0.69[a]	0.10[c]	0.36[a]	0.15[a]	0.06[a]	0.22

注：① a 为 $p < 0.001$，b 为 $p < 0.01$，c 为 $p < 0.05$。② σ^2 为水平 1 的残差；τ_{00} 为截距残差，即 μ_{0j}；τ_{11} 和 τ_{22} 为斜率残差，即 μ_{1j} 和 μ_{2j}；③ IO=工具性回报，AO=情感性回报，GI=关系投入，LMX=领导—成员交换。

表 7-4 关系导向人力资源管理实践的调节作用模型

模型	参数估计									
	γ_{00}	γ_{01}	γ_{10}	γ_{11}	γ_{20}	γ_{21}	σ^2	τ_{00}	τ_{11}	τ_{22}
M1: 对工具性回报的调节作用模型	3.32[a]	0.05	0.26	0.13	0.22	−0.00	0.33	0.32[a]	0.13[a]	0.06[a]
L1: $IO_{ij}=B_{0j}+B_{1j}(LMX_{ij})+B_{2j}(GI_{2ij})+r_{ij}$	—	—	—	—	—	—	—	—	—	—
L2: $B_{0j}=\gamma_{00}+\gamma_{01}(GHRMP_{ij})+\mu_{0j}$	—	—	—	—	—	—	—	—	—	—
$B_{1j}=\gamma_{10}+\gamma_{11}(GHRMP_{ij})+\mu_{1j}$	—	—	—	—	—	—	—	—	—	—
$B_{2j}=\gamma_{20}+\gamma_{21}(GHRMP_{ij})+\mu_{2j}$	—	—	—	—	—	—	—	—	—	—
M2: 对情感性回报的调节作用模型	4.77[a]	−0.25	0.51[c]	0.05	0.13	−0.01	0.22	0.33[a]	0.15[a]	0.06[a]
L1: $AO_{ij}=B_{0j}+B_{1j}(LMX_{ij})+B_{2j}(GI_{2ij})+r_{ij}$	—	—	—	—	—	—	—	—	—	—
L2: $B0_{j}=\gamma_{00}+\gamma_{01}(GHRMP_{ij})+\mu_{0j}$	—	—	—	—	—	—	—	—	—	—
$B_{1j}=\gamma_{10}+\gamma_{11}(GHRMP_{ij})+\mu_{1j}$	—	—	—	—	—	—	—	—	—	—
$B_{2j}=\gamma_{20}+\gamma_{21}(GHRMP_{ij})+\mu_{2j}$	—	—	—	—	—	—	—	—	—	—

注：①零模型见表 7-2，直接作用模型见表 7-3，IO=工具性回报，GI=关系投入，LMX=领导—成员交换，GHRMP=关系导向人力资源管理实践。② σ^2 为水平 1 的残差； τ_{00} 为截距残差； τ_{11} 和 τ_{22} 为斜率残差，即 μ_{1j} 和 μ_{2j}；③ a 为 $p<0.001$，b 为 $p<0.01$，c 为 $p<0.05$。

五、讨论

1. 关系运作的个体效果

在现代企业组织中，工作绩效往往是极其重要的资源分配标准，比如很多企业实行绩效薪酬制度。本研究的结果也证明，下级的任务绩效对上级的工具性资源回报和情感性资源回报均有显著的正向影响。但是当我们将下级对其上级的私人关系投入与任务绩效同时纳入回归模型中去预测上级的资源回报时，让人意外的是，关系投入的解释力明显大于任务绩效，这说明下级在工作之余的关系投入行为对上级资源回报有着重要的影响力。这一研究结果与 Law 等人（2000）、Chen 等人（2008）以及刘军等人（2008）的研究结论一致。正如 Warner（1993）所指，尽管技术和规范在中国组织中已经变得更为必要，但关系的重要性在中国社会仍然占据主导地位。该研究结果也凸显了关系在当代中国组织资源分配中仍占据重要地位，也给本研究从关系行为和社会交换的理论视角来审视组织中上下级关系提供了实证支持。

从社会交换的观点来看，组织中的上级与下级之间的关系投入与资源回报应是一种基于人情的社会交换行为，并具有长期互动的性质，而非一次性的交换。由于上级与下级之间身份、位阶、职权以及占有资源上的差异，上级与下级之间发展的私人关系很难像生活中单纯的朋友关系（以情感支持与寄托为主）那样简单。在组织中，下级对上级的关系投入既需要满足情感性支持的需要，更隐含着工具性回报的期待，这一点在本研究中也能得到反映，比如工具性回报与情感性回报的相关为 0.69（$p < 0.01$），下级关系投入对上级工具性资源回报的影响系数为 0.50（$p < 0.001$），对上级情感性资源回报的影响系数为 0.42（$p < 0.001$）。总之，从本研究中可得到的启示与刘军等人（2008）的研究相同，即在中国组织中，除了工

作上的努力与付出以外，发展与上级在生活上更为密切的私人关系更是下级不可忽视的。

2. 关系运作的内在机制

上下级之间关系投入与资源回报的交换行为有着怎样的内在机制？本研究的结果表明：下级的关系投入除了对上级的工具性回报与情感性回报有着直接的影响外，还可以通过提升领导—成员交换（LMX）关系质量间接地影响上级的资源回报，即LMX起着部分中介的作用。在以往的研究中，往往将LMX看作是与关系相平行的概念，前者代表正式的工作关系，后者代表着非正式的私人关系，二者分别对上级的工具性回报有着积极影响（Law等，2000；Chen和Tjosvold，2007），而很少有研究考察非正式的私人关系对正式的工作关系质量的影响。在国外的文献中，这一问题也许不太重要，因为在西方的组织中，二者之间往往是"泾渭分明"的。但在中国文化背景下，二者之间可能有着剪不断的"千丝万缕"的关系。本研究发现，下级对上级的私人关系投入对LMX具有显著的正向作用，并且关系投入经由LMX的中介而获取上级的工具性回报、情感性回报的假设也得到证实。这一结果说明，上级与下级之间在私底下建立与发展起来的、具有强烈"组织规定外"及"私人情感"色彩的关系会影响和渗透到正式的工作场所中，从而在组织制度的范畴内发挥作用（刘军等，2008）。正所谓："功夫尽在诗外。"根据社会资本理论，下级在工作之余，对其上级的关系投入行为具有社会资本投资的性质，等同于个人社会资本的积累与运作。本研究的结果也表明，在中国文化背景下，上下级之间的私人关系对工作范围内的领导—成员交换关系有着重要的影响，那些与上级搞好私人关系的下级更可能被上级视为工作领域中的"圈内人"，反之则有可能成为"圈外人"。这一研究结果对于LMX的研究也具有启示意义。

3. 关系运作的制度强化

最后，本研究通过跨层次的研究设计，搜集不同层面（个体与群体）的变量数据，运用多层线性模型的统计方法，检验了群体的关系导向人力资源管理实践对下级与上级的关系交换行为的调节作用。但结果发现，关系导向人力资源管理实践的调节效应并不显著，本研究的假设没有得到验证。究其原因，可能有以下方面：其一，关系导向人力资源管理实践构念反映的是群体或组织中的人力资源管理决策依"私人关系"而论的程度，但由其测量项目可知，其中的各项人力资源管理决策更多地反映工具性资源分配，比如工作任务安排、奖金分配、薪水、晋升、考核、培训机会等，没有涉及情感性资源分配。换言之，关系导向人力资源管理实践的概念内涵存在局限性。其二，本研究定位于群体层次，但所属的组织样本仅8家企业，由于群体内又进行上下级的二元对偶设计，难度较大，最后仅筛选出54个有效群体，即群体与组织样本偏少，变异不大，今后的研究可适当增加组织或群体样本量。其三，中国企业组织中的各项决策权更多地集中于中高层（Wang 和 Heller，1993），本研究的群体样本大部分为中层，也包含部分基层，部门上级能对其拥有的组织资源（主要是工具性资源）进行有效分配的职权有限，导致关系导向人力资源管理实践的调节效应在中层与基层工作群体中难以展现，因此本研究的启示是，今后有必要对更多国有企业和民营企业的高层群体进行探究。不过，本研究通过相关分析发现，关系导向人力资源管理实践与上级情感性资源回报（$\gamma = -0.24$，$p < 0.01$）、LMX（$\gamma = -0.18$，$p < 0.01$）均显著地负相关，这说明注重私人关系的人力资源决策可能会抑制上下级之间的情感性交换，并削弱上下级之间正式的工作关系质量，不过其原因和机制也还须进一步探究。

4. 贡献与局限

从理论贡献上来看，本研究基于社会交换的理论视角，以"下级关系投入—上级资源回报"的概念架构来展现组织中上级与下级的关系互动实质，将组织中关系的研究引向关系运作的层面，并在模型之中同时纳入工具性资源回报与情感性资源回报，拓展了上下级关系的研究空间，探究了上下级关系的运作效能与机制，验证了 LMX 的中介作用，对组织管理实践具有深刻的启示意义。

由于本研究属于横向研究设计，因此难以确证下级关系投入与上级资源回报之间的因果关系，并且在跨层次的研究中，也很难搜集到较大的群体样本。此外，本研究虽然采取上下级的对偶设计，试图克服共同方法变异的影响，但可能仍然无法有效解决测量的敏感性和社会称许性问题。未来还需要进一步探究上级与下级的不同方面的关系互动与交换及其效果差异，并考量对其他员工以及群体或组织可能产生的影响，包括积极的、消极的影响。

六、结 论

本研究表明，尽管下级对上级的私人关系投入行为发生在组织规定的上级与下级工作交往范畴之外，但能发展出一种带有特殊性、私人情谊的关系连带，不仅为下级获取上级的各种正式的和非正式的资源回报（工具性资源回报、情感性资源回报）带来积极影响，还能在组织制度的范畴之内发挥作用，即通过促进和提升作为正式的工作关系的领导—成员交换关系质量（LMX）来间接地获取上级的各类工具性与情感性的资源回报。最后，本研究也发现工作群体的人力资源管理决策特征（如关系导向人力资源管理实践）在一定程度上也能制约上级与下级之间的关系互动与关系质量，但其影响机制与效果还须进一步研究。

第八章 上下级关系的类型研究

在前一章的研究中，我们考察了上下级关系的运作机制以及对下级获取上级资源的效果。然而现实中，并非每一个下级都愿意和擅长与上级搞好关系，也并非每一个上级都愿意给予关系好的下级充分的资源回报。在本章里，我们将尝试基于我们获得的样本数据对上下级关系互动进行类型学上的探索，即划分出不同类型的上下级关系，进而考察在不同关系类型条件下下级的工作态度。笔者认为，这也是一个十分有趣的问题，能丰富我们对现实组织中上下级关系的理解。具体而言，我们将分别考察上下级关系类型与下级对上级的信任、对组织的承诺，以及对工作的满意度这三个指向不同对象的态度之间的关系。我们预期：不同类型的下级关系投入与上级资源回报状况在上级信任、工作满意度和组织承诺的效果变量上存在差异。

一、研究方法

1. 被试

本研究的被试与第七章的研究相同，来自湖北、江西、北京、上海、广东 5 个地区的 8 家企业。问卷调查以现场调查为主要方式，现场调查所获得的样本占全部有效样本的 81.4%，其余样本为委托调查，给受托者及其单位的人力资源部门提供了指导语。在具体抽样上，以工作群体（如部门）为抽样单位，对每一个工作群体内的员工随机发放问卷。员工填答的问卷内容包括：上级的资源回报、对上级的信任、工作满意度、组织承诺。员工的关系投入行为则由所在部门的直接主管（上级）来填答。经过废卷的处理工作后，最后获得了 54 个有效的部门（群体）样本，共包含 426 份员工的个体数据，平均每个群体包含 8 人，群体内样本最小的为 6 人，最大的为 13 人。被试的基本情况同第七章。

2. 研究工具

（1）下级关系投入（Guanxi Input，GI）

下级关系投入采用经我们修订过的单维度问卷（同第七章），主要测量组织中员工在工作之余，为与其直接主管或上级建立良好的私人关系而采取的行为，问卷包含 9 个题项，采用 Likert 6 点计分，1 表示"非常不符合"，6 表示"非常符合"。本研究中，该问卷的内部一致性 Cronbach α 系数为 0.931。

（2）上级资源回报（Resources Output，RO）

上级资源回报采用我们修订过的二维度问卷（同第七章）：一是工具性回报（Instrumental Output，IO），包含 6 个项目；二是情感性回报（Affective Output，AO），包含 7 个项目，全卷共 13 个项目，采用 Likert 6 点计分，

1 表示"完全不同意"，6 表示"完全同意"。本研究中，工具性回报和情感性回报问卷的内部一致性 α 系数分别为 0.895、0.923。

（3）上级信任（Supervisor Trust，ST）

上级信任采用 Podsakoff 等（1990）编制的单维度的对主管信任问卷，共 4 个测量项目，Farh 等（1998）在其研究中也采用过，该问卷的 α 信度系数为 0.87。采用 Likert 6 点计分，1 表示"完全不同意"，6 表示"完全同意"。在 4 个项目中，有一题为反向计分："我的主管可能采取欺骗员工的手段来获得晋升"。在本研究对其进行第一次探索性因素分析时发现该题的因素负荷较低（负荷值为 0.54，其余三题均在 0.80 以上），故在后续的统计分析中将该反向计分题删除。本研究中，该问卷的内部一致性 α 系数为 0.86。

（4）工作满意度（Overall Job Satisfaction，OJS）

工作满意度采用的是 Agho 等（1992）的 6 个项目、单维度的工作满意度问卷，用于测量整体工作满意度，在文献中其 α 系数一般都在 0.80以上。同样，本研究对该问卷进行第一次探索性因素分析发现其中一个反向计分题项"我经常对自己的工作感到厌倦"的因素负荷较低（负荷值为 0.59，其余均在 0.80 以上），故在后续的统计分析中将该反向计分题删除。另外有一个题项"我从一开始就对我的工作感到很满意"的负荷也不高，故本研究也没有采纳。这样，本研究总共采用了其中的 4 个题项，采用 Likert 6 点计分，1 表示"非常不符合"，6 表示"非常符合"。本研究中，该问卷的内部一致性 α 系数为 0.88。

（5）组织承诺（Organizational Commitment，OC）

组织承诺采用的是 Porter 和 Smith（1970）量表的中文版（龙立荣，2002），该问卷是单维度的，由 9 个项目构成，测量员工对组织的情感承诺，即员工对组织目标和价值观的强烈信念和接受而形成的对组织的一种忠诚感，其有三个显著特征：对组织目标和价值观的接受和强烈信念；为组织利益付出极大努力的意愿；维持组织成员身份的强烈愿望。为了简化需要，本研究采取了其中的6个项目作为组织承诺的衡量，并采用Likert 6点计分，1表示"非常不符合"，6表示"非常符合"。本研究中，该问卷的内部一致性 α 系数为0.90。

由于下级关系投入和上级资源回报问卷的信度和效度已经在前面的研究中得以检验，这里不再赘述。为了检验其余测量工具的结构效度，我们对上级信任、工作满意度和组织承诺总共13（3＋4＋6）个测量项目，构建了一个三因素测量模型进行验证性因素分析（CFA）。结果表明，三因素模型的各项拟合指数均接近或达到临界值的水平（$\chi^2 = 352.78$，$df = 62$，$\chi^2/df = 5.69$，RMSEA = 0.11，SRMR = 0.05，IFI = 0.92，CFI = 0.92，NFI = 0.91，NNFI = 0.90），表明三因素模型的拟合情况较好，即主管信任、工作满意度与组织承诺之间区分较好，具有较好的测量结构效度。

二、研究结果

1. 描述性统计分析结果

从表8-1中各变量之间的相关系数可以看出，关系投入、工具性回报、情感性回报与不同态度变量之间均存在显著的相关。

表8-1 变量的描述性统计与相关矩阵（N=426）

变量	M	SD	1	2	3	4	5
1. 关系投入	3.09	1.10	—				
2. 工具性回报	3.47	1.05	0.59**	—			
3. 情感性回报	3.96	0.99	0.50**	0.69**	—		
4. 上级信任	4.14	1.11	0.36**	0.51**	0.74**	—	
5. 工作满意度	4.08	1.06	0.37**	0.34**	0.45**	0.43**	—
6. 组织承诺	4.14	1.00	0.42**	0.42**	0.55**	0.58**	0.72**

注：**$p < 0.01$，*$p < 0.05$。

2. 上下级的关系类型分析

在组织中，下级对其直接上级进行关系行为的投入，能获得上级的资源回报，并对下级的心理和行为产生进一步的影响。但下级对上级的关系投入能否有效地获得上级的回报，还取决于众多因素。再者，上级能给予下级什么样的回报，还受制于上级掌握资源的多寡及其回报的策略；另外，下级也必须对给予的回报有所感知后，才能对其工作态度和行为产生后续影响。因此，为了分析关系投入与回报和下级态度的关系，我们首先必须根据一定的标准对上下级的关系进行分类。

由于本研究中所有变量的测量均采用 Likert 6 点计分，1 表示"非常不符合"或"完全不同意"，6 表示"非常符合"或"完全同意"，为了避免被试的趋中性，去掉了中间的"不确定"或"不清楚"选项，因此 3 表示"有点不符合"或"有点不同意"，4 表示"比较符合"或"比较同意"，而且本研究涉及的变量均为单维度变量，因此我们取中值（3.5 分）为各变量得分高低的区分标准，即变量得分大于 3.5 分者为高分者，小于 3.5 分者为低分者。这样对所有被试的关系投入与资源回报进行了类型的划分。

需要说明的是，由于本研究的分类变量有三个，为了避免损失的样本量过大，所以我们并没有采用更严格的分类标准。结果得到如表 8-2 所示的上下级的八种关系类型。

表 8-2　上下级之间的关系类型

关系投入（GI）	高				低			
工具性回报（IO）	高		低		高		低	
情感性回报（AO）	高	低	高	低	高	低	高	低
上下级关系类型	理想型	交易型	情感型	失落型	优抚型	保健型	激励型	边缘型
n	107	5	12	15	79	7	76	93
百分比（%）	27.2	1.3	3.0	3.8	20.0	1.8	19.3	23.6

（1）理想型（高 GI 高 IO 高 AO）

理想型的主要特征是：下级对上级有较高的关系行为投入，获得上级的工具性回报和情感性回报都比较高；在工作之外，上级与下级之间私交甚笃，感情较深，并将这种关系继续延伸至工作关系之中；双方在工作和私人关系上相互投入，在利益和情感上相互关照；因此下级往往发展前景较好，具有较为优秀的绩效，比如本研究中此类型被试自评的任务绩效较高（$M = 4.64$，SD=0.76）。这种类型正是大多数员工追求的理想境界，故所占比重最高（27.2%）。

（2）交易型（高 GI 高 IO 低 AO）

交易型的主要特征是：下级对上级的关系投入较高，但仅获得较高的工具性回报，而情感方面的回报较少，即下级关系行为换来的仅是物质性、现实性的利益或好处，比如晋升、奖酬、工作安排等，上级对下级很少有情感与情绪方面的支持和关照，属于典型的利益交换型关系。但这种上下级关系类型在组织中不多见（仅占 1.3%），其原因可能是组织中的上下级关系不是陌生人或市场中的某些一次性社会交换关系，必须依靠长期的人际互动，故在组织中交易型难有存在的空间。

（3）情感型（高 GI 低 IO 高 AO）

情感型的主要特征是：在工作之余，下级对上级有着较多关系投入，但上级给予下级的回报仅限于情感性方面，如帮助、宽容、友善、激励、关怀、尊重、分享等，很少涉及直接的物质性利益，如升迁、考核、奖酬等方面的偏袒和照顾，这样的上下级维持的仅是较为纯粹性的"私人情谊"。不过，情感型在样本中所占比重也较低（占 3.0%）。

（4）失落型（高 GI 低 IO 低 AO）

失落型的主要特征是：在工作之余，下级为与上级建立良好私人关系而不遗余力，但收效甚微，很少得到上级物质性或精神性方面的回报。但中国人大多顾念"人情"，除非特殊情况，上级不会如此"薄情寡义"，故这种类型的上下级关系在组织中也不多见（占 3.8%）。

（5）优抚型（低 GI 高 IO 高 AO）

优抚型的主要特征是：下级对上级的私人关系投入较低，但上级待之甚厚，给予的工具性回报和情感性回报都很高。能建立此类型上下级关系者，必为组织内比较优秀的下级，此类下级一般发展潜力好，能力出色，工作业绩优秀，比如在本研究中，此类型的被试自评的任务绩效较高（$M = 4.20, SD=0.83$），因此他们并没有在与上级的私人关系方面投入过多精力，甚至不太愿意"亲近"上级，但为了能留住并笼络这类下级，上级必然施以优厚的对待。此类型在组织中比重也较高（占 20.0%）。

（6）保健型（低 GI 高 IO 低 AO）

保健型的特征与优抚型类似，此类下级一般能力优秀，业绩较好，不太重视与上级建立良好的私人关系；但其区别在于上级回报的方式上的差异。对于后者，上级回报的法则是情感与利益兼顾，而对于前者，上级则仅仅动之以利，注重"保健因素"（借用赫茨伯格的双因素理论）的回报，即外在的物质性利益，而给予的情感性回报很少。显然，前者在实践中的比重不会太高，在本研究的样本中仅为 1.8%。

（7）激励型（低 GI 低 IO 高 AO）

激励型的主要特征是：下级在工作之余对与直接上级建立私人关系方面的投入较低，上级给予的工具性回报也较低，但上级给予的情感性回报较高，注重"激励因素"（借用赫茨伯格的双因素理论）的回报，即内在的精神性激励。在华人组织中，普遍要求上级不仅要关心下级的工作发展，还应具有"人情味"，对下级多仁慈和关怀，此类上级多具"仁慈之心"，因此这种类型在组织中所占比重也较高（19.3%）。

（8）边缘型（低 GI 低 IO 低 AO）

边缘型的主要特征是：下级对上级私人关系的投入较少，上级给予的工具性回报和情感性回报也均较少，上下级之间的关系较为疏远，表现为平淡甚至冷漠的状况。此类型在企业中也比较多见，在本研究中占23.6%。导致这种状况的原因可能是多方面的，比如企业竞争的加剧、管理制度化的加强，部分组织和群体中人情和关系逐渐淡化，员工与上级、雇主之间只是一种利益交换关系，另外也可能与工作和岗位特征有一定的关系。

3. 不同上下级关系类型的效果差异

表8-2的结果表明，在组织中具有代表性的上下级关系类型有四种，分别是：理想型、优抚型、激励型和边缘型，而其他四种类型的样本人数较少（最高为15人），不具有典型性，因此在下面的效果差异分析之中暂不予考虑。

我们运用单因素方差分析（One-way ANOVA）方法，分析四种具有代表性的上下级关系交换类型的下级在上级信任、工作满意度和组织承诺方面的差异，结果如表8-3所示。从表中结果可知，四种不同的关系交换类型在上级信任（$F = 60.51$，$p < 0.01$）、工作满意度（$F = 22.37$，$p < 0.01$）和组织承诺（$F = 41.09$，$p < 0.01$）上均存在显著的差异。

表8-3 不同类型上下级关系中下级态度的差异比较

关系类型	n	上级信任		工作满意度		组织承诺	
		M	SD	M	SD	M	SD
理想型	107	4.69	0.84	4.58	0.93	4.73	0.71
优抚型	79	4.64	0.77	4.32	0.96	4.35	0.96
激励型	76	4.40	0.98	4.03	1.01	4.24	0.91
边缘型	93	3.14	1.03	3.47	1.04	3.37	0.97
F		60.51**		22.37**		41.09**	

注：**$p < 0.01$。

进一步进行事后均值差异的多重比较（Bonferroni）分析发现：①在对上级的信任方面，理想型、优抚型和激励型对上级的信任感均显著地高于边缘型，而前三种类型的差异不显著；②在工作满意度方面，理想型、优抚型和激励型的工作满意度均显著地高于边缘型，其余三种类型中仅发现理想型显著地高于激励型；③在对组织承诺方面，理想型、优抚型和激励型的组织承诺也均显著地高于边缘型，而其余三类型中仅发现理想型显著地高于优抚型和激励型。

图 8-1 直观地展示出四种类型之间的效果差异。从图 8-1 中可以看出，总体上，在对三个不同后果变量的影响方面，理想型最佳，优抚型次之，激励型再次，而边缘型效果最差，尤其以前三种与边缘型之间的差异最为明显。进一步分析可知，理想型、优抚型和激励型的共同之处均在于上级都给予了下级较高的情感性回报，而工具性回报的效果差异似乎不是十分明显，这一点可从优抚型和激励型之间的效果差异不大分析得出。

综合上述分析结果，我们可以推论，上级给予下级不同的资源回报，对下级态度究竟影响如何，端视情感性回报而论，而非工具性回报的大小如何。当然，这一点仅是我们根据方差分析而得出的初步推论，是否真的如此，还必须通过更进一步的分析才能得出结论。

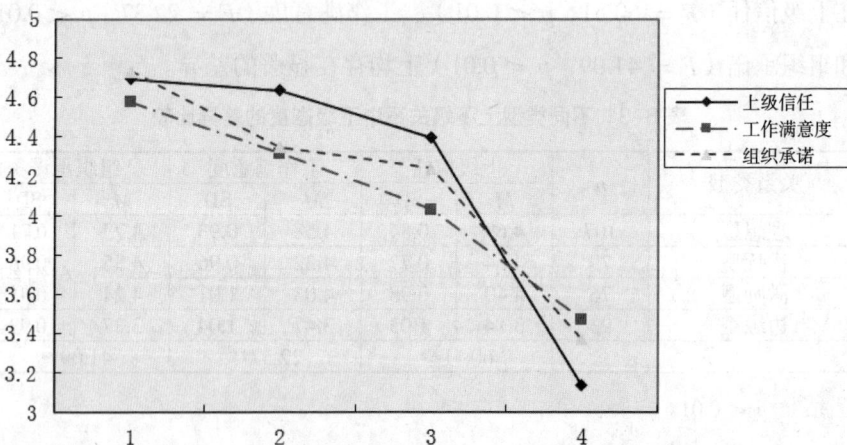

图 8-1 不同上下级关系类型在下级态度上的差异

（注：横轴中，1 代表理想型，2 代表优抚型，3 代表激励型，4 代表边缘型）

三、讨 论

根据社会交换理论，下级与上级的关系投入与回报并不是一个同质的等价交换过程，这一观点在本研究中亦得到证实。首先，本研究根据下级关系投入的高低与上级不同资源回报的多寡，区分出八种上下级关系类型，分别是理想型、交易型、情感型、失落型、优抚型、保健型、激励型、边缘型。但从样本比重来看，仅有四种在组织中较有代表性，另外四种则不具代表性。

四种不具代表性的类型分别是交易型、情感型、失落型、保健型。此四种类型的比重排序如下：失落型（占 3.8%）＞情感型（占 3.0%）＞保健型（占 1.8%）＞交易型（占 1.3%）。其中，交易型的特征是下级的关系投入高，但仅得到上级的高工具性回报，是较为纯粹式的"工具性关系"（黄光国，1987）。但毕竟与市场交易行为不同，组织中上级与下级之间存在长期的人际互动，并且双方的行动还可能受组织制度与资源条件等制约，因此纯粹的工具性交换关系在组织中很难发生。情感型的特征是下级的高关系投入仅获得上级高情感性回报，显然是纯粹式的"情感性关系"。但在组织背景中，上级与下级之间由于职权、地位及资源差异，下级私下里与上级发展关系，也难说仅仅是为了增进"私人情谊"。即便如此，上级也难保给予下级利益上的回报，因而纯粹的"情感性交换关系"在组织中也不多见。受"报"的影响，下级对上级进行关系投入，一般多少都会获得上级的回报，故失落型的上下级关系在组织中也是少有的现象。此外，在组织中，特别优秀的人才毕竟是少数，对待这样的下级，上级也很难仅仅注重物质性的利益回报，因为中西方社会文化不同，因此保健型的上下级关系在组织中并不普遍也是可以理解的。

四种具有代表性的上下级关系分别是理想型、优抚型、激励型、边缘型。

此四种类型的比重排序如下：理想型（占 27.2%）＞边缘型（占 23.6%）＞优抚型（占 20.0%）＞激励型（占 19.3%）。其中，理想型的上下级关系应是大多数员工追求的目标，本研究亦发现此类型所占比重最大。这说明下级在私底下与上级发展关系的行为，不仅能获得上级在工作上的情感性支持，还能带来丰厚的物质性利益。这更进一步说明，在中国的组织中，上下级关系更多的是一种既包含工具性又兼具情感性的"混合性关系"（黄光国，1987）。而边缘型、优抚型、激励型的共同之处是下级对上级的关系投入都不多，或者根本不重视在工作之外与上级发展私人关系，但上级仍给予不同类型、不同程度的资源回报。之所以如此，可能是出于管理上的需要，因为给绩效优秀的下级以奖励，给一般下级以精神激励，本就是上级的基本职责。不过，理想型的上下级关系所占比重仅为 27.2%，另外三类型所占比重合计为 63%，比重上的差异在一定程度上说明：在现代企业组织中，特别重视关系并能有效地与上级建立和发展出良好私人关系的下级毕竟占少部分，绝大部分下级还是将其精力放在努力工作上，有了好的绩效，照样也能获得上级的回报。

上级的资源回报又能给下级以什么样的影响呢？方差分析结果表明，不同关系类型中的下级的上级信任、工作满意度和组织承诺存在显著差异。差异检验结果发现，在上级信任、工作满意度、组织承诺三个效果变量上，理想型、优抚型和激励型中的下级均显著地高于边缘型中的下级；在工作满意度上，理想型的下级显著地高于激励型的下级；此外，在对组织的承诺方面，理想型的下级显著地高于边缘型和激励型下级。以上结果存在如下特征：①边缘型的上下级关系中，上级与下级相互疏远、关系冷淡，对下级的工作态度有着消极影响，如下级对上级信任度低，工作满意度及组织承诺都较低。②理想型的上下级关系的效果明显地好于其他类型，下级的上级信任度、工作满意度和组织承诺均为最高的水平。③优抚型、激励型与理想型三者之间，虽然也存在一定差异，但差异不是太大，而三种类型的共同之处在于上级都给予了下级较高的情感性回报。因此我们可以推测：在上级资源回报对下级态度的影响中，情感性回报的作用可能不容小觑。

四、结 论

通过问卷调查方法，初步得出的主要研究结论如下：从下级关系投入和上级资源回报的角度来看，在组织中理想型、优抚型、激励型和边缘型的上下级关系类型具有代表性，并且在不同上下级关系类型中的下级的上级信任、工作满意度和组织承诺存在显著差异。

第九章　上下级关系的
双刃剑效应

　　回顾文献，不难发现前人有关上下级关系的研究，主要关注关系的积极效能，如对下级升职、奖酬、绩效考核、工作安排、职业发展、对上级的态度等的正面影响，即与上级良好的私人关系给下级带来的种种直接或间接的工具性利益或"好处"。这些研究和探讨虽然比较丰富，但实证研究较为零散，缺乏系统整合，并且对上下级关系互动的后续结果的关注也不够。更重要的是，以往研究可能忽视了上下级关系的消极后果。关系在给关系主体带来某些"好处"的同时，是否潜藏着一些消极或负面效应？个体和集体是否需要为"关系行为"付出某些"代价"？对于这些问题，目前还缺乏深入的研究。

　　我们认为，关系可能是一把"双刃剑"，既有正面影响，也有诸多负面影响，但这些经验认识缺乏理论支持和实证检验。深入了解关系的两面性，对关系管理研究与实践具有重要意义。为了回应以上不足，在本章里，我们主要关注的问题是：从个体层面和社会交换的角度来看，下级与上级发展私人关系的行为会引发上级的何种行为反应，进而给双方关系质量和下级发展（如工作绩效）带来什么样的影响（积极的）？从集体层面（如部门）和组织公平的角度来看，上下级之间基于私人关系的资源交换行为，会造成组织中的人事决策与资源分配的"私人关系"导向，这种关系导向的人力资源实践是否会给集体带来负面影响，比如破坏公平氛围和集体信任？回答上述问题，不仅能将以往上下级关系的研究拓展至关系互动的层面，还将从实证上检验上下级私人关系互动的"双刃剑效应"。

一、文献回顾与研究假设

1. 下级与上级的关系互动与资源交换

如前文所述，根据社会交换理论（Blau，1964；Foa 和 Foa，1980），在关系取向和特殊主义的中国社会文化中，组织中上下级关系互动，在一定程度上表现为下级在工作之外对上级进行关系投入，上级相应给予不同资源回报的社会交换过程。首先，下级要与上级发展特殊性私人关系，必须进行"关系投入"，即在工作范围之外对上级进行的各种时间、经济与情感的投入行为。因为在高权力距离的中国组织中，决策权一般集中在管理层，管理人员掌握着下级配置、薪酬、考核等人事决策权（Wang 和 Heller，1993）。从社会资源（Lin，2001）的观点来看，下级只有与上级建立"强关系"连带，才能借用上级掌握的组织资源。反之，上级会依据下级的关系投入相应地给予各种资源回报。由于人类的社会交换包含工具性交换和情感性交换，组织中个体间的关系混合了工具性和情感性连带（Chen 和 Peng，2008）。因此，上级给予下级的回报主要有两种，一是情感性资源回报，二是工具性资源回报，前者主要属于上级的个人资源，后者更多的属于上级掌握的组织资源。在本章里，我们侧重于研究下级关系行为对上级工具性资源回报的影响，即上级基于私人关系给予下级直接的、客观性物质利益或好处，如升迁机会、绩效考评、奖酬分配、工作安排、工作支持等，一些研究者也称之为"关系性报酬"（Friedman、Chi 和 Liu，2006；Chen，Friedman，Yu 和 Sun，2011）。

2. 上下级关系互动的消极效应

正如一枚硬币有正反两面一样，关系既有积极面，也有消极面。Warren、Dunfee 和 Li（2004）就将关系比喻为一把"双刃剑"。在近期的文献中，上下级关系在集体层面上的消极效应或"阴暗面"（dark side）开始受到关注（Hsu 和 Wang，2007）。比如 Chen、Chen 和 Xin（2004）的研究发现，以注重上下级间"私人关系"为基础的人事决策实践，会影响下级知觉的程序公平感，进而损害下级对组织管理的信任。与以往强调关系对个体的积极效能不同，Chen 等（2011）通过跨层次研究发现，在个体水平上，主管与下属的关系质量正向影响个体从主管那里获得的关系报酬和下属知觉的程序公平感；但在群体水平上，关系导向的人事决策会负向影响下属的程序公平感。Han 和 Altman（2009）最近的一项研究则证实了工作场所中的上下级关系，既有符合道德的积极影响，也有不符合道德的消极影响。Chen 和 Chen（2009）也从社会两难的视角，讨论了中国组织中个体间的紧密关系可能给组织带来的消极外在性，并建议未来的研究应关注关系的两面性。

3. 研究假设

以往上下级关系的效果研究除了关注上级的工具性资源回报外，还关注上下级间的关系品质，如对上级信任的影响。例如，有研究表明，上下级间既定的关系基础，能提升双方的认知性信任与情感性信任（Farh、Tsui、Xin 和 Cheng，1998；Tsui 和 Farh，1997；Xin、Farh、Cheng 和 Tsui，1998；Tsui、Farh 和 Xin，2000）。Ngo 和 Wong（2003）基于中国某企业下级与主管的对偶研究也表明，下级与上级间的关系质量显著影响下级对上级的信任，这一结论在 Wong 等（2010）的另一项研究中同样得到证实。但以上结果主要是基于上下级间的关系基础和关系质量的研究而得出，目前还缺乏探讨下级关系行为对上级信任的研究证据。有关中国人际信任的研究指出，中国人很少有法制化的信任，而关系运作即建立、发展、维持和利用关系的活动，是中国人建立和增强人际信任的主要机制（Peng，1998）。并且，已有研究通过质性研究方法初步发现，主管—下级关系能促进对主管的信任（Han、Peng 和 Zhu，2012）。我们推论，下级对上级的关系行为投入有助于提升上下级的关系品质，比如下级对上级的信任。

中国人的关系中往往蕴含着工具性目的与算计，如以往研究发现，上下级间的不同关系基础对绩效评估、下级职业成功均有积极影响（Farh、Tsui、Xin 和 Cheng，1998；Tsui、Farh 和 Xin，2000）。上下级的私人关系质量影响上级的人事与管理决策，例如上级倾向于在工作任务安排、奖酬分配、职务晋升等方面给予下级更好的照顾（Law、Wong、Wang 和 Wang，2000；Friedman、Chi 和 Liu，2006）。此外，我们在本书第七章的研究中证实，下级的关系行为能改善上下级的工作关系，如 LMX 关系质量，而大量研究表明 LMX 关系质量能显著预测下级的工作表现。鉴于下级对上级的关系行为投入很大程度带有"功利性"与"实用"性质，比如促进个人的工作进步和职业发展，因此我们推论，下级与上级建立私人关系的行为能正向预测其工作绩效。综上所述，我们提出如下假设。

H1：下级的关系行为与上级信任正相关。

H2：下级的关系行为与下级的工作绩效正相关。

中国人常言，投之以桃，报之以李，来而不往非礼也。根据社会交换理论，如果上级能感知到下级的"关系投入"，出于信任、回报的要求与互惠规范，下级终将获得回报。譬如 Zhang 和 Yang（1998）研究发现，关系会影响中国管理者对奖金分配的决策。相关研究表明，上下级关系会影响上级的管理决策，给下级的晋升、奖酬分配、工作安排等工具性资源分配带来积极影响（Law、Wong、Wang 和 Wang，2000；Chen、Friedman、Yu 和 Sun，2011；Zhou 和 Martocchio，2001；Chen 和 Tjosvold，2007）。基于 Homans（1958）和 Blau（1958）对社会交换行为的观点，组织中下级对上级的关系投入行为，暗含着成本与收益的理性计算，是一个相互影响的过程。一方面，这种包含工具性利益交换的社会交换与互动过程，能提升双方的关系品质，比如信任程度。另一方面，上级是组织的代理人，上级基于私人关系给予下级更多的组织工具性资源回报，一定程度上会有助于提升下级知觉的上级支持感以及下级的工作表现。由此可以推论，从社会交换的角度来看，下级对上级的关系行为能促进上级信任与下级绩效，而上级给予的工具性资源回报可能在其中起着中介的作用。我们提出如下假设。

H3：上级的工具性资源回报在下级关系行为与上级信任的关系中起着中介作用。

H4：上级的工具性资源回报在下级关系行为与任务绩效的关系中起着中介作用。

下级与上级间基于私人关系的资源交换行为，可能给上级信任、下级的任务绩效带来积极影响，但这种社会交换同时会对集体产生负面影响。从组织公平的角度来看，上级基于私人关系进行资源分配与人事决策，意味着关系已渗透或部分替代了正式的制度与规范。在此环境中，上级基于私人关系而给予下级特殊性、差别化对待的行为，甚至会披上"合法性"的外衣而得以强化（刘军、宋继文、吴隆增，2008）。Chen 等（2004）因此提出关系导向的人力资源管理实践的概念，以刻画人事决策与组织资源分配中（如招聘、人员安排、晋升、绩效考核、报酬奖励等）注重上下级间私人关系的程度。这种基于私人关系的人事决策将严重损害公平与信任。

程序公平氛围（procedural justice climate）是一个比较新的群体或组

织层次概念，指的是下级们共享的一种认知，这种认知是关于组织能否在程序上公平地对待其全体成员，如公平地制定薪酬、晋升、工作安排等分配政策，并公平地进行分配过程中的实际操作（Naumann 和 Bennett，2000）。由于程序公平氛围与上级行为相关密切（Ehrhart 和 Naumann，2004），我们认为，上级基于私人关系的人事决策与资源分配特征，首先破坏的是群体中的程序公平氛围。例如，有研究表明，当下级知觉到群体的人事决策体系，是基于个人与管理者的私人关系时，下级对程序公平的判断会下降（Chen、Friedman、Yu 和 Sun，2011）。还有跨层次研究发现，在个体层面，关系实践对员工角色内绩效和组织公民行为具有正向影响，工作满意度起到部分中介作用；在群体层面，关系导向人力资源管理实践对员工角色内绩效和组织公民行为具有负向影响，程序公平感知起到完全中介作用（付博、于桂兰、梁潇杰，2019）。根据公平的启发理论（Van den Bos 和 Link，2001），当管理者基于私人关系而进行资源分配时，容易影响群体中其他成员对程序公平的判断。通过社会影响机制，如社会信息处理、人际网络和社会化过程，群体内成员关于组织公平的积极或消极经历和判断会相互影响，表现为相互加强或相互减弱。因此，我们提出如下假设。

H5：工作群体中关系导向人力资源管理实践与程序公平氛围负相关。

根据 Cummings 和 Bromiley（1996）对组织信任的观点，群体信任指的是"群体成员遵守并忠诚于共同商定的承诺、不谋取任何额外利益的一种共同信念"。群体信任是工作群体内的一般信任，是群体内成员共同拥有的一种工作氛围，表现为下级在工作中如何看待他人以及如何与他人共事。在人事决策的关系导向强烈的环境中，制度的规范性较差，"人治"氛围浓厚，"法治"相对不健全，管理决策中基于私人关系的弹性运作空间较大。因此，从信任的理论视角来看，上级基于私人关系的人事决策与资源分配，造成程序公平的缺失，首先可能导致组织成员对上级和管理信任的下降，其次可能降低对喜欢"搞关系"的其他群体成员的信任。并且以往研究表明，程序公平会降低下级对组织的信任（Tan 和 Tan，2000），下级所感知的人际公平与下级对主管忠诚、主管信任正相关（Wong、Wong和 Ngo，2002）。关系导向人事决策实践会降低下级对组织管理的信任（Chen、Chen 和 Xin，2004），不利于下级的角色内与角色外绩效（Hsu 和 Wang，2007）。我们推论，当群体中的人事决策注重成员间尤其是上下级间的私人关系时，群体内可能存在低度信任水平。因此，我们提出如下假设。

H6：工作群体中关系导向人力资源管理实践与群体信任负相关。

二、研究方法

1. 样本与调查程序

由于上下级间关系性资源交换的现象在下级与其直接上级之间较为多见，这种现象在其所在部门中更容易对其他下级产生影响，本研究以工作群体（部门）为抽样单位，在不同组织部门中随机抽取多名下级及部门主管，进行问卷调查。其中，下级填写主管基于关系的工具性资源回报、上级信任、工作绩效问卷，同时评价其所在部门的关系导向人力资源管理实践、程序公平氛围和群体信任状况，部门主管仅评估不同下级的关系行为。为了保证下级—主管的数据配对，我们在问卷调查中采用了一个编码系统，以匹配下级与主管的问卷填答。这种较为严谨的研究设计，一定程度上能避免共同方法偏差，降低被试对填答问卷的敏感性，且符合上下级关系互动的实际。

被试来自北京、上海、湖北、江西、广东等地多家国有企业和民营企业，涉及石化、纺织、教育、电信、医疗、人力资源等多个行业。在调查程序上，研究人员与不同企业的人事部门一起确定调查的部门及其上下级名单。在企业助手的带领和协助下，研究人员进行现场调查，并当场收回问卷。对回收的问卷进行了上下级的配对，剔除了填写不完整和上下级无法匹配的废卷，最终获得 414 份有效个体问卷。下级—主管匹配后的有效填答率为 83%，其中有 84.3% 的被试与其直接主管保持了 1 年以上的上下级关系。在有效样本中，国有企业占 67.4%，民营企业占 32.6%；男性占55.6%，女性占 44.4%；25 岁及以下占 20.3%，26~30 岁占 12.9%，31~35岁占 14.6%，36~40 岁占 21.4%，40 岁以上占 30.8%；管理岗位占 34.9%，技术岗位占 23.3%，行政后勤占 17.4%，生产岗位占 17.2%，销售岗位占 7.2%。同时，我们将回收的 414 份个体数据，按照所在的工作部门进行分组，最终分属于 52 个部门，部门中的个体人数在 6~10 人之间，平均每个部门包含 8 名个体，这在一定程度上能保证部门样本的代表性。

2. 测量工具

下级关系行为。采用我们自编的（详见本书第五章）的下级关系行为问卷，该问卷包含 9 个测量条目，比如"工作之余，与我一起吃饭或从事休闲活动""逢年过节上门看望我"，采用 Likert 6 点计分，由部门主管填写。在本研究中，该问卷的 Cronbach α 系数为 0.93。

工具性资源回报。采用我们自编的（详见本书第五章）上级工具性资源回报问卷，该问卷包含 6 个测量条目，比如"基于我们的私人关系，上级会想方设法提拔我""基于我们的私人关系，上级在奖金报酬的分配上更为照顾我""基于我们的私人关系，上级在绩效考核上会给我很好的评价"，采用 Likert 6 点计分。在本研究中，该问卷的 Cronbach α 系数为 0.90。

上级信任。采用 Podsakoff、MacKenzie、Moorman 和 Fetter（1990）的4 个条目问卷，Farh 等（1998）在其研究中也采用过，采用 Likert 6 点计分。本研究在进行因素分析时，发现其中有一个反向计分题"我的主管可能采取欺骗员工的手段来获得晋升"的负荷较低（负荷值为 0.54，其余三题均在 0.80 以上），故在后续统计分析中将其删除。在本研究中，该问卷的 Cronbach α 系数为 0.87。

工作绩效。采用 Williams 和 Anderson（1991）编制的 4 个条目的自评工作绩效量表，分别是"我的上级对我的工作成绩比较满意""和同事相比，我的工作成绩比较优秀""同事对我的工作成绩评价比较高""我的工作成绩经常受到单位的表扬"，采用 Likert 6 点计分。在本研究中，该问卷的 Cronbach α 系数为 0.84。

关系导向人力资源管理实践。Chen、Chen 和 Xin（2004）首先开发了 5 个条目的基于关系的人事决策实践量表，后来 Chen 等（2011）将其修订为 4 个条目。以上均为英文量表，本研究对其进行了翻译和回译，但两个版本的问卷条目有差异，综合后获得了 7 个条目，根据 Chan（1998）所提出的"指称迁移共识模型"，所有条目均以"在我所工作的部门内"为指称，比如"本部门绩效考核的结果经常受到与上级关系的影响""本部门内工作任务的安排取决于与上级的关系"等，采用 Likert 6 点计分。基于本研究的 414 名下级样本数据所进行的因素分析，结果表明该问卷为单维度，解释的变异量为 70.90%。在本研究中，该问卷的 Cronbach α 系数为 0.93。

程序公平氛围。采用刘亚、龙立荣和李晔（2003）开发的 6 个条目的程序公平量表。为了测量群体的特性，所有条目均以"本部门"为指称。比如"本部门的人事与分配工作公开透明""本部门的人事与分配制度能够代表大多数人的意愿"等，采用 Likert 6 点计分。在本研究中，该问卷的 Cronbach α 系数为 0.93。

群体信任。采用 Luo（2005）的 9 个条目的简化版组织信任量表，其原版为 Cummings 和 Bromiley（1996）所开发，并在组织研究中广泛应用。由于本研究衡量的是群体内的信任存量，所有条目的指向均为"本部门"，比如"我们部门鼓励大家开放坦白""我们部门的同事可以自由地交换信息与意见"，采用 Likert 6 点计分。在本研究中，该问卷的 Cronbach α 系数为 0.93。

在本研究中，我们控制了被试的性别、年龄、教育程度、职位层级、工作任期、上下级关系年限等人口学变量。

三、研究结果

1. 个体层面的研究结果

（1）描述性统计与相关分析结果

表 9-1 呈现的是各变量的描述性统计及相关分析结果，从表中数据可知，工作绩效、关系行为、工具性资源回报与下级知觉的上级信任之间均存在不同程度的相关（0.30~0.60），但仅由相关系数还难以推知不同变量之间的作用机理。

表 9-1　变量的描述性统计与相关分析结果

变量	M	SD	1	2	3	4
1. 关系行为	3.100	1.108	（0.93）	—	—	—
2. 工具性资源回报	3.473	1.042	0.594**	（0.90）	—	—
3. 上级信任	4.128	1.101	0.362**	0.495**	（0.87）	—
4. 工作绩效	4.173	0.801	0.344**	0.400**	0.326**	（0.84）

注：表中括号内的数据为量表的 Cronbach α 系数；**$p < 0.01$。

（2）假设检验

采用层级回归分析方法（Hierarchical Regression）探讨下级关系行为、上级工具性资源回报、上级信任、工作绩效之间的关系。控制变量包括人口统计学变量，如性别、年龄、教育程度、职位层级、工作任期和上下级关系的年限。表 9-2 和表 9-3 为回归分析的结果。

从表 9-2 中的结果可知，下级关系行为对上级工具性资源回报具有显著的正向预测作用（β =0.60，$p < 0.01$，ΔR^2=0.334）（见 M1）；上级工具性

资源回报对下级感知的上级信任具有显著正向预测作用（β =0.46，$p < 0.01$）
（见 M2）；下级关系行为对上级信任具有显著的正向预测作用（β =0.33，
$p < 0.01$，ΔR^2=0.103）（见 M3），假设 H1 得到验证。但将下级关系行为
与上级工具性资源回报这两个变量同时纳入回归方程时，关系行为对上级
信任的预测作用变为不显著（β =0.08，$p > 0.05$），而工具性回报对上级
信任依然具有显著的正向预测作用（β =0.41，$p < 0.01$，ΔR^2=0.213）（见
M4）。根据中介效应检验程序可推断，工具性资源回报在下级关系行为与
上级信任的关系中起着完全中介的作用，假设 H3 得到验证。

表 9-2　上级信任对关系行为、工具性资源回报的层级回归结果

变量		M1/工具性资源回报		M2/上级信任		M3/上级信任		M4/上级信任	
		β	t	β	t	β	t	β	t
控制变量（step1）	性别	0.04	0.72	−0.12	−2.21*	−0.12	−2.21*	−0.12	−2.21*
	年龄	0.09	0.94	0.34	3.78**	0.34	3.78**	0.34	3.78**
	教育程度	0.04	0.71	−0.08	−1.39	−0.08	−1.39	−0.08	−1.39
	职位层级	0.06	1.06	0.06	1.08	0.06	1.08	0.06	1.08
	工作任期	−0.20	−2.12*	−0.36	−3.86**	−0.36	−3.86**	−0.36	−3.86**
	上下级关系年限	0.06	0.85	0.07	0.96	0.07	0.96	0.07	0.96
预测变量（step2）	关系行为	0.60	14.02**	—	—	0.33	6.87**	0.08	1.53
	工具性资源回报	—	—	0.46	10.49**	—	—	0.41	7.64**
调整后的 R^2		0.34**		0.27**		0.16**		0.27**	
ΔR^2		0.334**		0.209**		0.103**		0.213**	

注：①表中数值 β 为标准化的回归系数。② *$p < 0.05$，**$p < 0.01$。

从表 9-3 的结果可知，下级关系行为对上级工具性资源回报具有显
著的正向预测作用（β =0.60，$p < 0.01$，ΔR^2=0.33）（见 M1）；上级工
具性资源回报对工作绩效具有显著正向预测作用（β =0.40，$p < 0.01$）
（见 M2）；下级关系行为对工作绩效具有显著的正向预测作用（β =0.34，
$p < 0.01$，ΔR^2=0.11）（见 M3），假设 H2 得到验证。但将关系行为与

工具性资源回报这两个变量同时纳入回归方程时，关系行为对工作绩效的预测作用明显地下降（$\beta = 0.15$，$p < 0.01$），而工具性资源回报对工作绩效依然具有显著的正向预测作用（$\beta = 0.31$，$p < 0.01$，$\Delta R^2 = 0.27$）（见 M4）。根据中介效应检验程序可推断，上级工具性资源回报在下级关系行为与工作绩效的关系中起着部分中介的作用，假设 H4 得到验证。

表 9-3　工作绩效对关系投入、工具性资源回报的层级回归结果

变量		M1：工具性回报		M2：工作绩效		M3：工作绩效		M4：工作绩效	
		β	t	β	t	β	t	β	t
控制变量（step1）	性别	0.04	0.72	0.03	0.55	0.03	0.55	0.03	0.55
	年龄	0.09	0.94	0.06	0.68	0.06	0.68	0.06	0.68
	学历	0.04	0.71	0.04	0.78	0.04	0.78	0.04	0.78
	职级	0.06	1.06	0.14	2.54*	0.14	2.54*	0.14	2.54*
	工龄	−0.20	−2.12*	−0.06	−0.67	−0.06	−0.67	−0.06	−0.67
	上下级关系年限	0.06	0.85	0.25	3.58**	0.25	3.58**	0.25	3.58**
预测变量（step2）	关系行为	0.60	14.02**	—	—	0.34	7.23**	0.15**	2.72**
	工具性资源回报	—	—	0.40	9.04**	—	—	0.31	5.81**
调整后的 R^2		0.34**		0.26**		0.21**		0.17**	
ΔR^2		0.33**		0.16**		0.11**		0.27**	

注：①表中数值 β 为标准化的回归系数。② $*p < 0.05$，$**p < 0.01$。

2. 部门层面的研究结果

（1）群体变量的测量质量

在组织与管理研究中，个体层面的分析结论，通常不能简单地推广至群体层面（Morgeson 和 Hofmann，1999）。解决此类问题的常见策略是以群体内的个体为施测对象，当个体水平的测量能满足数据聚合的条件时，通过聚合个体数据来反映群体的特性（Podsakoff 和 MacKenzie，1997；Bliese，2000）。

本研究中群体变量的测量均在个体层面进行，需要将个体数据聚合到

群体层次。为了评估聚合的可靠性程度，采用了三个常用的指标，即组内相关 ICC（1）、ICC（2）和组内一致度 R_{wg} 均值，并对照其临界值标准（Dixon 和 Cunningham，2006），结果见表 9-4。方差分析（ANOVA）结果显示三个群体变量的组间均方差均大于组内均方差，F 检验的统计量均在 0.001 水平上显著，表明组内相似性大于组间相似性，换言之，不同群体间存在显著差异。此外，除程序公平氛围的 ICC（2）值小于 0.70 以外，其他变量的 ICC（1）、ICC（2）和 R_{wg} 均值均在临界值范围之内。由于多层研究很难获得大规模的群体样本，有学者认为，如果有理论支持数据的聚合，并且 R_{wg} 均值较高且组间方差显著，即使 ICC（2）值相对较低，聚合也是可行的（Chen 和 Bliese，2002；Kozlowski 和 Hattrup，1992）。本研究中程序公平氛围的 R_{wg} 均值为 0.84，并且组间方差显著，因此我们认为聚合也是可行的。

表 9-4 个体数据聚合为群体变量的有效性指标

变量	F	R_{wg} 均值	ICC（1）	ICC（2）
关系导向人力资源管理实践	4.81***	0.75	0.32	0.79
程序公平氛围	3.31***	0.84	0.18	0.64
群体信任	3.50***	0.92	0.24	0.71
临界值标准	显著性检验	> 0.70	0~0.50	> 0.70

注：***$p < 0.001$。

（2）假设检验

在表 9-5 的群体样本相关分析结果中，关系导向人力资源管理实践与程序公平氛围（$\gamma = -0.58$，$p < 0.01$）、群体信任（$\gamma = -0.40$，$p < 0.01$）均为显著的负相关，而群体的程序公平氛围与群体信任之间为显著的正相关（$\gamma = 0.55$，$p < 0.01$）。

表 9-5　群体变量的描述性统计与相关分析结果

变量	M	SD	GHRMP	程序公正氛围	群体信任
GHRMP	3.37	0.75	（0.93）	—	—
程序公正氛围	3.89	0.53	−0.58**	（0.93）	—
群体信任	4.09	0.52	−0.40**	0.55**	（0.93）

注：GHRMP= 关系导向人力资源管理实践；表中括号内的数据为量表在个体水平上的 Cronbach α 系数；**$p < 0.01$。

我们对群体样本的数据进行回归分析，结果见表 9-6。以关系导向人力资源管理实践为预测变量，程序公平氛围为因变量，得到标准化的回归系数 $\beta = -0.58$（$p < 0.01$），说明部门内关系导向的人力资源管理实践对程序公平氛围具有显著的负向影响，假设 H5 得到验证。以群体信任为因变量，关系导向人力资源管理实践为预测变量，得到标准化的回归系数 $\beta = -0.40$（$p < 0.01$），说明关系导向人力资源管理实践与群体信任具有显著负相关，假设 H6 得到验证。

表 9-6　GHRMP 对群体信任、程序公平氛围影响的回归分析

预测变量	$M1$: 群体信任			$M2$: 程序公平氛围		
	β	SE	t	β	SE	t
GHRMP	−0.40	0.09	−3.11**	−0.58	0.08	−5.03**
R^2	0.16**			0.34**		
调整后的 R^2	0.15**			0.32**		

注：**$p < 0.01$。

四、讨 论

1. 个体层面的积极效应

根据以往研究的不足，本研究基于关系行为视角，以关系投入—资源回报的概念架构，展现组织中上下级的关系互动，这一概念模型在本研究

中进一步得到证实。值得注意的是，当我们控制了下级的人口学变量和上下级关系年限时，下级关系行为对上级的工具性资源回报具有十分显著的预测作用，这说明在中国组织背景中，关系行为在帮助下属获取上级资源回报的过程中，仍然具有很强的"力量"。该结果与 Law 等（2000）、Chen 等（2011）、刘军等（2008）、傅博等（2019）的研究结论基本一致。由此印证了 Warner 和 Zhu（2002）的观点，尽管中国组织越来越重视先进技术和制度规范，但关系的影响力在中国社会依然十分强大。虽然许多组织在管理中力图淡化关系的影响，却无法动摇传统儒家文化和价值观塑造的社会基础。正如很多研究者所指，关系的作用在未来中国乃至东亚地区及其组织中将持续下去（Lovett、Simmons 和 Kali，1999；Millington、Eberhardt 和 Wilkinson，2005）。由此得到的启示是，在组织中下级与上级建立和发展私人关系，能有效地帮助下级动员上级所控制的组织资源，下级除了努力工作以外，与上级建立并发展更为密切的私人关系也是不可忽视的，相较于西方社会而言，这是中国组织中一个十分独特的现象。

下级与上级之所以能进行关系互动，原因可能是多方面的。第一，根据声望理论（Laumann，1996），人们一般更喜欢与高社会地位的人交往，这在组织中也不例外。一方面，下级的发展也离不开上级"提携"和"栽培"，与上级的私人关系是下级可利用的社会资本。另一方面，因为与上级的特殊关系，下级在群体中便具有心理优势和符号意义。第二，上级与下级的社会交换，源于中国社会特有的"人情"压力和"报"的规范。人情作为一种社会交换资源，不仅包括投入的具体财物或服务，还包括抽象的情感。下级对与上级关系方面的投入越多，上级的"人情"压力便越大，必须找机会给予回报。上下级间的关系既不像亲属与血缘关系那样以义务性情感为主，也不像纯粹的工具性关系那样"合则来，不合则去"。中国传统伦理非常重视受恩回报的义务，对于知恩不报的人，人们往往说他"忘恩负义""过河拆桥"，视为极大的不道德。第三，中国人往往将资源分配情境理解为一种复杂的人际交往情境来对待，很难像西方人那样采取"就事论事"的方式，即倾向于根据自己与对方的关系来做出决策，即便在分配情境中面临来自人情和分配公平两个相互矛盾的要求时，分配者更倾向于调和"情"与"理"，采取"合情合理"的方法（Chen、Chen 和 Xin，2004；Zhang 和 Yang，1998）。因此在中国组织中，上级基于私人关系而进行资源分配决策的行为就不难理解了。

与我们的假设一致，本研究发现，下级关系行为会通过上级工具性资源回报的中介作用，进一步提升下属感知的上级信任和任务绩效。该结果进一步验证了下级与上级的关系互动和基于私人关系所进行的社会交换行为的有效性，即下级对上级的关系行为投入，会通过上级的行为反应（如资源回报），一方面进一步影响双方的关系品质，尤其是下级对上级的信任，另一方面，还能有效促进下级的工作绩效，这是上下级关系交换在个体层面的"收益"。

2.集体层面的消极效应

下级的关系行为一般发生在工作之余或"台面以下"，但上级的工具性资源回报是公开的，并且动用的是组织资源，涉及每个成员的切身利益。因此，在某一组织部门中，上级基于与下级成员的私人关系而做出的带有"偏私"性质的资源分配行为，并不会真正地隐藏在台下而不为人知。由于中国社会和组织中存在错综复杂的关系网络，这些资源交换现象，可能通过社会信息处理与传播机制，被部门成员感知和共享，进而影响部门的氛围与特征。关系导向人力资源管理实践概念反映的正是部门（群体）上级的人力资源决策依赖上下级私人关系的程度，同样，这种人力资源决策实践会被部门（群体）成员所感知和共享。这也是本研究将关系导向人力资源管理实践作为群体层面分析切入点的原因。我们的实证研究表明，在部门层面，关系导向人力资源管理实践会对程序公平氛围、群体信任水平产生严重的损害。傅博等（2019）的跨层次研究同样证实了关系实践对员工绩效的"双刃剑"效应：在个体层面，关系实践对员工角色内绩效和组织公民行为具有正向影响，工作满意度起到部分中介作用；在群体层面，关系实践对员工角色内绩效和组织公民行为具有负向影响，程序公平感知起到完全中介作用。

正如 Han 和 Altman（2009）所指，上下级关系的积极效应体现在互惠交换中，消极效应则体现在知觉的不公平，以及以上级为对象的印象管理中。当能力、劳动价值和绩效已成为组织普遍接受的分配原则时（Chen，1995；He、Chen 和 Zheng，2004），基于私人关系导向的人力资源管理决策实践，更多地体现特殊主义原则下的人际互动和资源分配法则。近些年来，中国社会的现代化进程，以及政治、经济、管理领域的各种变革，对各种关系行为和特殊主义，也造成了一定程度的冲击。比如许多管理者经常会有意识地与各种"关系"保持一定距离。这里的中国价值系统就是具有两千多年历史的儒家文化传统和价值观，这一文化价值观塑造了中国社会基础，塑造了中国人的心理和行为，也影响着组织管理。因此，适用于个体间的特殊主义，一旦上升到集体层面，便与普遍主义原则相冲突，并以破坏集体共享的程序公平氛围、损害集体的信任为成本和代价。

3. 研究贡献

本研究从中国文化和本土概念出发，深入探讨中国企业组织中上下级关系的运作和互动的多重效应。主要贡献如下：第一，从关系行为的视角拓展了上下级关系的概念，将组织内关系基础、关系质量的研究引向关系运作的层面。第二，以关系投入—资源回报的概念架构来展现企业中下级与上级的关系互动。第三，揭示了上下级间基于私人关系的资源交换，给关系主体带来的"收益"，与此同时集体（如部门）可能付出的成本和代价。本研究有助于深入理解中国企业组织中上下级之间的关系运作机制与效果，以及关系的"双刃剑"效应，对管理者处理好上下级关系具有重要的启示。比如本研究表明，管理者基于关系行为给予下级工具性资源回报，虽然有助于收获下级的信任，提升上下级关系品质和下级的工作绩效，但可能以破坏集体的公平氛围、牺牲集体信任为代价，这一研究结果提示管理者面对关系行为必须权衡其利弊。

4. 研究不足与展望

本研究的不足之处在于，采用横向研究设计，在逻辑上并不能完全展现上下级关系互动的过程。由于样本获取和数据搜集的难度，部门样本量较小，本研究主要关注个体和群体层面，没有提升到组织层面，对下级绩效的测量也仅采用自评方式，可能存在偏差。此外，本研究虽然采用下级—上级的对偶设计，但可能仍然无法有效解决测量的敏感性和社会称许性问题。因此，未来有必要采用纵向研究设计，以确证变量之间的因果关系，也可考虑采用实验法和案例研究等质性方法，进一步探讨上下级关系运作对于组织的其他成员以及组织集体的影响。此外，未来还有必要更多地关注上下级关系互动中情绪和情感成分的功能（如能否抑制关系的消极效应）和作用机制，这对关系管理具有重要的实践意义。

第十章　第三方视角下的
上下级关系

　　关系既有积极的一面，也有消极的一面，正如一枚硬币有正反两面一样，但以往研究过度关注上下级关系对关系运作主体（下级）的积极效能，忽视了关系潜存的消极后果。第九章中的研究初步揭示了下级关系行为可能对集体产生的消极影响，在本章里，我们将继续探讨关系的消极面。另外，以往主要基于对偶设计来研究上下级关系，将关注点聚焦于关系互动的双方，鲜有三方关系的研究。比如，上下级关系互动是否会对团队中其他下级（第三方）产生影响？目前这样的研究还很少见。

　　我们认为，上下级关系互动并不全是"潜藏在台面下"而不为人知的行为，上下级双方的关系互动行为也会通过各种途径被其他下级（员工）所知，可能会对第三方下级产生一些影响。但目前这方面的研究比较少见。最后，组织中的人际关系既包含工具性成分，也包含情感性成分，但以往研究过度关注上下级关系互动中的工具性成分，即与上级的私人关系所带来的直接或间接的工具性利益，如升职、奖酬分配、绩效考核、工作安排、职业发展等，相对忽视了关系的情感性成分及其效能。是否上下级关系互动中工具性成分和情感性成分有着不一样的效果？目前也缺乏研究。因此，本章的主要目的是考察上下级之间不同类型的关系互动（工具性关系互动、情感性关系互动）对第三方下级心理感受的影响（如程序公平、上级信任、同事信任）。

一、文献回顾与研究假设

1. 上下级关系互动的"两面性"

其实，研究者很早就注意到组织成员之间私人关系的"两面性"，但这方面大多是理论分析，实证研究较少。主要的理论观点如下：其一，关系效能往往针对某一具体情境中某一特殊人、事、物，关系是一把"双刃剑"，对组织中的特殊个人和特殊事件而言，关系会产生正向的功效，但对例行性的组织运作、组织中的其他人、集体利益而言，关系可能会体现出负面性（周丽芳，2002；Warren、Dunfee 和 Li，2004）。其二，关系的正面影响更多地体现在经济利益方面，而负面影响则更多地表现在企业伦理、道德和集体层面，导致了腐败贿赂、特殊待遇、裙带关系、任人唯亲、台面下的交易等（Tan 和 Snell，2002；Fan，2002；Su、Sirgy 和 Littlefield，2003；Millington 等，2005）。因此研究者呼吁，要关注组织成员间私人关系的负面性或"阴暗面"（Hsu 和 Wang，2007；Chen 和 Chen，2009）。

一些实证研究开始探讨上下级关系在个体层面和集体层面的"双面效应"。如 Chen、Chen 和 Xin（2004）基于个体层面的研究发现，当下级发现组织基于私人关系来进行人力资源管理决策时，其程序公平感会降低（中介作用），进而会降低对组织管理的信任。另一项跨层次研究发现，在个体层面上，与上级有着良好私人关系质量的下级，能从上级处获得更多的关系性"回报"，并认为上级的资源分配程序是公平的；但在群体层面上，当下级普遍感觉到人力资源管理决策体系是系统地基于个人与上级的私人关系时，下级们对程序公平的判断又会显著下降（Chen、Friedman、Yu和Sun，2011）。而我们在第九章的研究也表明，在个体层面，对上级的关系行为投入会给下级带来有益的工具性利益好处，但在群体层面，关系导向人力资源管理实践会损害群体内的程序公正氛围和群体信任。

以上研究说明，上下级关系互动在给下级物质利益带来积极影响的同时，在集体层面上也会带来消极影响。那接下来的问题是，发生在个体层面的上下级关系运作，究竟是如何导致集体层面的消极效应的？上下级之间工具性关系互动和情感性关系互动是否具有不一样的影响后果？要回答这一问题，有必要引入第三方视角。

2. 第三方视角下的上下级关系互动

在现实中，下级一般仅面对一名直接上级，但上级需要同时管理多名下级，因此在同一部门中的不同下级之间会出现针对上级的资源"竞争"局面。但在以往上下级关系的对偶研究中，很少考虑第三方下级的心理和反应。一方面，上下级之间的关系互动过程与结果的信息，会通过个体间的关系连带、社会网络和非正式组织的途径，被群体中其他人员"共享"；另一方面，上下级之间的关系交换，如"下级关系投入—上级资源回报"，涉及群体中其他成员和集体的利益，其他下级也会保持敏感。通过社会影响机制，如社会信息处理和社会化过程，群体内其他成员关于"某某"与上级关系运作的消极经历和判断，会相互影响，并最终形成群体成员共享的认知。"上级—下级—其他下级"是一个集体的缩影，基于第三方下级心理反应的研究结果，可推论至其他集体成员，成为解释组织中关系的个体效应与集体效应的"中介"与"桥梁"。

在中国人的关系行为中，人们往往根据关系有差别性地对待他人，并给部分个体带来特殊的利益。上下级关系是一种非正式的、特殊性社会交换关系，下级与上级之间的关系互动主要表现为两种类型：一是下级在工作之余对上级进行关系行为投入，并因此获得上级给予的工具性资源回报，如晋升机会、任务安排、奖金分配、绩效考评、培训发展等方面直接的物质性利益，可称之为上下级间的"工具性关系交换"（instrumental guanxi exchange），或"工具性互动"；二是下级在工作之余对上级进行关系行为投入，并因此获得上级给予的情感性资源回报，如关怀、接纳、友善、分享、鼓励、宽容等主观性精神回报，可称之为上下级间的"情感性关系交换"（affective guanxi exchange），或"情感性互动"。下面我们将分别讨论上述两种类型的关系互动对第三方下级心理反应的影响。

3. 上下级关系互动与第三方的心理反应

对于上下级之间基于私人关系的资源交换行为，群体中其他成员最重要的心理反应变量有二：一是"公平"，二是"信任"。根据公平启发论（Van den Bos 和 Lind，2001），当上级基于私人关系而进行资源分配时（特别是工具性资源分配），容易影响群体中其他成员（如第三方下级）对程序公平的判断。因为这种资源分配行为体现了特殊性、差别化的资源分配标准，事关其他成员的切身利益，与组织中普遍性的制度规范和公平正义观发生冲突，而价值、公平和绩效早已是人们普遍接受的，并在组织中占主导性的分配法则（He、Chen 和 Zheng，2004；Bozionelos 和 Wang，2007）。正如 Xin 和 Pearce（1996）所指，关系部分替代了正式的法制安排，形成超越惯例、规范与法律之上的某些特权。在注重制度规范和公平正义的组织环境下，上下级之间的关系与资源交换，反映群体中"人治"气氛浓厚，在人事管理决策中私人关系的弹性操作空间较大。一些实证研究能为上述推断提供间接证据，例如，当下级感知到人力资源管理决策是基于管理者与下级的私人关系时，下级对程序公平的判断会下降（Chen、Chen 和 Xin，2004；Chen 等，2008；Chen、Friedman、Yu、Fang 和 Lu，2009）。

　　信任对于管理而言意义非凡。组织中如果存在高水平的信任，不仅可以极大地节约组织管理和监督成本，而且可以产生比监督更好的效果，如下级表现出较高的工作满意度、工作投入、组织承诺、工作绩效、对管理者的服从与忠诚，较低的离职意愿，以及较多的组织公民行为、人际合作与知识分享行为等（De Cremer 和 Tyler，2007；Ferrin、Dirks 和 Shah，2006；徐海波、高祥宇，2006；李宁、严进、金鸣轩，2006）。中国人缺乏法制化的信任，关系运作是中国人建立和增强人际信任的重要机制（Peng，1998）。以往研究虽然表明，上下级关系及其互动能增强双方的信任（Farh 等，1998；Tsui 等，2000；Ngo 和 Wong，2003；Wong 等，2010），但上下级关系互动对于群体中第三方下级感知的上级信任、同事信任有何影响，目前还缺乏实证研究。这也是本研究所关心的主要问题。虽然下级与上级之间的私人关系互动可能会影响第三方下级感知的程序公平、上级信任和同事信任，但不同类型的关系互动的影响效果可能存在差异。

　　对于中国人而言，直接的、赤裸裸的物质利益交换往往让人难以接受，而最有效的方式则是在关系互动中，渗透情感的投入与交换。但遗憾的是，以往的研究大多关注关系的工具面，对关系的情感面的研究相对不足。Peng（1998）的研究表明，在长期的合作关系中，加深情感的关系运作方法较受重视，而在一次性交往中，利用关系网或利益给予的方法较受重视。中国的传统价值观一直提倡"重义轻利"。因此，下级在工作之余对上级进行关系行为投入，结果换来上级的情感性回报，比如接纳、关怀、鼓励和支持等，这种关系运作在中国社会中应是符合儒家思想中"仁""义"的伦理、道德标准和价值观的。并且，在重关系、重情感的中国文化背景下，上级给予下级的情感性资源回报行为，在人们看来，可能既不被认为徇私枉法，又不缺少"人情味"，符合"德行领导"与"仁慈领导"的典范，并由此给下级以积极影响（Cheng、Farh、Chang 和 Hsu，2002；周浩、龙立荣，2007）。由此我们可以推论，与工具性关系交换的效果相反，上下级间的情感性关系交换，可能会给群体中的其他下级所感知的上级信任和同事信任以积极影响。

综上所述，我们的研究问题是：上下级间的关系互动，即双方基于私人关系而进行的社会交换行为，对群体内第三方下级感知的程序公平、上级信任和同事信任有怎样的影响？上下级间的工具性与情感性关系交换是否存在差异化的效果？我们提出如下研究假设。

H1：上下级间的关系互动，会影响第三方下级感知的程序公平感、上级信任和同事信任；但不同类型的关系互动的影响效果存在差异。

具体而言，上下级间的工具性关系交换行为，会给第三方下级感知的程序公平、上级信任和同事信任带来消极影响，而上下级间的情感性关系交换行为，会给第三方下级感知的程序公平、上级信任和同事信任带来积极影响。考虑到以往研究证实，程序公平是下级对组织信任、上级信任的前因变量（Tan 和 Tan，2000；Wong、Wong 和 Ngo，2002），我们进一步提出如下研究假设。

H2：程序公平感在上下级关系互动对第三方下级感知的上级信任、同事信任的影响中起着中介作用。

研究变量关系如图 10-1 所示。

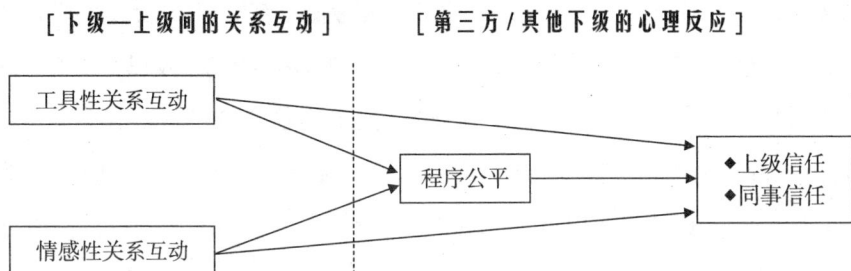

图 10-1　本研究的模型示意图

二、研究方法

1. 实验设计

本研究将通过情景模拟实验法（scenarios）来检验以上假设，采用单因素的完全随机设计。自变量为上下级关系交换，包含两个水平，即"工具性关系交换"和"情感性关系交换"，由此构成两种实验处理。中介变量为第三方下级感知的"程序公平"，因变量为第三方下级感知的"上级信任""同事信任"。采取情景模拟故事来呈现两种刺激情景（即实验处理），每名被试随机接受一种实验刺激。

2. 实验被试

实验被试全部来自企事业单位员工，主要有三个来源：一是某高校的在职 MBA 学员，二是来自不同的企事业单位的在职培训班学员，三是 4 家企事业单位的员工。参与实验研究的被试总共 380 人，回收有效样本 357 份，有效回收率为 94.0%。其中，男性占 57.3%，女性占 42.7%；25 岁及以下占 32.8%，26~30 岁占 55.2%，31~35 岁占 7.3%，36~40 岁占 2.7%，41 岁以上占 2.0%；被试的平均工龄为 5.2 年；高中及以下学历占 2.7%，中专占 2.0%，大专占 34.0%，本科占 52.6%，研究生及以上占 8.7%；管理岗位占 26.1%，生产岗位占 4.0%，技术岗位占 23.3%，销售岗位占 19.3%，行政岗位占 27.3%；国有企业占 22.5%，民营企业占 47.6%，外资企业占 7.8%，行政事业单位占 22.1%。

3. 实验材料与程序

研究前期，在某在职下级培训班上，我们实施开放式问卷调查。调查对象总共 27 名，来自不同企事业单位，主要目的是请被试根据所在单位的实际情况，回忆一个某同事在本单位与某主管或上级进行关系交换的真实事例，并说明对该同事、相关上级以及所在部门或单位的看法和态度。对开放式问卷调查的结果进行整理后，发现在工作岗位的"升迁调动"过程中，关系运作最具典型性（68%的被试报告了此类事例）。因此，我们将"晋升"作为本研究的情景故事背景，并编制了两则有关员工"晋升"的情景故事材料，分别展现上下级之间的"工具性关系交换"和"情感性关系交换"，即在情景故事中对自变量进行操作。

在实验材料中，我们设置了如下背景："我与李明在某单位的同一个部门工作。有一天，我们部门的一个副职岗位出现了空缺，决定进行内部招聘。人力资源部对所有岗位申请者进行了考察和筛选，李明和另一位同事的能力和资格条件相当，符合该岗位的各项要求，被推荐给我们的部门上级作最后的决策。"我们将工具性关系交换操作为"在工作之余，李明与我们部门上级建立了非常好的私人关系。结果，部门上级提拔了李明，没有提拔另一位同事"；将情感性关系交换操作为"虽然在工作之余，李明与我们部门上级建立了非常好的私人关系。但结果部门主管没有提拔李明，而是提拔了另一位同事。事后，部门主管经常安慰并鼓励李明，待他依旧坦诚友善，并继续与他保持良好的私人关系和感情"。

两则故事材料随机发放给被试，即每名被试随机接受一种刺激情景。通过指导语告诉被试，他们会读到一则关于"晋升"的故事，假设他们就是故事中的"我"，要求他们首先仔细阅读这则故事，然后根据自己在故事中的真实感受和体会，回答后面的问题。

为了保证实验的有效操作，在正式实验之前，我们在郑州某在职研究生班（随机选择了 20 人为被试），以及武汉地区某在职下级培训班上（随机选择了 32 人为被试），先后进行了 2 次预备实验。实验过程由研究者亲自主持，主要目的是观察实验的进行过程，了解实验过程中可能发生的情况，尤其是考察被试对指导语的理解，以及实验操作的有效性。根据预备实验的结果，对指导语、故事中的语言以及反应变量进行了部分修改后，进入正式实验阶段。

4. 反应量表

（1）自变量的操作性测量

反应量表的内容分为两个部分。前一部分考察被试在刺激情景故事的基础上，体验到的上下级间关系交换的类型。对工具性关系交换的测量采用了 3 个题项，分别是"部门上级基于私人关系给予了李明实实在在的好处""由于私人关系，部门上级在职位升迁上有些照顾李明""李明与部门上级建立私人关系得到人事安排上的回报"，3 个题项的 Cronbach α 系数为 0.77。对情感性关系交换的测量同样采用了 3 个题项，分别是"由于私人关系，部门上级仅给予李明情感上的补偿""由于私人关系，部门上级在人事安排上仅给予李明情绪上的关照""李明与部门上级建立的私人关系仅得到情感上的回报"，3 个题项的 Cronbach α 系数为 0.75。以上量表中所有题项均采用 Likert 5 点计分，1 到 5 分别表示"完全不同意"到"完全同意"。

（2）中介变量和因变量的测量

反应量表的后一部分为中介变量和因变量的测量，包括程序公平、上级信任和同事信任。程序公平是根据刘亚、龙立荣和李晔（2003）开发的程序公平量表而改编的，共 4 个题项，比如"在该部门，晋升决策能代表部门内大多数人的意愿""在该部门，晋升程序是不存在任何偏见的"，在本实验研究中其内部一致性 Cronbach α 系数为 0.82。

上级信任采用 Podsakoff、MacKenzie、Moorman 和 Fetter（1990）的 4 个题项的上级信任问卷，本研究将其中的一个反向计分题改为了正向计分，比如"我相信部门上级是个正直的人""在多数情况下，我都会支持部门上级"，其 Cronbach α 系数为 0.80。

同事信任采用的是 Mcallister（1995）的人际信任中的情感信任量表，原量表共 5 个题项，本研究采用了其中的 4 个题项，并根据研究的情景在语言上进行了适当的修改，比如"我能自由地与李明分享我的思想、感受和希望""如果李明因工作变动离开我们部门，我会觉得很遗憾"，其 Cronbach α 系数为 0.77。

5. 实验控制

首先，通过指导语告诉被试，本研究不记姓名，要求他们按照自己在故事中的真实感受作答，不要有任何顾虑。两则情景故事随机发放，其中，上下级间工具性关系交换实验处理下的被试为 181 人，上下级间情感性关系交换实验处理下的被试为 176 人，并保证被试在性别、单位性质、岗位类型等方面的平衡。

另外，前期的开放式问卷调查发现，"能力"与"资历"条件也是影响下级晋升的关键因素，在晋升决策中也往往被重点考虑，并会影响其他下级对晋升过程与结果的看法和态度。因此，在本研究中，能力与资历因素应是一个十分重要的无关变量，会干扰研究结果。为此，我们在情景故事中对其进行了控制，控制方法是假定所有岗位申请者经人力资源部门考察和筛选后，各自的"能力和资格条件相当"，被推荐给部门上级进行录用决策，这样就能避免被试认为岗位申请者被提拔与否，可能是因为能力与资格等条件所致，从而能剥离出"关系"因素的单纯效应。

三、研究结果

1. 实验操作有效性检验

在对实验假设进行验证之前，首先要检验对自变量的操作与控制是否成功。T检验结果表明，在工具性关系交换的情景下，被试体验到的工具性关系交换显著地高于情感性关系交换情景下的被试（$M_{工具性关系交换} = 3.60$，$M_{情感性关系交换} = 2.42$，$t=13.79$，$p < 0.001$）；在情感性关系交换的情景下，被试体验到的情感性关系交换显著地高于工具性关系交换情景下的被试（$M_{情感性关系交换} = 3.13$，$M_{工具性关系交换} = 2.53$，$t=6.371$，$p < 0.001$）。这说明被试体验到的关系交换类型与所接受的实验处理的方向一致，对自变量的操作和控制结果与预期相符，达到了实验控制的目的。

另外，为了检验实验操作情景的真实性和普遍性，在实验最后用一个题目考察了被试对实验情景真实性的认可程度（即"我认为该故事中描述的内容在生活中是真实的"），结果表明，86.3%被试选择了"完全同意"或"比较同意"；并用另一个题目考察被试对实验情景普遍性的认可程度（即"我认为故事中描述的内容在生活中是普遍存在的"），结果表明，81.7%被试选择了"完全同意"或"比较同意"。该结果也为实验操作情景的真实性和代表性提供了证据。

2. 描述性统计结果

首先，我们对本实验所涉及的变量进行了描述性统计，具体结果见表10-1。其中包括各测量变量的平均数、标准差、相关系数以及变量测量的内部一致性系数。

表 10-1　各变量描述性统计结果和相关矩阵（*N*=357）

变量	*M*	SD	1	2	3	4	5
1. 工具性互动	3.01	1.00	（0.77）	—	—	—	—
2. 情感性互动	2.83	0.93	−0.16**	（0.75）	—	—	—
3. 程序公平	3.02	0.87	−0.43**	0.24**	（0.82）	—	—
4. 上级信任	3.41	0.75	−0.35**	0.14**	0.56**	（0.80）	—
5. 同事信任	3.21	0.76	−0.24**	0.06	0.41**	0.51**	（0.77）

注：括号内数据为 Cronbach α 系数；**$p < 0.01$。

3. 不同上下级关系互动条件下第三方心理反应

采用独立样本 *t* 检验方法，比较两种不同类型的上下级关系互动条件下第三方下级的心理反应差异，统计结果如表 10-2 所示。表中结果可见，在上下级之间进行工具性关系交换时，第三方下级感知的程序公平、上级信任和同事信任，均显著地低于上下级间情感性关系交换时感知的程序公平、上级信任和同事信任，其中程序公平感的差异更为显著。本研究的假设 H1 得到验证。

表 10-2　不同实验处理下第三方下级心理反应的差异比较

实验处理	程序公平		上级信任		同事信任	
	M	SD	*M*	SD	*M*	SD
工具性关系互动（*N*=181）	2.69	0.83	3.23	0.74	3.10	0.75
情感性关系互动（*N*=176）	3.35	0.79	3.60	0.72	3.33	0.75
t	7.60		4.83		2.95	
p	$p < 0.001$		$p < 0.001$		$p < 0.01$	

4. 程序公平的中介作用

运用 Amos17.0 软件进行结构方程模型分析来检验程序公平的中介作用。如图 10-2 所示，结果表明，程序公平在上下级关系互动对第三方下级对上级和同事信任的影响过程中起着完全中介的作用。各项拟合指数比较理想，具体如下：χ^2=317.74，d*f*=126，χ^2/df=2.52，RMSEA=0.06，IFI=0.92，CFI=0.92，TLI=0.91。本研究的假设 H2 得到验证。

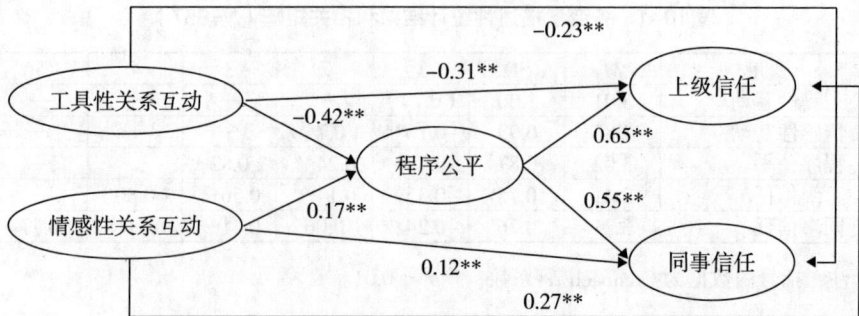

图 10-2　上下级关系互动对第三方下级心理反应的影响

（注：**$p < 0.01$）

四、讨　论

　　我们认为，"上级—下级—第三方下级"所构成的三方关系，是探寻个体层面的上下级关系如何导致集体层面的消极效应的一条进路。由第三方视角的研究结果，可推论至整个群体（部门），乃至组织。因此，第三方下级的反应就成为联结关系的个体效应和群体效应的"桥梁"。本研究选择了情景模拟实验法，并以企事业单位下级为被试，考察部门内的第三方下级对上下级关系互动的心理反应。本研究表明，不同类型的上下级关系互动对第三方下级的心理感受有着显著的差异：当上下级为工具性关系互动时，第三方下级感知的程序公平、上级信任和同事信任较低；当上下级为情感性关系互动时，第三方下级感知的程序公平、上级信任和同事信任相对较高；程序公平是上下级关系互动影响第三方下级对上级和同事信任的中介变量。对以上研究结果，我们将从组织公平和上级行为的角度进行进一步的解释。

　　研究表明，中国人在资源分配时，会考虑合作伙伴或当事者是否与自己同属于一个群体，或者是否与自己有比较亲近的关系，如果对方是内群体成员，与自己的关系较亲近，个人就倾向于采取给对方更多好处的分配法则，即中国人的资源分配表现出强烈的内群体偏私，体现社会类化特征（Ng，1984；Leung 和 Bond，1984；Zhang 和 Yang，1998）。在中国组织中，由于社会类化、需求法则和关系交往的效应，上级依据下级与自己的关系远近、交往状况，给予下级不同的资源分配和特殊对待，应是十分普遍的现象。

随着我国经济体制改革的逐步发展，过去平均主义分配模式早已被打破，人们越来越关注公平与效率的问题，公平法则成为社会普遍接受并广泛实施的分配法则（张志学，2006）。在现实中，公平与否很难客观度量，公平来源于个人的主观感受。因此，当上级提拔与其有较好私人关系的下级时，诸如"某某和上级关系好，所以晋升了""某某与上级有关系，所以得到提拔"等，对于那些与上级并没有建立十分紧密的私人关系的下级来说，很可能感到不公平，并对组织决策的程序公平产生负面判断，尤其是涉及物质性利益分配时，其他下级的不公平感可能更加强烈，其间接的后果是损害其他下级对于上级和同事的信任。

反过来，当上级并不提拔与之私交甚厚的下级，只是给予情感性的安慰和回报，而提拔与之条件相当的其他下级时，这种资源分配和决策行为，可能更加符合中国传统文化和公众的期待，即上级公正廉洁、不徇私枉法，也更能提升上级在其他下属心中仁慈有德、有情重义的形象，因而，其他下级对程序公平的评价会较高，进而提升对上级和同事的信任。不过，在本研究的结果中，上下级间情感性关系交换对程序公平的积极影响，并没有工具性关系交换对程序公平的消极影响强烈。但该结果也提示，上下级关系中的情感性成分也存在积极的效应，关系的两面性可从工具性和情感性成分的差异化效果中得以展现。

本研究从第三方视角，通过情景模拟实验，揭示了上下级关系互动的"双刃剑效应"，我们基于第三方下级的研究结果，在理论上可推及群体中其他成员，有助于解释上下级关系的个体效应如何演化为群体效应，一方面弥补以往对三方关系研究的不足，另一方面可从不同层次和角度，交互验证上下级关系的积极与消极效应，并进一步提示未来的研究不可忽视关系的消极作用。此外，本研究发现的上下级间不同类型的关系互动，即工具性和情感性关系互动的差异化效果，说明上级在处理与下级的关系方面，应淡化工具性成分，强化情感性成分，这对组织管理实践也具有深刻的启示意义。

本研究采用的实验刺激材料是一个模拟的职位晋升事件，同时测量的是被试在因变量上态度的差异，并不是真实的行为反应，在测量的内部效度上没有实验室实验高，且存在社会称许性问题。在条件允许的情况下，今后可采用现场实验或准实验设计，以探索关系运作中人们真实的行为反应。另外，本研究虽然发现了关系中情感性成分的积极效应，但其内在、深层次的心理机制还有待研究。

五、结论

在本研究的条件下，可以得出以下结论：上下级间的关系互动会影响群体中其他下级的态度，但不同类型的上下级关系互动的影响存在差异。上下级间的情感性关系互动会给其他下级的心理感受（如程序公平、上级信任、同事信任）带来一定程度的积极影响，但上下级间的工具性关系互动会给其他下级感知的程序公平、上级信任和同事信任带来较为严重的消极影响。在上下级关系互动对群体中其他下级心理反应（如对上级的信任、对同事的信任）的影响过程中，程序公平感起着中介作用。

第十一章 上级的资源分配决策

在前面的研究中，不难得出结论：上级在所属工作单元（如部门）内进行资源分配时，与下级的私人关系是一个重要的分配依据。这是中国文化下的特殊产物，这种资源分配行为体现了特殊性、差别化的资源分配标准。然而，资源分配事关众多组织成员的切身利益，与组织中普遍性的制度规范和公平正义观发生冲突。中国改革开放四十多年来，社会不断进步和快速发展。价值、公平和绩效也早已是人们普遍接受的、极为重要的资源分配法则（He、Chen 和 Zheng, 2004；Bozionelos 和 Wang, 2007）。我们不禁要问，在组织资源的分配过程中，到底是关系亲疏重要，还是绩效贡献重要？这是一个很有趣的问题。

在本章里，我们将站在上级的角度，探讨上级资源分配中"关系"和"绩效"孰轻孰重的问题。笔者认为，绩效主义的客观、公平原则是中国组织中上级资源分配的"显性"法则，但除客观绩效外，资源决策者（上级）常常依据"关系亲疏"进行资源分配，对与己关系好者作更多的偏爱，这是中国组织中上级资源分配的"隐性"法则。无论是在社会生活还是组织管理中，中国人在整个的资源决策和分配过程中，倾向于依据与资源请托者的关系来进行差异化的资源分配，具体表现为给予与己关系亲近者更偏私的资源分配，与己关系疏远者更不利的资源分配。换言之，中国人的资源分配并非严格按照公平、正义的客观分配原则，而是一种时常偏离"客观标准"的主观过程。

一、文献回顾与研究假设

1. 绩效与资源分配

在公众看来，什么样的分配原则是公平的？在经验层面，主要存在三种分配原则：①平均主义原则（equality）；②根据个人投入和贡献进行分配的应得原则（desert），即贡献原则、按劳分配、按绩效分配；③根据个人需要进行分配的需要原则（need）。在现代社会，随着社会分工的细化以及工业化和市场化，对高素质技术人才和管理人才需求的增加，个人根据其能力和贡献获得职业、社会地位、职业成功的绩效主义原则已被认为是符合经济公平、正义的主要资源分配原则（李煜，2009）。对中国的研究也表明，市场分配制度的确立使人们树立起了基于应得原则的分配公平观。

绩效分配原则意味着在职业选择、社会地位分配、职业发展的过程中对个人能力、价值、贡献、知识、技能等"自致性因素"（achieved qualifications）的认可，也意味着性别、种族、家庭背景、社会关系、政治立场等"先赋性因素"（ascribed characteristics）和"结构性因素"的削弱。绩效分配原则强调根据个人的能力和贡献等自致性因素进行社会财富和职业地位的分配，这与应得原则的主要思想是一致的。在绩效分配原则下，作为个人能力的重要培养途径和外在表现，正规教育、工作绩效逐渐成为获得体面工作和较高社会经济地位的重要条件。例如，长期以来，关于社会分层与流动的研究中，大量研究表明，先赋性因素让位于自致性因素是现代社会流动的主要趋势，个人职业和社会地位的获得越来越取决于其受教育程度、专业技能、努力程度、价值贡献等自致性因素，尤其是社会经济地位越高的成员、成长于改革开放时期的年轻人更加认同绩效分配原则；而以父母的职业和受教育程度为代表的先赋性因素的影响在降低，或者主要是通过影响个人教育获得而间接地进行社会地位的代际传递（李忠路，2018）。

改革开放以来，"效率优先，兼顾公平"的分配价值理念成为我国社会财富分配与企业薪酬分配的基本准则，对我国经济的持续、高速增长具有重要助推作用（李实、王亚柯，2005）。在企业组织中，按员工的绩效与贡献进行资源分配（如支付薪酬、职位晋升）是我国企业广泛采用的分配法则。在我国，绩效薪酬与基本薪酬相结合已成为企业主流的薪酬支付方式（杜旌，2009）。组织情境下的绩效薪酬（pay for performance）是基于雇员的工作绩效而发放（performance-contingent）的，其实施体现了"多劳多得"的价值理念，增加了雇员的"自我决定"（Eisenberger 和 Rhoades，2001）。在市场竞争日趋激烈的知识经济背景下，现代企业只有充分激发员工的工作动力，才能获得可持续发展的竞争优势。绩效薪酬作为一种重要的激励手段，通过将员工的绩效和个人所得相联结，能够引导员工努力实现组织期望的重要目标。为此，许多企业应用基于个体工作产出的绩效薪酬制度来激发员工的工作动力与创新产出，并取得了良好的实效（常涛、刘智强、王艳子，2014；张勇、龙立荣，2013；张勇、龙立荣、贺伟，2014）。我们认为，在组织的各层级和部门中，工作绩效也是上级进行资源分配时的重要考虑因素，并且这一分配依据大多具有组织政策和制度上的明文规定。基于上述分析，我们提出如下研究假设。

H1：下级工作绩效与上级工具性资源分配正相关。

2. 关系与资源分配

社会资源的分配事关全民利益，需要遵循理性与公平的原则。然而在中国社会中，资源分配常常受到"关系"这个隐形标准的影响，即所谓的"潜规则""隐权利"。资源拥有者与支配者以关系亲疏为标准，以人情有无为原则，偏好与自己关系好者。黄光国（1988）在《面子——中国人的权力游戏》一书中有此论述："如果有人向掌握有某种社会资源之支配权的他人要求，将他所掌握的资源作有利于请托者的分配，资源支配者首先会考虑的问题是：对方和自己之间具有什么样的'关系'？这种'关系'又有多强？"这说明，中国人在进行资源分配时，通常把关系作为一个重要的参考标准，若是对方与自己关系亲近，则倾向于更多地分配其资源，依据人情原则，若是对方与己关系疏远，则进行理性的分配，依据公平原则。

社会关系在资源分配中有怎样的位置？社会心理学对中国人资源分配进行了系列实证研究，有两个重要的发现：第一，群体类化影响中国人对于分配法则的选择以及公平判断。社会认同理论（social identity theory）认为个体通过社会分类的过程，把社会群体分为内群体和外群体，通过所属群体来提升自尊感，并对内群体产生认同感，倾向给予内群体成员更积极的评价和资源分配上的偏好（Billig 和 Tajfel，1973；Tajfel、Billig、Bundy 和 Flament，1971；Tajfel 和 Turner，1979）。学者通过跨文化与实验研究一致发现，中国人在资源分配（如奖酬分配）时，会考虑对方是否与自己同属于一个群体，或是否与自己有比较亲近的关系，如果对方是内群体成员，或与自己的关系较亲近（如家人、亲戚、朋友），那么由于社会认同的作用，他们就倾向于采取给对方更多好处的分配法则，对于公平正义的判断，也会因判断者与当事人之间的关系亲疏，呈现出"差序性"特征（李美枝，1992；李艳梅，1996；Leung 和 Bond，1984；Ng，1984；Zhang 和 Yang，1998）。

第二，社会互动与交往性质强烈影响中国人的资源分配。社会类化与关系类别并不能完全解释中国人的资源分配。因为在中国社会，同一种关系类别的交往性质有别，如同样是同事关系，但亲密程度会有很大差别。后续研究表明，中国人的资源分配决策，显著地受到双方过去的交往状况的影响，不仅如此，中国人对于人际交往的线索与资讯十分敏感，双方在合作过程中表现出来的交往行为和态度，也能够左右分配者的决策（Zhang，2000；Zhang，2001）。可见，长期受中国社会文化传统的影响，中国人的资源分配不仅是一种经济活动，更具有丰富的符号意义，表现出明显的内群体偏私，其公平正义观具有强烈的社会取向，是调节人际关系的规范，而非纯粹的指导利益分配的理性法则。

组织环境是社会环境的次级环境，作为一个微观社会，宏观社会中通行的原则和现象必然会在组织中显现，因而关系的作用同样在组织管理中得以发挥。回顾上下级关系研究的文献，同样有两方面的研究发现：第一，上下级之间的关系基础影响上级的资源分配。一类研究发现，下级与其上级之间如果具有某种既定的关系基础（如家人、熟人、生人），会得到上级的信任，给予更好的绩效评估，有助于下级的职业成功（Farh，等，1998；Tsui 和 Farh，1997；Xin 等，1998；Tsui 等，2000）。 第二，上下级之间的关系互动影响上级的资源分配。另一类研究发现，上下级之间基于关系互动行为，以及由此发展出来的私人关系质量，对上级的人事管理决策、获得上级的关系性报酬（如晋升机会、奖酬分配、工作安排等）、下级的职业发展、下级对上级的信任、获得上级的资源回报都有积极影响（Chen、Friedman、Yu 和 Sun，2011；Friedman 等，2006；Law 等，2000；Wong 等，2003；刘军、宋继文、吴隆增，2008；李燕萍、涂乙冬，2011）。

总之，在中国组织中，上级掌握着下级升迁、任用、资源分配等重要的决策权利，如果下级与其上级具有既定的关系连带或者发展出在工作上和工作外的良好关系，将会对下级的职业发展产生重要的促进作用。因此，在企业中，除工作上的关系外，下级也倾向于与上级建立和维系在生活上更为密切的私人情谊，这种含有私人情谊的上下级关系对于资源分配决策具有重要影响。因此，我们提出如下研究假设。

H2：上下级关系与上级工具性资源分配正相关。

3. 关系在资源分配中的优势效应

改革开放后，市场经济文化所带来的公平正义的"绩效"观念和传统文化中具有人情味的"关系"思想共同潜存于中国人的心理与行为之中。一方面，个体可能认同绩效主义所带来的公平让组织发展更加明确规范，另一方面，关系的存在让个体不得不考虑人际互动中潜在的"规则"。按绩效分配和按关系分配是中国组织中一明一暗的两种资源分配法则。人们不禁会问，资源分配中到底是绩效重要，还是关系优先？以往在偏宏观的社会资源分配、社会公平以及组织制度与组织公平的研究中，为了保障多数人和集体的利益，主流的观点是提倡公平优先、效率优先（Adams，1963；Colquiit，2001；Cohen 和 Greenberg，1982；Rawls，1971；肖峰，2005；王怀勇，2008；周浩、龙立荣，2007）。

但是在组织微观的个体层面和基层的人际层面，情况可能会有所变化，关系可能成为力量更为强大的隐性法则。尽管随着市场化的发展，绩效分配的公平分配原则逐渐深入人心，并且在社会中也广为使用，但是"面子""人情"作为中国在人际交往和行为处事中所遵循的传统伦理规范，也深深地影响着每一个人，不会随着现代化而衰减。当绩效主义与关系主义冲突的时候，双重自我理论（two-selves problem）可以用来解释个体如何做出抉择。该理论认为在内心冲突时存在"应该的我（或理想的我）"和"想要的我"（Bazerman、Tenbrunsel 和 Wade-Benzoni，1998）。"想要的我"具有情绪性、情感性、冲动性，"应该的我"则更多的是理智的、认知的、深思的。"应该的我"包含了道德意图在其中，要求人们根据道德准则来行事，"想要的我"则包含了自利性，相对忽视了道德性。研究发现，当"想要的我"和"应该的我"产生冲突时，人们往往按照"想要的我"做出行为决策，也就是个体会依照自身的情绪、情感做出决策（Tenbrunsel 和 Northcraft，2009）。

在人情面子的社会文化背景下，情感是建立人情关系的基础，个体依据其与他人之间的人情关系进行决策，激活情感性状态，进而产生情感交汇，最后激活个体的认知系统（Gruber、MacMillan 和 Thompson，2013）。Lin（2002）指出人情关系中的交换行为涉及情感性的行为和工具性的行为。上级成员交换的研究也表明，上级—员工交换会正向预测员工的积极情绪并与上级形成良性的情绪互动循环（黄昱方、张璇，2016；周明建、侍水生，2013）。可见上级基于关系进行资源分配的过程中更多的是涉及情绪情感。并且基于关系分配资源是一种对他人利益会造成损失，并且有违道德的行为（Chan 等，2002；Dunfee 和 Warren，2001）。这种不顾道德限制和依照自身情绪进行决策的过程更多涉及"想要的我"。而依照绩效分配资源的过程，上级基于相应的规则给能力和奉献大的个体优先分配是基于理智、原则、规章行事的行为，即按照绩效分配资源的过程中，更多涉及的是"应该的我"。因此，根据双重自我理论，如果上级与不同下级的关系没有差异，容易激活上级的理性认知状态，"应该的我"成为优势，但如果上级与不同下级的关系存在"差序格局"，即亲疏远近有别，进行资源分配时，容易激活上级的情感状态，"想要的我"容易胜出，上级容易依照关系主义进行资源分配。问题是，在中国组织情境中，上级与不同下级"关系有别"是普遍现象。

认知层面也有相关支持的证据，依照关系分配的过程更多涉及个体的情绪和情感，上级依照关系进行资源分配的过程可以看作是非理性行为；而依照绩效进行资源分配，是按照客观的原则和规章的行为，是一种纯认知的理性行为。双加工理论（dual process theory）指出，非理性加工多为内隐加工，较少需要资源，反应速度较快；而理性加工多为外显加工，容易受注意资源影响，反应速度较慢（Frank、Cohen 和 Sanfey，2009）。所以，相较于绩效主义，关系主义在资源分配的过程中决策更快，更占优势，Kahneman（2003）也指出，在情绪和理性的竞争中，情绪会更占优势。

以往的研究发现：第一，上下级之间的关系基础影响上级的资源分配，如下级与其上级之间如果具有某种既定的关系基础（如家人、熟人、生人，九同关系），会得到上级的信任，给予更好的绩效评估，有助于下级的职业成功（Farh、Tsui、Xin 和 Cheng，1998；Tsui 和 Farh，1997；Xin 和 Pearce，1996；Tsui、Farh 和 Xin，2000）。第二，上下级之间的关系互动影响上级的资源分配，如上下级之间基于关系互动行为，以及由此发展出来的私人关系质量，对上级的人事管理决策、获得上级的关系性报酬（如晋升机会、奖酬分配、工作安排等）、下级的职业发展、下级对上级的信任、获得上级的资源回报都有积极影响（Chen、Friedman、Yu 和 Sun，2011；Friedman、Chi 和 Liu，2006；Law 等，2000；Wong、Tinsley、Law 和 Mobley，2003；刘军、宋继文、吴隆增，2008；李燕萍、涂乙冬，2011）。因此，员工层面也会通过某种方式加强与上级的关系建立，增强上级—员工情感联系，进而加强上级进行资源决策过程中的非理性行为。

并且由于微观的个体层面的资源分配特殊性，如资源分配者和被分配者之间的关系互动和利益输送更加隐蔽，不容易被觉察，资源分配者往往存在认知盲区或误区，如认为"帮助一两个人影响不大""不帮助不照顾会有愧"。所以基于关系分配过程很多时候是一种非理性的行为过程，相比较基于绩效的分配过程，其占用的认知资源和决策速度更有优势。因此，关系的影响可能大于绩效公平的影响。我们提出如下研究假设。

H3：相对于下级工作绩效，上下级关系在上级工具性资源分配中具有优势效应。与上级具有强关系同时具有高绩效的下级能获得上级工具性资源分配最多，与上级具有强关系同时具有低绩效表现的下级获得的上级资源分配次之，与上级具有弱关系同时具有高绩效表现的下级获得的上级资源分配再次，与上级具有弱关系同时具有低绩效表现的下级获得的上级资源分配最少。

二、研 究 一

1. 研究方法

（1）被试与调查程序

研究选取中国东北某大型国有汽车制造企业为数据收集来源，该企业为世界五百强企业，下级规模达到数万人。在调研时，在企业高层上级的支持和人力资源部的协助下，研究人员随机抽取了 10 个生产车间，车间的规模在 110~270 人，再从每个车间随机抽取若干个生产小组，研究人员邀请被抽取的小组长（主管）随机选择 3~5 名组员（下级），分批次进入指定的场所参与问卷调查。

所有的问卷发放和回收过程都是现场进行，为了降低问卷填答过程中的敏感性，并回避共同方法偏差效应，施测时采取配对的方式对主管与下级按照编码顺序进行一一对应，主管和下级分别填答不同的问卷，主管填答下级的任务绩效问卷，下级填答上下级关系、上级资源分配问卷。我们在 65 个小组内总共发放问卷 374 份，其中下级问卷 309 份，上级问卷 65 份。为保证数据的有效性，研究者对不合要求的数据进行了筛选，剔除了空白过多、反应倾向过于明显的废卷。最终回收了 48 个有效工作群体(生产小组)样本，总共包含 200 份有效问卷（即上级和下级配对成功且双方问卷数据均有效）。

在有效被试中，被试与其目前的直接上级保持上下级关系在 1 年以下者占 17.0%，1~2 年的占 23.0%，3~5 年的占 21.0%，6~10 年的占 19.5%，10 年以上占 19.5%，共有 83.0% 的被试与其直接上级保持的上下级关系年限在 1 年以上，这说明绝大部分的被试与其直接上级有着较长时期的关系互动过程。由于该企业属于重工业制造厂，下级样本中男性占主体，占比 87.0%。在学历方面，下级群体为基层一线操作工人，学历层次呈现偏低的特征，高中以下占 59.0%，中专占 16.0%，大专占 19.0%，本科占 6.0%。在年龄方面，25 岁及以下占 14.50%，26~30 岁占 9.50%，31~35 岁占 7.50%，36~40 岁占 29.50%，40 岁以上占 39.0%。

（2）研究工具

对于上下级关系的测量采用 Law 等人（2000）编制的单维度主管—下级关系问卷。该问卷包含 6 个测量条目，比如"我在平时会打电话或上门拜访我的直接上级""我在工作之余，经常与我的直接上级一起吃饭或从事休闲活动"等。采取 Likert 6 点计分，1 表示"非常不符合"，6 表示"非常符合"。在本研究中，该问卷的内部一致性 Cronbach α 信度系数为 0.89。

下级任务绩效的测量采用 Tsui、Pearce、Porter 和 Tripoli（1997）编制的任务绩效评估问卷。原始问卷包含 6 个条目，分别从下级工作的数量、质量和效率等方面与平均水平的比较来测量下级的基本任务绩效。我们基于三方面的考虑对此问卷进行了修订：①为了减少上级填答问卷的负担，对题目数目进行缩减。②原问卷的第 5、6 题在表述上过于晦涩，翻译后不适于文化层次相对较低的下级，如"该下级努力追求比该工作所要求的标准更高的工作质量""该下级赞成最高的职业标准"。③第 5、6 题着重描述下级的主观意愿而非实际的客观绩效。因此，我们删除了原问卷中的第 5、6 题，仅保留了前 4 题，分别是"该下级的工作数量高于平均水平""该下级的工作质量远高于平均水平""该下级的效率远高于平均水平""该下级的工作质量标准高于该工作的正规标准"。该问卷测量采用 Likert 7 点计分，1 代表非常不同意，7 代表非常同意。在本研究中，该问卷的 Cronbach α 信度系数为 0.84。

上级资源分配采用本书中我们自编的上级工具性资源回报问卷。该问卷包含 6 个测量条目，主要测量上级在部门内的决策上对于下级的工具性资源分配行为，比如"我的直接上级会给我安排更重要或更容易完成的工作任务""我的直接上级在奖金报酬的分配上更为照顾我"等。采取 Likert 6 点计分，1 表示"完全不同意"，6 表示"完全同意"。在本研究中，上级资源分配问卷的 Cronbach α 系数为 0.87。

（3）共同方法偏差检验

共同方法偏差指的是同样的数据来源或评分者、同样的测量环境、项目语境以及项目本身特征所造成的预测变量与效标变量之间人为的共变（周浩、龙立荣，2004）。共同方法偏差在问卷研究中广泛存在，作为一种系统误差，会影响研究结果的可信性，产生严重的混淆并对结论有潜在的误导。共同方法偏差的控制方法分为程序控制和统计控制。本研究虽然在程序上通过不同的数据源（如主管报告下级任务绩效，下级评估上下级关系和上级资源分配），以及匿名性对共同方法偏差进行了控制，但是由于所有变量的施测都采用自陈式问卷的形式，自变量和因变量都来自下级，所以共同方法偏差的问题仍然有可能存在。因此，本研究运用 Harman 单因素检验的方法对共同方法偏差进行检验。具体方式是，对所有的观察题项进行探索性因素分析，并且将抽取的负荷数目固定为 1，如果所抽取的单因子累计解释变异超过 50%，则共同方法偏差因子存在，反之则无共同方法偏差。本研究所提取的公因子解释的变异量为 14.738%，表明本研究不存在严重的共同方法偏差问题。

2. 研究结果

（1）描述性统计结果

表 11-1 呈现的是本研究中涉及的关键变量的描述性统计和相关分析结果。

表 11-1　各研究变量的平均数、标准差与相关矩阵（N=200）

变量	M	SD	1	2	3	4	5	6
1. 性别	0.87	0.34	—	—	—	—	—	—
2. 教育程度	1.72	0.97	–0.02	—	—	—	—	—
3. 职位层级	1.04	0.18	–0.01	–0.00	—	—	—	—
4. 工作任期	3.95	1.29	0.20**	–0.16*	0.07	—	—	—
5.TP	3.90	0.61	–0.03	–0.01	–0.01	0.15*	—	—
6.LMG	2.52	1.12	0.24**	0.05	–0.01	0.01	0.03	—
7.LRA	3.93	1.48	0.21**	–0.10	–0.08	0.02	0.23**	0.53**

注：TP= 下级任务绩效，LMG= 上下级关系，LRA= 上级资源分配。性别：0= 女，1= 男。教育程度：1= 高中及以下，2= 中专，3= 大专，4= 本科，5= 研究生及以上。职位层级：1= 基层下级，2= 基层管理者，3= 中层管理者，4= 高层管理者。工作任期为在本工作岗位的工作年限，具体如下：1=1 年以下，2=1~2 年，3=3~5 年，4=6~10 年，5=10 年以上。**$p < 0.01$，*$p < 0.05$。

（2）假设检验

采用层级回归分析方法探讨上下级关系、下级任务绩效与上级资源分配之间的关系。控制变量包括人口统计学变量，如性别、教育程度、职位层级、工作任期。层级回归分析的结果如表 11-2 所示。从表 11-2 中的结果可知，在控制了人口统计学变量后，下级任务绩效对上级资源分配具有显著的正向预测作用（$\beta = 0.22$，$p < 0.01$），假设 H1 得到验证；上下级关系对上级资源分配也具有显著正向预测作用（$\beta = 0.51$，$p < 0.01$），假设 H2 得到验证；并且，从比较标准化的回归系数来看，上下级关系对上

级资源分配的预测作用要明显高于下级任务绩效，假设 H3 得到验证。

表 11-2　上级资源分配的层次回归分析结果

变量	Model 1			Model 2		
	B（SE）	β	t	B（SE）	β	t
截距	3.71（0.77）	—	4.83**	0.71（0.83）	—	0.86
性别	0.96（0.31）	0.22	3.09**	0.40（0.27）	0.09	1.49
教育程度	−0.13（0.11）	−0.08	−1.20	−0.18（0.09）	−0.12	−2.05*
职位层级	−0.65（0.56）	−0.08	−1.15	−0.54（0.47）	−0.07	−1.16
工作任期	0.07（0.08）	0.06	0.83	−0.01（0.07）	−0.01	−0.13
TP	—	—	—	0.53（0.14）	0.22	3.75**
LMG	—	—	—	0.68（0.08）	0.51	8.57**
R^2	0.06			0.36		
F	3.21*			18.02**		
ΔR^2				0.30		

注：TP= 下级任务绩效，LMG= 上下级关系；$**p < 0.01$，$*p < 0.05$。

我们利用下级评价的上下级关系和上级评价的下级任务绩效两个变量构造出四种上下级关系模式。结合两个变量的分数高低，我们以中位数进行群体划分。如果一个员工在上下级关系和任务绩效上的评分值都低于中位数，我们就将这种上下级关系模式归类为"弱关系—低绩效模式"。如果上下级关系得分高于中位数，但任务绩效得分低于中位数，我们就将其归类为"强关系—低绩效模式"。如果上下级关系得分低于中位数，但任务绩效得分高于中位数，我们就将其归类为"弱关系—高绩效模式"。如果员工在两个变量上的得分都高于中位数，我们就将其归类为"强关系—高绩效模式"。

需要说明的是，我们采用中位数分割法来近似实现理论上的分类。由于在测量关系和绩效这两个变量时，采用了连续型的评分尺度，所以保证了上级和下级给出的评分更加精准，而且在区分不同的上下级关系模式时也更加精准。如果只是让上级或下级笼统地从四种不同上下级关系模式中选择一种作答，效果就会差许多。用上述方法对 200 名员工的上下级关系模式进行归类，结果如下：26% 的员工属于弱关系—低绩效模式，23.5% 的员工属于强关系—低绩效模式，24% 的员工属于弱关系—高绩效模式，26.5% 的员工属于强关系—高绩效模式。

首先，我们计算出在四种不同的上下级关系模式下上级工具性资源分配的平均分值。我们运用单因素方差分析（ANOVA）考察四组数据中结果变量的差异。结果表明，四组之间存在显著的差异（F=27.52，$p < 0.01$）。我们进行事后多重比较分析，强关系—高绩效组的上级资源分配得分最高（M=4.77），强关系—低绩效组的上级资源分配得分次之（M=4.56），但这两组之间的得分只存在微弱的差异，并且这种差异不存在统计意义上的显著性（均值差 = 0.21，$p > 0.05$），这说明无论下级的绩效是好是坏，只要下级与上级的关系好，就能获得较高的工具性资源分配。另外，弱关系—高绩效组的上级资源分配得分比强关系—低绩效组更低，均值差异具有统计显著性（均值差 = 0.90，$p < 0.01$），而弱关系—低绩效组的上级资源分配得分要显著地低于弱关系—高绩效组（均值差 = 0.89，$p < 0.01$），即弱关系—低绩效组获得最少的上级资源分配。

表 11-3　上级资源分配在不同上下级关系模式下的差异比较

组别	N	M（均值）	SD（标准差）	F
弱关系—低绩效组	52	2.77	1.22	
强关系—低绩效组	47	4.56	1.18	27.52**
弱关系—高绩效组	48	3.66	1.38	
强关系—高绩效组	53	4.77	1.21	

注：**$p < 0.01$。

三、研究二

1. 研究方法

（1）被试与调查程序

本研究的被试来自北京、上海、广东、湖北、江西等地区的多家企业。我们采取主管—下级对偶研究设计，分别邀请下级及其直接主管参与研究。首先，研究人员与企业人力资源部工作人员一起确定参与调查的企业部门及人员名单。然后，研究人员在企业助手的带领和协助下，在企业现场对下级及其主管发放问卷，请被试下班后填答问卷，并密封在事先准备好的信封中，第二天由研究人员统一回收。下级在问卷中报告其任务绩效、主管资源分配；主管在上级问卷中评估与不同下级的私人关系质量。在问卷中我们采用了一个编码系统，用来匹配主管与下级的问卷数据。之所以采用上述调查程序，主要原因如下：其一，主管一般能客观评估与不同下级的私人关系质量，并会据此相应地给予下级不同的资源分配，而下级是主管资源分配行为的直接对象，同样能对主管资源分配行为做出相对客观的评估。其二，由于主管需要同时评价多名下级，主管的问卷填答负担较重，因此仅要求主管填答对下级而言敏感性较高的关系质量问卷，而任务绩效则由下级自评。总之，这种调查程序是综合考量研究设计需要和实施可行性后的选择。

在剔除了无效问卷后，最终获得了 414 名下级的有效问卷，这些下级分别由 52 名主管评估了上下级关系质量，平均每名主管大约评价了 8 名下级。主管—下属匹配后的有效填答率为 82%，其中有 83.10% 的下级与其直接主管保持上下级关系年限在 1 年以上。在有效样本中，国有企业 40.80%，民营企业 55.50%，外资企业 3.70%；男性占 55.70%，女性占 44.30%；25 岁及以下占 20.40%，26~30 岁占 13.90%，31~35 岁占 14.90%，36~40 岁占 20.80%，40 岁以上占 30%；管理岗位占 34.70%，生产岗位占 16.70%，技术岗位占 22.90%，销售岗位占 8.50%，行政后勤占 17.20%。

（2）研究工具

上下级关系。对于上下级关系的测量采用 Law 等人（2000）编制的 6 个测量条目的单维度主管—下级关系问卷。由于本研究中该问卷是由主管来填答的，我们从主管的角度对问卷条目的人称进行了相应修改，比如"该下级在平时会打电话或上门拜访我""该下级总是主动地与我交流他（她）的想法、问题、需要和感受"。采取 Likert 6 点计分，1 表示"非常不符合"，6 表示"非常符合"。在本研究中，该问卷的 Cronbach α 信度系数为 0.93。

下级任务绩效。下级任务绩效采用 Williams 和 Anderson（1991）编制的下级自评任务绩效量表，包含 4 个测量条目，例如"和同事相比，我的工作成绩比较优秀""我的上级对我的工作成绩比较满意""同事对我的工作成绩评价比较高""我的工作成绩经常受到单位的表扬"。采取 Likert 6 点计分，1 表示"非常不符合"，6 表示"非常符合"。在本研究中，任务绩效问卷的内部一致性 Cronbach α 系数为 0.84。

上级资源分配。上级资源分配采用王忠军、龙立荣和刘丽丹（2011）编制的上级工具性资源回报问卷。该问卷包含 6 个测量条目，在指导语中请被试列举"下属与直接主管建立良好私人关系后，主管会给下属带来哪些利益或好处"。比如"他（她）给我安排更重要或更容易完成的工作任务""他（她）给我安排我期望的工作岗位""他（她）想方设法提拔我""他（她）在绩效考核上会给我很好的评价""他（她）在奖金报酬的分配上更为照顾我""他（她）在培训与发展的机会上优先考虑我"。采取 Likert 6 点计分，1 表示"完全不同意"，6 表示"完全同意"。在本研究中，主管资源分配问卷的 Cronbach α 系数为 0.90。

（3）共同方法偏差检验

同样的，本研究首先在程序上通过不同的数据源（如下级报告其任务绩效、主管资源分配，主管评估与不同下级的私人关系质量），以及匿名性对共同方法偏差进行了控制。同时，我们运用 Harman 单因素检验的方法对共同方法偏差进行检验。结果表明，所有的观察题项进行探索性因素分析后，所抽取的单因子累计解释变异量为 16.26%。综上所述，本研究不存在严重的共同方法偏差问题。

2. 研究结果

（1）描述性统计结果

表 11-4 呈现的是本研究中涉及的关键变量的描述性统计和相关分析结果。

表 11-4　各研究变量的平均数、标准差与相关矩阵（N=414）

变量	M	SD	1	2	3	4	5	6
1. 性别	0.56	0.50	—	—	—	—	—	—
2. 教育程度	3.07	1.16	−0.04	—	—	—	—	—
3. 职位层级	1.47	0.68	0.20**	0.23**	—	—	—	—
4. 工作任期	3.56	1.42	0.40**	−0.19**	0.22**	—	—	—
5.TP	4.17	0.80	0.13**	0.04	0.24**	0.20**	—	—
6.LMG	3.10	1.11	0.01	0.02	0.18**	−0.12*	0.34**	—
7.LRA	3.47	1.04	0.02	0.06	0.08	−0.07	0.40**	0.59**

注：TP= 下级任务绩效，LMG= 上下级关系，LRA= 上级资源分配。性别：0= 女，1= 男。教育程度：1= 高中及以下，2= 中专，3= 大专，4= 本科，5= 研究生及以上。职位层级：1= 基层下级，2= 基层管理者，3= 中层管理者，4= 高层管理者。工作任期为在本工作岗位的工作年限，具体如下：1=1 年以下，2=1~2 年，3=3~5 年，4=6~10 年，5=10 年以上。**$p < 0.01$，*$p < 0.05$。

（2）假设检验

同研究一，我们采用层级回归分析方法探讨上下级关系、下级任务绩效与上级资源分配之间的关系。控制变量包括人口统计学变量，如性别、教育程度、职位层级、工作任期。层级回归分析的结果如表11-5所示。从表11-5中的结果可知，在控制了人口统计学变量后，下级任务绩效对上级资源分配具有显著的正向预测作用（β=0.25，$p < 0.01$），假设H1得到验证；上下级关系对上级资源分配也具有显著正向预测作用（β=0.51，$p < 0.01$），假设H2得到验证；并且，从比较标准化的回归系数来看，上下级关系对上级资源分配的预测作用要明显高于下级任务绩效，假设H3得到验证。

表 11-5　上级资源分配的层次回归分析结果

变量	Model 1			Model 2		
	B（SE）	β	t	B（SE）	β	t
截距	3.42（0.22）	—	15.80**	0.77（0.26）	—	2.98**
性别	0.11（0.12）	0.05	0.94	0.06（0.09）	0.02	0.66
教育程度	0.01（0.05）	0.02	0.29	0.04（0.04）	0.04	1.05
职位层级	0.13（0.08）	0.09	1.65	−0.11（0.07）	−0.07	−1.66
工作任期	−0.07（0.04）	−0.10	−1.78	−0.03（0.03）	−0.04	−0.91
TP	—	—	—	0.33（0.06）	0.25	5.77**
LMG	—	—	—	0.47（0.04）	0.51	11.81**
R^2	0.02			0.41		
F	1.57			43.60**		
ΔR^2	—			0.39		

注：TP= 下级任务绩效，LMG= 上下级关系；**$p < 0.01$。

与研究一相同，我们利用下级评价的上下级关系和上级评价的下级任务绩效两个变量构造出四种上下级关系模式。结合两个变量的分数高低，我们以中位数进行群体划分。对414位员工的上下级关系模式进行归类，结果如下：31.6%的员工属于弱关系—低绩效模式，22.2%的员工属于强关系—低绩效模式，19.6%的员工属于弱关系—高绩效模式，26.6%的员工属于强关系—高绩效模式。首先我们计算出在四种不同的上下级关系模式下上级工具性资源分配的平均分值。我们运用单因素方差分析（ANOVA）考察四组数据中结果变量的差异。结果表明，四组之间存在显著的差异（F=46.76，$p < 0.01$）。

我们进行事后多重比较分析，强关系—高绩效组的上级资源分配得分最高（M=4.20），强关系—低绩效组的上级资源分配得分次之（M=3.65），两组之间的得分存在统计意义上的显著性（均值差 =0.55，$p < 0.01$），弱关系—高绩效组的上级资源分配得分比强关系—低绩效组更低，均值差异具有统计显著性（均值差 = 0.36，$p < 0.05$），而弱关系—低绩效组的上级资源分配得分要显著地低于弱关系—高绩效组（均值差 = 0.44，$p < 0.01$），即弱关系—低绩效组获得最少的上级资源分配。

表 11–6　上级资源分配在不同上下级关系模式下的差异比较

组别	N	M（均值）	SD（标准差）	F
弱关系—低绩效组	131	2.85	0.94	
强关系—低绩效组	92	3.65	0.75	46.76**
弱关系—高绩效组	81	3.29	0.90	
强关系—高绩效组	110	4.20	0.98	

注：**$p < 0.01$

四、讨论

上级进行资源分配时，到底是"看关系"还是"看绩效"？我们通过两个研究初步给出了答案。在第一个研究中，研究样本来自同一家国有企业，采用的是上下级对偶设计，上级评价下级的任务绩效，下级评价上下级关系和上级资源分配。研究表明，上下级关系和下级任务绩效均能正向预测上级资源分配。但相较而言，上下级关系与上级资源分配的相关更强。鉴于研究一的样本来自同一家企业，为了避免取样偏差，同时提高研究的外部效度，我们在研究二中选择来自全国不同省份和地区不同性质的企业和组织作为取样来源，研究二的样本具有多样化、多源性。研究二同样采用上下级对偶设计，但与研究一相反的是，为了避免测量误差和问卷填答敏感性，研究二中由上级来评价上下级关系，而下级自评任务绩效和上级资源分配，这种"错位式"的评价方式也能在一定程度上提高研究结果的可靠性。研究二的结果与研究一完全相同，上下级关系和下级任务绩效均能正向预测上级资源分配，但相较而言，上下级关系的预测作用更强。这说明研究结果不仅具有稳定性，还具有一定程度的外部效度（可推广性）。简言之，我们的研究表明，上级进行资源分配时，下级的实力（如能力和绩效）很重要，但下级与上级关系更重要。

众多研究者指出，在现代中国社会，个体根据其能力、业绩、素质和专业技能获得职业、地位提升、社会流动的绩效主义分配原则，是被民众广泛接受的符合公平正义的主要资源分配原则。但我们的研究表明，绩效主义分配原则并非唯一的重要资源分配原则，从中国传统文化中孕育出来的关系主义也是一个极为重要的资源分配原则。我们的研究表明，在组织情境下，上级个人所掌握的资源在不同下级之间进行分配时，关系主义似乎要比绩效主义更加重要。我们的研究与国内其他学者的研究结果有一致之处。例如，卫旭华（2017）通过实验研究表明，当关系受益人绩效明显低于同伴时，关系行使人会照顾关系受益人，并做出对关系受益人更有利的不公平资源分配；然而，当关系受益人绩效明显高于同伴的时候，关系行使人不会照顾关系受益人，并做出更为公平的资源分配。研究者指出，这说明只有当人们处于明显劣势的时候，关系才会在资源分配过程中起到一定的补偿作用（卫旭华，2017）。

我们的研究发现具有重要的理论意义和现实价值。在个体层面，作为评估社会事实的内隐指导，对绩效分配原则的感知和判断影响着人们努力的方向和程度。比如心理学研究表明，那些相信依靠个人教育、能力和努力等内在因素能够取得成功的个人，通常具有更大的野心和职业抱负、更好的学业表现，以及更高的职业成就。在社会层面，对生活机会、社会流动影响因素的判断，形塑着公众对社会分层结构的看法、对收入不平等的态度，以及对再分配政策的偏好和态度。认为个人财富和成就主要取决于受教育程度、能力、努力程度等自致性因素的人通常会支持现行的社会分层体系，反对倾向于穷人的再分配政策；而认为个人的生活机会主要受外因（如家庭出身、性别、种族、社会结构、社会关系因素等）影响的人往往不满于现行的社会分层体系，对收入不平等的容忍程度更低，更支持倾向于穷人的再分配政策（Kluegel 和 Smith，1988）。

总之，员工关于能力、绩效因素和关系因素对其获得上级资源分配和职业发展的影响的看法，体现了其对组织内发展机会和工作流动前景的感知和判断，在一定程度上可以看作员工对机会公平的判断，这种知觉和判断也会影响员工的工作行为，如是否努力工作、兢兢业业，是否需要注意和上级"搞好私人关系"，经营好组织人脉和关系网络，是要把主要精力投入本职工作，努力干出实绩，还是把主要精力投入人际关系和上级的经营中。我们的研究表明，在当下的中国组织情境下，资源支配者（如企业管理人员）在资源分配过程中更多地会依据"关系"亲疏进行资源分配，除去能力和绩效等客观分配标准外，"关系"这一主观标准在上级资源分配中仍然占据重要的一席之地，"多劳多得，少劳少得，不劳不得"和"近水楼台先得月"共同组成了中国企业组织中的资源分配原则。我们的研究也提示，在现实的企业组织情境中，员工可能会在工作之余注重跟上级经营私人关系的行为投入，同时，上级也很容易地在资源分配过程中，暗中做出"徇私"的分配行为，这些现象可能会对组织氛围和正式的组织制度造成消解和破坏。

最后，值得注意的是，本研究也存在一些缺陷和不足之处。其一，我们的两个研究中的上下级对偶样本大部分来自组织的基层，在组织基层中，组织正式制度和政策的贯彻落实往往较差，关系主义氛围可能会更浓厚一些，一定程度上会影响研究结果，比如，关系主义分配原则是否在组织中、高层管理层同样普遍？我们的研究还无法给出判断。因此，建议未来可在组织的不同层面上检验我们的研究假设。其二，我们的研究虽然采用了上下级对偶式研究设计，分别从上级和下级两个来源收集数据，有助于消除共同方法偏差，但我们仍然采取的是横向研究设计和相关法，并收集的是上级和下级自我报告的数据，不易揭示上下级之间持续的互动及其效应，研究的内部效度也不太高。因此，建议未来的研究可以尝试采用时间滞后的研究设计或纵向研究设计，也可尝试采用实验研究方法来揭示变量之间的因果关系。

五、结　论

中国企业领导进行资源分配时，到底是"看关系"还是"看绩效"？基于上下级对偶设计和问卷调查，通过两个现场研究表明：上下级关系和下级任务绩效均能正向预测上级资源分配；但相较而言，上下级关系与上级资源分配的相关更强；绩效主义虽然是一个重要的符合经济公平的分配原则，但上级的资源分配行为仍是一个基于人情关系的社会交换过程，关系主义的分配原则仍然具有难以替代的作用，并在企业组织中盛行；中国企业组织领导的资源分配是一种暗中以人际特殊主义为底色的"关系优先、兼顾实力"的多元分配法则交织的过程。

第十二章　上级在资源分配中的
　　　　　道德虚伪

　　在中国人的社会生活中,基于关系的社会资源分配往往被视为一种"潜规则"。例如,所谓"拉关系""攀关系""走后门""和上头有关系"等在中国人的生活中是司空见惯、习以为常的话语,这也是对"关系潜规则"的生动描述。对国家文化价值观的研究表明, "高权力距离""集体主义"是中国社会的显著特征。在强调"集权"文化的中国组织情境下,上级掌握着更多的组织资源,他们也享有资源分配的权力。因此,上级对下级在组织中的任务分派、薪酬、晋升等各方面都起着决定性的作用。在这种"僧多粥少"的情况下, 每个人都希望自己能够获益, 于是便会产生违背社会公平、打破制度规则的资源分配现象。

　　然而,针对这种所谓的"关系潜规则"现象,人们也会产生一种矛盾的心理,比如我们厌恶拉关系走后门,视为不正之风,但自己办事时忙着找关系。现实生活中,人们的实际行为和伦理道德观经常如此大相径庭。无论是在社会生活还是组织管理中,中国人在整个的资源决策和分配过程中,倾向于依据与资源请托者的关系来进行差异化的资源分配,具体表现为给予与己关系亲近者更偏私的资源分配,与己关系疏远者更不利的资源分配。关系亲疏成为中国人进行资源分配决策的一个隐形标准。与此同时，中国人常常羞于在"台面上"谈论关系，视"开后门"和"照顾自己人"为一种与正式规则或制度相违背的不正当和不道德的行为，并且在公开场合否认自己的关系取向，认为自己不会偏私，但是实际行为往往与公开承诺背道而驰，表现出一种"知行"矛盾，心理学称之为道德虚伪。在本章中，我们将试图验证企业上级在资源分配过程中的道德虚伪倾向。

一、文献回顾与理论假设

1. 道德视角下的关系导向资源分配行为

"关系"能直接或间接提供给企业组织和个人以利益或好处，企业通过"关系"可以获得信息和资源的竞争优势，从而达到商业成功（Tsang，1998；Davies 等，1995），"关系"可以带给个体特殊化的利益和资源分配优势，组织中良好的上下级关系可以显著预测主管的特殊性人力资源管理决策（Law 等，2000）、资源回报（Chen 等，2011）以及下属的职业成功（李燕萍、涂乙冬，2011；刘军等，2008；王忠军、龙立荣，2008）。

虽然关系可以带给企业和个人以益处，但如果从集体或组织的角度来看，这种积极效果的背后可能潜藏着负面效应。组织资源分配涉及集体公共性资源，事关全体成员的利益。价值、公平和绩效已是中国员工普遍接受，并在组织中占主导性的分配法则（Bozionelos 和 Wang，2007；He、Chen 和 Zheng，2004）。上级基于私人关系的资源分配行为，体现了特殊性、差别化的资源分配标准，会与组织中普遍性的制度规范、公平正义发生冲突，并在组织集体层面产生消极影响。Chen、Chen 和 Xin（2004）研究发现，关系导向的人力资源管理实践会影响下级的程序公平感，进而损害下级对管理的信任。Chen 等（2011）的研究表明，在个体水平上，关系在给个人带来积极效果的同时，在群体水平上却会带来消极的后果，降低下级的程序公平感。本书第九章中的研究也表明，关系导向的人力资源管理实践会破坏组织中的程序公平氛围，进而损害集体信任。很多研究者将关系比喻为一把"双刃剑"，并提醒未来的研究应多关注其负面性或"阴暗面"（Braendle、Gasser 和 Null，2005；Chen 和 Chen，2009；Hsu 和 Wang，2007；Warren、Dunfee 和 Li，2004）。

关系的消极影响使得关系无法逃离伦理与道德的责难。关系作为一种互动原则的确反映了中国人在人际交往和行为处事中所遵循的传统伦理规范，然而，关系作为一种获取资源的手段，则被越来越多的学者认为是非道德的（Chan 等，2002；Dunfee 和 Warren，2001）。例如，Li 和 Wright（1999）指出私人关系往往会引发腐败；关系导致特殊待遇和台面下的交易，破坏程序公平和制度规范，产生贿赂腐败、裙带关系、任用亲信等（Chan、Cheng 和 Szeto，2002；Chen 等，2008；Fan，2002b；Millington、Eberhardt 和 Wilkinson，2005；Su、Sirgy 和 Littlefield，2003；Su 和 Littlefield，2001；Tan 和 Snell，2002）。关系促使人们谋求非法的手段获得资源，促使特权待遇和桌下交易的产生，是推动商业伦理滥用的社会动力。关系性资源分配虽然有利于特定个体，但是在群体层面上影响了群体公平，损害了大多数人的利益，因此，研究者将关系性资源分配视作违背普遍伦理的非道德行为（unethical behavior）。

2. 关系性资源分配中的道德虚伪：知行分离

一方面，关系导向资源分配行为广泛存在于中国社会和各类组织中，同时，该行为属于非道德行为。另一方面，关系性资源分配具有非公开性。由于关系导向资源分配行为的非道德性，所以如果公开为之，便会受到大多数人的谴责与责备，个体不但要承受道德上的责难，同时可能还有失去资源支配者身份，甚至冒着法律上的风险。这就导致了关系导向资源分配行为的不可公开性。中国人在进行关系实践时，如基于关系进行资源分配，通常会打着公正严明的旗号，宣称自己是正直无私的，实际上却将资源作有利于请托者的分配，徇私舞弊。这也是关系常常被称为"潜规则"和"隐权利"，关系实践被称为"台下交易""桌底交易"的原因。下面，我们引入社会心理学中的道德虚伪理论来解释关系导向资源分配行为。

道德虚伪（moral hypocrisy）是指某些人只是在别人面前表现出了道德的样子，而实际上他们背地里做的是跟自己提倡的道德标准相悖的事情（Naso, 2006; Samuels, 2009），表现为"知行不一"的特征。类似于我们常说的"伪君子"现象。道德虚伪是一种普遍且复杂的心理现象，学术上对道德虚伪有两种定义取向。第一种强调道德虚伪的动机取向，道德虚伪是个体欲表现为"道德"，但一旦有机会又会想方设法避免真实行善行动所须付出代价的行为过程，即个体想自己行为结果表现得"道德"，但内心并不是出于这种真实的"道德"动机的过程（Batson、Kobrynowicz、Dinnerstein、Kampf 和 Wilson, 1997; Batson、Thompson、Seuferling、Whitney 和 Strongman, 1999; McConnell, 2011; Shelley, 2006; Stone, 2003），换言之，个体"有善行但无善心"。第二种则强调道德虚伪的"知行分离"特征。道德虚伪是个体在公众面前宣称遵守甚至鼓励别人遵守道德规范，但私底下自己不但不遵守，甚至违背道德规范的现象（Barden、Rucker 和 Petty, 2005; Lammers、Stapel 和 Galinsky, 2010），换言之，个体"说一套做一套"。本研究采用第二种知行分离的定义。

研究表明，道德虚伪是个体一种共有的心理现象，广泛地存在于不同的文化与群体中。大量的实验研究和问卷研究证实了道德虚伪的存在，其中，以 Baston 等（1997）的研究最具代表性，该研究采用道德两难（moral dilemma）实验研究范式。道德虚伪的另一种研究方法是问卷研究，其逻辑是，在不同的时间点分别测量人们的道德认知与道德行为，如果二者矛盾，则说明道德虚伪的存在。例如一项对美国和加拿大教会学校一万多名青少年被试的调查发现，在内在宗教性（intrinsic religion）和正统宗教性（orthodox religion）上，问卷测量得分高的被试倾向于认为帮助别人对自己来说很重要，但他们实际助人行为与两个量表之间呈显著负相关，强调助人重要的学生反而很少做出助人行为，这是一种典型的道德虚伪（Ji、Pendegraft 和 Perry，2006）。在另一项针对大学生被试的研究中，很多学生都承认作弊不对，认为学校禁止作弊的规定非常有必要，但他们在考试中依然存在作弊行为，这同样是一种道德虚伪（Vinski 和 Tryon，2009）。

　　道德虚伪可以使人们在维持正面的道德形象的同时又获取了个人利益。作为一种普遍的心理现象，大量研究证实，不同文化中的个体都存在各种各样的道德虚伪问题。跨文化的研究发现，道德虚伪受个体文化背景的影响，较之西方文化背景，东方文化背景尤其是东亚文化背景相对更易产生道德虚伪（English 和 Chen，2011）。那么，在华人文化下，道德虚伪有哪些表现形式？是否具有独特的本土化特征？遗憾的是，有关华人文化背景下的道德虚伪研究还是比较缺乏，在中国组织情境下的道德虚伪研究更是罕见。本研究从道德虚伪的理论视角透视中国人资源分配中的"关系"现象，解析中国人在资源分配中的心理和行为特征。

　　具体而言，我们将通过实验研究和问卷研究结合的方法，试图验证如下研究假设：中国组织情境下的资源分配过程中，资源分配者（如上级）会基于与被分配者（如下级）的私人关系质量进行资源分配，但资源分配者（如上级）在理性层面和公开场合往往不认为自己会做出上述具有"偏私性"的资源分配行为，因而在资源分配中表现出"知行不一"的道德虚伪。

二、研究一

1. 研究方法

（1）被试与调查程序

我们选择中国东北某大型国有汽车制造企业开展现场研究。在企业高层上级的支持和人力资源部的协助下，研究人员随机选取了 65 个生产小组，邀请各小组长（上级）并随机选择 3 名左右组员（下级），分批次进入指定场所参与问卷调查。问卷发放和回收都是现场进行的，施测时采取配对的方式对上级与下级按照编码顺序进行一一对应，上级自评基于与下级私人关系的资源分配行为意愿，下级评估其直接主管基于与下级私人关系的资源分配行为。

我们总共发放上级问卷 65 份，下级问卷 309 份。为保证数据的有效性，研究者对不合要求的数据进行了筛选，剔除了空白过多、反应倾向过于明显的废卷。最终回收了 48 位上级的有效问卷（包含 200 份下级的有效问卷，即上级和下级配对成功且双方问卷数据均有效）。在这 48 位有效的上级被试中，男性占 97.9%；基层管理人员占 95.8%，中层管理人员占 4.2%；在学历方面，高中以下占 29.2%，中专占 6.3%，大专占 39.5%，本科占 20.8%，研究生及以上占 4.2%；在年龄方面，26~30 岁占 2.1%，31~35 岁占 14.6%，36~40 岁占 47.9%，40 岁以上占 35.4%。

（2）研究工具

上级资源分配行为。我们请下级评价直接主管基于与下级私人关系的资源分配行为，所采用的问卷改编自本书第五章所编制的上级工具性资源回报问卷，共有六个测量题项，分别是"我的主管给与自己私人关系好的下级安排更重要或更容易完成的工作任务""我的主管给与自己私人关系好的下级安排他所期望的工作岗位""我的主管在奖金报酬的分配上照顾与自己私人关系好的下级""我的主管尽量提拔与自己私人关系好的下级""我的主管在绩效考核上给与自己私人关系好的下级很好的评价""我的主管给与自己私人关系好的下级更多培训与发展的机会"。依次从人力资源管理中的任务安排、岗位设置、奖金报酬、晋升、绩效考核和培训发展六方面对主管的资源分配行为进行测量。采取 Likert 6 点计分，1 表示"完全不同意"，6 表示"完全同意"。在本研究中，上级资源分配行为测量问卷的 Cronbach α 系数为 0.85。

上级资源分配认知。我们请主管自评基于与下级私人关系的资源分配行为意愿（主观认知），测量工具仍是改编自本书第五章所编制的上级工具性资源回报问卷，包括六个题项，分别是"我会给与自己私人关系好的下级安排更重要或更容易完成的工作任务""我会给与自己私人关系好的下级安排他所期望的工作岗位""我会在奖金报酬的分配上照顾与自己私人关系好的下级""我会尽量提拔与自己私人关系好的下级""我会在绩效考核上给与自己私人关系好的下级很好的评价""我会给与自己私人关系好的下级更多培训与发展的机会"。采取 Likert 6 点计分，1 表示"完全不同意"，6 表示"完全同意"。在本研究中，上级资源分配行为测量问卷的 Cronbach α 系数为 0.89。

2. 研究结果

（1）上级自评道德认知与下级评价的行为差异性检验

由于上级基于私人关系的资源分配行为是由多名下级评价的，我们首先对不同上级所对应下级评价数据进行求和并计算出均值，汇聚成上级的关系性资源分配行为测量值。由于上级的资源分配行为针对的是下级，会被下级从不同途径所感知，并且，下级集体评估的结果也可避免单一来源评价的个人偏见和人为偏差，在一定程度上，能够较好地反映上级在组织中实际的资源分配行为。在将低水平的数据（如下级水平）汇聚成高水平数据（如上级水平）时，ICC（1）、ICC（2）和R_{wg}是三个常用的判断数据汇聚可靠性的指标。本研究通过计算得到 48 个工作小组（群体）的R_{wg}值在 0.37~0.94 之间，尽管少数群体的R_{wg}值较低，但均值为 0.78，高于 0.70 的标准（Dixon 和 Cunningham，2006）。同时，本研究计算所得 ICC（1）为 0.26，在 James（1982）推荐的 0 到 0.5 的临界值范围之内，这表明变量在各群体中有充足的内部同质性；计算 ICC（2）为 0.88，大于 Klein 等人（2000）推荐的临界值 0.70，这表明采用下级个体的平均数作为上级水平变量（即基于关系的资源分配行为）的指标可信度较高。

我们采用配对样本 t 检验的方法，考察上级报告的基于私人关系的资源分配意愿与下级报告的上级基于关系的资源分配行为得分之间的差异。从表 12-1 的检验结果可知，来自下级报告的数据平均数与来自上级自评的数据平均数存在显著差异，并且前者显著地大于后者（$M_{上级} \pm SD = 2.78 \pm 1.63$，$M_{下级} \pm SD = 3.95 \pm 1.16$，$t = -4.99$，$p < 0.01$），这在一定程度上表明上级的行为与认知之间存在差异。为了更加具体地呈现上述差异，我们分别检验了上级自评和下级评价在六方面的基于私人关系的资源分配得分差异。检验的结果发现，除了培训发展方面，上级自评的结果与下级报告的行为在其余五方面均存在显著差异，并且下级报告的行为得分要显著地高于上级自评的意愿（如表 12-1 所示），其中在绩效考核上的表现差异最为显著，其次是任务安排，而这些也正好是基层管理人员的职权所在和资源范围。

表 12-1　上级自评与下级评价的差异性检验结果

题项	基于关系的资源分配意愿（上级自评）		基于关系的资源分配行为（下级评价）		t
	M	SD	M	SD	
1. 任务安排	3.15	1.70	4.54	1.17	-4.68**
2. 岗位设置	2.98	1.60	4.11	1.25	-3.39**
3. 奖金报酬	2.15	1.53	3.25	1.20	-3.93**
4. 职位晋升	2.78	1.71	3.62	1.21	-2.76**
5. 绩效考核	2.23	1.46	4.28	1.00	-8.04**
6. 培训发展	3.42	1.80	3.93	1.14	-1.68
总分	2.78	1.63	3.95	1.16	-4.99**

注：**$p < 0.01$。

（2）假设检验结果

接下来我们对数据做了进一步的分析处理。上级自评和下级评价问卷的计分方式都采用 Likert 6 点计分，如 1 表示"非常不符合"，2 表示"比较不符合"，3 表示"有点不符合"，4 表示"有点符合"，5 表示"比较符合"，6 表示"非常符合"，如果分值低于 3 说明回答性质趋于否定，如果分值高于 3 则说明回答性质趋于肯定。问卷总题目数为 6 题，因此按照得分区间可以将被试群体划分为三种类型，分别是：①否定型：总分高于 6 低于 18；②居中型：总分高于 18 低于 24；③肯定型：总分高于 24 低于 36。三种类型的样本数和比例见表 12-2。从表 12-2 可知，来自上级自评问卷中"否定型"被试的比例（如 58.3%），高于来自下级评价问卷中"否定型"被试的比例（如 18.8%）；来自上级自评问卷中"肯定型"被试的比例（如 22.9%），低于来自下级评价问卷"肯定型"被试的比例（如 47.9%）。

表 12-2　不同评价对象与评价区间的样本分布与比率

评价者	样本类型		
	否定型（得分 ≤ 18）	肯定型（得分 ≥ 24）	居中型（18 < 得分 < 24）
上级	28（58.3%）	11（22.9%）	9（18.8%）
下级	9（18.8%）	23（47.9%）	16（33.3%）

注：标注数据为样本人数和所占百分比。

为了检验上级报告和下级报告中否定型数据和肯定型数据的比率差异是否具有统计学上的显著性，我们除去居中型，将六格表转化为四格表，运用比率差异检验法来检验二者的比率差异。比率差异检验法用来检验不同样本在某一标准上比率的差异，已经被广泛运用于心理、教育及社会调查和研究中（Kivetz 和 Tyler，2007；Ross 和 Sicoly，1979；Tversky 和 Kahneman，1981）。具体检验过程如下：

第一步：列出四格表。

第二步：求出各样本的比率。如上级问卷中否定型的比率

p_1=28/39=0.718，肯定型的比率 q_1=11/39=0.282；下级问卷中否定型的比率 p_2=9/32=0.281，肯定型的比率 q_2=23/32=0.719。

第三步：计算比率差的标准误。标准误的计算公式为：σ =sqrt（n_1p_1+n_2p_2）（n_1q_1+n_2q_2）/n_1n_2*（n_1+n_2），将 n_1=39，n_2=32，p_1=0.718，q_1=0.282，p_2=0.281，q_2=0.719 代入公式得：

σ =sqrt（39*0.718+32*0.281）（39*0.282+32*0.719）/39*32*（39+32）=0.119

第四步：计算临界比率。临界比率公式为 Z_1=（p_1-p_2）/σ；Z_2=（q_1-q_2）/σ，将数值代入公式得：Z_1=（0.718-0.281）/0.119=3.672；Z_2=（0.282-0.719）/0.119=-3.672。因为 3.672>2.58，Z_1>$Z_{0.001}$，因此比率 p_1 和 p_2 的差异显著，p_1 显著高于 p_2；因为 -3.672<-2.58，Z_2>$Z_{0.001}$，因此比率 q_1 和 q_2 的差异显著，q_1 显著低于 q_2。经过检验，来自上级问卷的否定型人数比例和肯定型人数比例与来自下级问卷的否定型人数比例和肯定型人数比例之间存在显著差异。换言之，上级对于基于私人关系进行资源分配的认知与由下级评价的实际资源分配行为之间存在显著差异。综合上面的数据分析，本研究的假设得到验证。

三、研究二

为了进一步验证关系性资源分配过程中的道德虚伪，增加研究的外部效度（推广性）和内部效度（推论性），研究二分别在样本上和研究方法上做了进一步的扩展。首先，样本上，选择学生群体对样本类别进行补充；其次，研究方法上，采用纵向设计的实验法，通过现场创设实验情境，将研究过程自然地纳入学生的日常教学中，并分阶段收集数据，不仅减少了被试的敏感度，消除实验者效应，而且实验法提升了研究的逻辑性，使结论更具可信性。

1. 研究方法

（1）被试

被试是来自某重点师范院校选修"管理心理学"课程的本科生。选修该课程的学生总共 69 人，其中 66 名学生作为实验被试参与研究，其中男生占 23.9%；因为研究需要，另有 3 名学生被选拔为实验助理，协助主试（即该课程的任课教师）完成整个实验及数据收集过程，3 名学生助理隐藏了其"真实身份"，即其余学生被试均不知道他们为课程教师的实验助手。

（2）实验程序

实验过程采用"单盲设计"，是在真实的课程教学中自然进行的，即将研究过程自然融入日常教学过程之中，学生被试都没有被告知实验任务和研究目的，被试也没有意识到自己正在参与一项实验研究。这种操作保证了被试的真实、自然反应，也能一定程度上消除"实验者效应"。实验人员共 5 人，包括 2 名主试和 3 名实验助理，一位主试的正式身份为课程的任课教师，另一主试的正式身份为课程的研究生助教；3 名实验助理为选修该课程的 3 名本科生，他们熟悉所有被试的基本情况，自愿参加这项研究，被进行过严格的培训，以保证研究的顺利实施。具体实验研究过程分为五个阶段。

第 1 周（Time 1）：在课程开始之前，采用问卷法对全体被试测量其道德认知水平，即测量被试对团队上级基于团队成员关系进行资源分配这一行为的主观评价。问卷施测过程由 3 名实验助理完成，为了减少敏感性，采用匿名填答。但是研究人员在问卷中设计了隐蔽的代码，用来对应问卷填答者的姓名，并确保与随后的研究数据进行匹配。

第 3 周（Time 2）：在上完"管理心理学"课程概论后，授课教师（即主试）告知学生（即被试），他们需要以团队形式完成一项具有挑战性的课程任务，作为该课程的平时考核成绩，教师已经按照选课名单随机构建了 23 个团队。66 名学生被试被分为 22 个团队，每个团队均由 3 名成员构成，3 名学生实验助理也"被随机"分配为一个团队。实际上，团队成员的构成并非"随机搭配"，均由研究人员事先安排的。在团队构建时，我们尽量让成员之间的"关系"具有"差异性"，比如，既有平时关系较好的成员（如同乡、同宿舍或好朋友等），也有相对疏远和一般的关系，确保"关系效应"能够产生。同时，在团队构成中我们也兼顾平衡了性别差异。

团队任务是从教师指定的英文研究文献清单中选择一篇进行学习、研讨与报告，具体要求团队必须完成文献搜索、阅读、整理、交流与讨论、制作 PPT、排练、课堂报告以及答辩等一系列工作。所有英文研究文献均来源于管理心理学领域的顶级国际期刊 *Journal of Applied Psychology*（JAP），主题均与课程教学内容相关，文献长度和难度系数相当。教师要求学生团队内部自行分工、合作完成团队任务，并向学生说明考核规则，即每名团队成员以团队上级的身份给其他成员分配的分数（满分 100）和教师评分的加权平均。团队任务的完成过程持续了 14 周。

第 17 周（Time 3）：各团队开始在课堂上采用 PPT 的形式进行文献报告与答辩，同时提交纸质版文献述评成果。文献报告完毕后，每个团队成员均以"团队上级"的角色对本团队其他两位成员进行评分（即资源分配），评分标准由教师统一制定，总分为 100 分，在其他两名成员之间进行分配，比如给成员 A 分配 60 分，则成员 B 得 40 分。为了避免敏感性，并缓解压力，评分结果由评分者独立地以电子邮件的形式发送到教师邮箱，教师承诺对团队成员的评分结果保密。同时，各团队填写并上交由教师制定好的团队成员工作量表，作为评定每名团队成员任务绩效的依据。在工作量表填写中，要求必须准确、客观、实事求是，最好有量化的数据，禁止夸大小团队成员的工作量与贡献；必须保证公平、公正，上交前要得到全体成员的签字同意。在收集完所有团队工作量表后，由两名训练有素的主试（教师和助教）依据工作量表，同时结合团队上交的纸质版文献述评报告、PPT及课堂报告与答辩中各成员的表现，根据多个维度分别对每名成员在团队任务完成中的任务绩效表现进行打分评定。

第19周（Time 4）：根据被试（学生）给教师发送团队成员分数分配结果（即资源分配）的邮箱地址，以邮件的形式对被试发放问卷，收集团队成员之间的关系基础、关系互动、关系质量和心理距离数据。为了隐藏实验目的，并降低被试填答敏感性，我们声称这项调查是教务部门要求对"管理心理学"课的教学反馈调查，目的是促进课程建设。在问卷中同时加入了两道题目（"通过这次的团队作业，我觉得我的团队协作意识和水平……""我觉得这次的团队作业形式与效果……"）以增加教学反馈调查的可信性，进而隐蔽我们的真实研究目的。

第20周（Time 5）："管理心理学"课程结束后，由3名实验助理对被试进行社会赞许性问卷调查，问卷填答时要求匿名作答，并通过隐藏的代码进行了数据配对。待上述全部研究过程结束并收集完所有数据后，研究人员对全体学生被试进行了回访，告知他们真实的研究目的与过程，并询问他们的感受。如我们所料，所有被试均表示没有觉察到自己在课程中参与了教师的一项实验研究。

（3）研究工具

资源分配道德认知。该问卷的目的是测量被试对上级基于私人关系进行资源分配这一行为的主观评判，这一评判即反映了被试的道德认知。评判的标准有三个：①该行为是否公平（公平性）；②该行为是否道德（道德性）；③假如"我"是资源分配者，会不会做出此行为（行为预期）。该问卷基于三种资源分配情境：①课程作业成绩评定；②奖学金评定；

③企业绩效考评。每种情境都描述了资源分配者针对两名候选人进行资源分配的过程。其中，情境①与后续的研究任务直接相关，情境②与情境③与研究任务相似，其目的是减少被试的敏感度，避免单一情境测量导致被试把当前问卷与后续任务联系起来，同时间接提高测量效度。具体的，每种测量情境包括两种不同的情况：①两名候选人的绩效表现相当，候选人A与资源分配者的私人关系不如候选人B，上级给予候选人B更多的资源分配；②两名候选人的绩效表现有差异，候选人A的绩效高于候选人B的绩效，但候选人A与资源分配者的私人关系不如候选人B，资源分配者给候选人B更多的资源分配。可以预期，情况②比情况①更能够激发被试的公平感与道德感。因此，全问卷总共包含2×3=6种资源分配的情景故事。采用Likert 7点计分，1代表非常肯定，7代表非常否定。经检验，本研究该问卷的内部一致性系数为0.866。

关系质量。该问卷测量团队成员之间的关系亲疏，反映了成员之间的关系质量。题项为"我和××之间的关系"，采用Likert 7点计分，1代表非常疏远，7代表非常亲近。考虑到关系质量只有一个测量题项，为了确立测量效度，我们同时将"心理距离"和"关系互动频率"作为关系质量测量的效标，我们预期关系质量较好时，被试之间的心理距离较近，同时关系互动频率较高。心理距离（psychological distance）是人对某事物接近或远离参照点时产生的一种主观经验（Trope和Liberman，2010）。本研究采用心理距离的社会距离维度，通过社会距离的远近来反映个体之间的关系。测量方法是利用IOS量表（Inclusion of Other in the Self Scale）。IOS量表的功能是测量自我包含他人的程度（Aron、Aron和Smollan，1992），该量表包括两个圆圈，分别代表自我和他人，两个圆圈的重合度则代表自我和他人之间的关系远近。与文字相比，IOS更加直观清晰，被试更易于反应。另外，我们编制了反映团队成员之间互动行为的关系互动频率问卷，问卷包括两道题目，分别是"我和××之间平时在一起的活动""我和××之间平时的联系",采用Likert 7点计分,1代表非常少,7代表非常多。

控制变量。我们将社会赞许性作为控制变量。社会赞许性反应是指测量反应中被试给出正向自我描述的倾向,通过用社会认可的方式去反应自我评价的问题,使自己看起来更符合社会期望,它是影响测量与调查数据效度的重要来源之一(李锋,李永娟,任婧,王二平,2004)。本研究中涉及被试对自身道德性的自我评价,更容易受社会赞许性反应的影响,因此在研究中加以测量,以排除社会赞许性反应对研究结果的干扰。我们采用吴燕(2008)以Paulhus(1994)提出的印象管理和自我欺骗的两因素模型为基础、基于中国样本编制的一般社会赞许性量表。采用Likert 5点计分,1代表非常不符合,7代表非常符合。经过检验,问卷的Cronbach α 信度系数为0.791。

2. 研究结果

(1)描述性统计结果与关系质量的测量有效性

被试共66名,分为22个团队(每个团队包含3名成员),团队成员之间互评,总共获得132份对偶数据,剔除无效数据,最后有105份对偶数据进入最终的结果分析。对研究数据进行描述性统计分析,结果如表12-3所示。从表12-3中可以看出,关系质量与关系互动呈显著正相关($r = 0.79$, $p < 0.01$),关系质量与心理距离呈显著正相关($r = 0.82$, $p < 0.01$),关系互动与心理距离呈显著正相关($r = 0.70$, $p < 0.01$),说明关系质量虽然只有一个测量题项,但具有良好的效标效度。另外,关系质量与资源分配呈显著正相关($r = 0.38$, $p < 0.01$),任务绩效与资源分配呈显著正相关($r = 0.66$, $p < 0.01$)。

表 12-3　变量的平均数、标准差与相关矩阵（N=105）

变量	M	SD	1	2	3	4
1. 关系互动	5.51	3.08	—	—	—	—
2. 关系质量	3.66	1.51	0.79**	—	—	—
3. 心理距离	3.59	1.50	0.70**	0.82**	—	—
4. 任务绩效	27.39	6.01	0.24*	0.27**	0.29**	—
5. 资源分配	50.00	15.53	0.35**	0.38**	0.39**	0.66**

注：**$p < 0.01$，*$p < 0.05$。

（2）控制变量的分析

在本研究中，社会赞许性作为一个非常重要的影响因素，很有可能对被试的关系性资源分配的道德认知问卷填答造成影响，导致填答结果偏离被试的真实反应，从而影响研究结果。虽然社会赞许性有利于道德虚伪的产生，但是我们仍然希望将它的效应排除出去，单纯地考察人们的道德伪善。相关分析结果显示，社会赞许性与道德认知之间的相关不显著（$\gamma = 0.07$，$p > 0.05$），社会赞许性与资源分配之间的相关不显著（$\gamma = 0.03$，$p > 0.05$），这在一定程度上能排除社会赞许性对研究结果的干扰。

（3）假设检验

资源分配受到团队成员任务绩效和资源分配者与团队成员关系质量的共同影响。我们首先基于105对资源分配者—团队成员的对偶样本（样本一，N=105），以任务绩效和关系质量为预测变量，以资源分配为结果变量进行回归分析，回归分析结果如表12-4所示。结果表明，任务绩效能够显著预测资源分配（$\beta = 0.60$，$p < 0.01$），关系质量同样也能够显著预测资源分配（$\beta = 0.22$，$p < 0.01$），但相对而言，任务绩效要比关系质量的解释力更强。

表 12-4　资源分配的回归分析结果

预测变量	样本一（N=105）				样本二（N=36）			
	B	SE	β	t	B	SE	β	t
任务绩效	1.55	0.19	0.60	8.07**	1.51	0.19	0.63	7.79**
关系质量	2.27	0.77	0.22	2.96**	2.98	0.87	0.28	3.44**
R^2	0.48				0.55			
F	46.52**				44.20**			

注：**$p < 0.01$。

我们在学生被试中发放关系性资源分配的道德认知问卷 66 份，回收问卷 62 份。将道德认知样本数据与其他样本数据（如资源分配、关系质量、任务绩效）匹配后，获得 49 份有效匹配数据，我们基于这 49 名被试的数据进行下一步的分析。

接下来，我们分析了被试的道德认知状况。道德认知问卷总共包含 18 个题项，7 点计分，得分低于中间值"4"代表肯定反应，得分高于"4"代表否定反应。18 个题项得分的描述性统计结果表明，最小值为 3.82，最大值为 5.84，18 个题项中有 14 个题项平均分高于 4，这说明整体上被试的道德认知普遍处于高水平，即当面临资源分配者基于私人关系进行资源分配时，被试普遍认为这种行为是"不公平"和"不道德"的，并且"假若自己为资源分配者，是不会做出这种行为的"。同时，三种资源分配情境（①课程成绩打分；②奖学金评比；③企业绩效考评）之间的得分高度相关（三者之间的相关系数分别为 $r_1 = 0.64$，$r_2 = 0.67$，$r_3 = 0.73$，$p < 0.01$），这说明被试的道德认知具有跨情境的一致性。

此外，每种分配情境下有两种情况（情况①：两名候选人的绩效相当；情况②：两名候选人的绩效不等），我们检验了这两种情况下得分均值的差异，情况①的平均分 $M_1 = 38.37$（SD = 8.268），情况②的平均分 $M_2 = 45.49$（SD = 11.827），$M_1 < M_2$，$p < 0.01$（$t = -3.46$，df = 96），这说明当

候选人的任务绩效存在差异时，由于私人关系给绩效差者分配更多资源的行为更能引发被试的不公平感和不道德感，被试也更倾向于认为自己不会这么做。然而，前面的回归分析结果显示，资源分配者与团队成员的关系质量能显著预测资源分配，说明被试在资源分配过程中存在着基于私人关系进行资源分配的行为。显然，上述结果初步揭示了被试表现出了一定程度的道德虚伪。

最后，我们将道德认知问卷平均得分高于 4 分的被试样本挑选出来做进一步的分析，这是以更为严格的标准来选择高水平道德认知的被试。我们试图了解，在较高道德认知水平的被试中，私人关系质量是否仍然能显著预测资源分配。筛选后的高道德认知被试数为 36 名，占总样本数的 73.5%。基于该样本（即样本二，$N = 36$），以资源分配为因变量，以关系质量和任务绩效为预测变量进行回归分析，分析结果显示（见表 12-4），任务绩效能够显著预测资源分配（$\beta = 0.63$，$p < 0.01$），但同时，关系质量也仍然能够显著预测资源分配（$\beta = 0.28$，$p < 0.01$），证实了道德虚伪的存在。与全样本相比，筛选后的样本中，关系质量对于资源分配的预测作用不降反升，这说明道德认知越高的人其非道德行为（基于私人关系进行资源分配）反而越严重。综上所述，本研究的假设得到支持。

四、讨 论

1. 资源分配中上级的道德虚伪

中国人的资源分配观是"情"与"理"相互作用的产物，资源支配者在进行资源分配决策时常常陷入情理之争，试图找到最佳的平衡点，既考虑到公平正义，又顾及关系和谐，即所谓的"通情达理""合情合理"也。

但是，"情"的介入不可避免会对理性决策造成影响，所谓关系导向的资源分配正是私人关系对资源分配产生的有偏影响，且这种影响属于负面的，并包含伦理意义在内的。道德虚伪反映的是人们知行不一的一种心理与行为特征，具体表现为人们的实际行为与对外所宣称的道德规范相违背，人们并不像他们所表现的那样道德。道德虚伪普遍存在于不同的文化中，中国文化情境也不例外。

本研究基于企业员工和大学生样本，采用问卷法和实验法两种研究方法，结合了横断研究和纵向研究两种研究设计，检验了上级在资源分配中的道德虚伪。研究一基于企业中上下级配对样本，通过不同的数据来源，发现来自上级的自评和来自下级的报告之间具有显著的差异，初步说明上级的道德认知与现实行为之间可能存在矛盾和不一致的地方，可初步推论出上级在资源分配中具有道德虚伪特征。研究二将样本扩展到大学生群体，通过模拟和创设与资源分配相关的实验情境，多时点、多阶段地收集纵向数据，结果发现具有较高道德认知水平的被试群体，在实际的资源分配行为中仍然存在"看关系"的现象，从而证实了学生群体中道德虚伪的存在。研究二的研究结果让我们感到震惊：因为在社会大众的眼中，大学生应该属于道德"纯洁性"、道德水平较高的群体，他们较少受到社会不良风气的"污染"，具有较强的社会公平意识与正义感，应该更加遵守普遍性的制度规则。采用未参加工作的大学生群体来进行"真实的"资源分配，不一定能有助于我们检验研究假设，这是冒着一定程度的"风险"的。然而，我们的研究显示，大学生群体（即便他们来自某重点师范院校）在资源分配时，除了考虑"绩效表现"因素外，"私人关系"仍然是他们考量的重要因素，他们的实际分配行为已经在不知不觉中偏离了其道德认知。

之所以在不同性质的样本群体中都无一例外地发现了道德虚伪现象，可能的原因有二。其一，对于每一个在特定的社会文化氛围中成长的个体来说，文化对于个体的影响已经根深蒂固，经过长期的"耳濡目染"，甚

至已经内化成集体人格，无意识地影响个体的心理与行为。因此，中国的
"关系文化"使得中国人的行为具有关系取向，这种关系取向在资源分配
上则表现为非道德的关系导向的资源分配。社会生活中，有关系和无关系
的效果一目了然。所以，办事时，人们第一个想到的往往是找关系、动用
关系；不办事时，则要善于建关系、攀关系、拉关系、经营关系；在资源
分配时，要考量关系，处理好关系。其二，由于社会压力和印象整饰的作用，
人们通常不会直接或公开承认自己是个"道德败坏者""道德低下者"，
人们总是试图在维持良好正面的外在道德形象的同时，暗中攫取个人利益，
实现名利双收，这可能是自私自利的"经济人"人性使然。

2. 研究意义

在理论上，以往的研究者几乎无一例外地采用社会认同理论和社会交
换理论视角，来探讨中国人的"关系"，本研究另辟视角，从道德虚伪理
论出发来揭示中国人在关系实践过程中的心理状态和行为表现。通过证实
中国人资源分配过程中的道德虚伪特征及其表现，一方面丰富了以往社会
学和组织行为学中对于中国人关系的研究文献，将中国人关系研究拓展到
心理层面和微观机制；另一方面扩大了道德虚伪理论的解释范围，为探究
华人的道德虚伪提供了参考。

在实践上，本研究的研究结果提醒企业管理者需要注意存在于组织中
的关系管理现象，并采取措施减少甚至避免有违公平的基于关系而进行的
资源分配决策，增加绩效和能力在资源分配中所占的比重，从而达到维护
组织公平，提升组织凝聚力，增加下级工作积极性、工作绩效和组织承诺
的目的。另外，研究结果也启示我们，由于人们具有道德虚伪倾向，因此
要消除和减少人们的非道德行为，尤其是消除组织中的非道德行为（譬如
关系性资源分配），单纯地强调道德性、加强道德建设和道德教育，不一
定能够有效减少非道德行为的发生，更需要道德监督和社会监督，同时辅

以严格的制度设计和规范约束。

3. 研究不足与展望

首先，本研究属于存在性研究，研究的是"是什么"（what）的问题。通过问卷和实验交叉验证了中国人资源分配中的道德虚伪的存在和表现。然而对于其内在发生机制，也就是"为什么"（why）的问题并未做进一步的探讨。例如，"如果现在你面前有两位特别优秀的下级，他们同样积极努力，富有创意，为工作付出了很多，也同样有很客观的工作绩效。而你手上只有一个晋升的名额，你会给谁？"大部分中国人会觉得这是一个非常困难的选择问题，也几乎大多数人会脱口而出"肯定是给那个和我关系好的呀！"在这种情况下，作为资源分配者的上级不仅要看下级的能力表现，还要看"好不好管理"（重视"对上级的忠诚"），将资源分配给与自己关系近的人似乎无可厚非，这也能被大多数人理解和接受。然而，人们不能接受的是"明明那个与你关系不怎么好的人工作绩效更好，你却把资源给了关系好绩效不好的人"。事实上，人们痛恨厌恶的"拉关系""认关系"大部分也暗指这种情况。

正如研究二所显示的那样，即使同组成员实际任务贡献量（客观任务绩效分数）较低，他们一样愿意给其分配较高的贡献分数（交叉评分），为什么会出现这样的情况呢？中国人人际关系的一个主要特点就是特别"讲人情"。杨中芳（1999）把人情定义为：在文化的指引下，认为存在于两个人之间应该给予对方的情感，这种情感带有义务性，并具有因人因地而异的特点。黄光国（2010）则指出人情法则的含义之一是：由于关系网内的人彼此都会预期将来他们还会继续交往，而且不管在任何文化中，以均等法则分配资源，一向是避免人际冲突的重要方法。他强调，对中国人而言，维持团体内的和谐似乎比强调公平分配更重要。这体现出中国人的长期思维：如果关系是潜在伴随终身并对未来有帮助时，短期利益的算计往往被谴责为"愚蠢的"，而对合作关系的长期投资被认为是"明智的"（罗家德，2012）。

从这个角度讲，"关系"似乎很难完全从文化里根除。根据研究一中上级的道德认知与实际分配行为背离和研究二中的大学生的道德认知和分配行为背离可以发现，人们明确地表示不喜欢"搞关系"，却又在私下里基于关系进行资源分配。然而，道德虚伪同时对道德伪善的个体具有积极作用。未来的研究有必要深入探讨"道德虚伪"对个体和组织的长期影响。从进化心理学的角度来看，道德虚伪是一种机会主义的适应策略，一方面个体通过保持良好的道德形象被群体接纳，另一方面个体通过在必要时候放弃道德原则以便更好地谋取个人利益（吴宝沛、高树玲，2012）。这一适应策略跟欺骗他人和自欺有着不可分割的关系。如果这种道德虚伪不能根除，未来研究或许可以尝试更深入地探讨其机制并有效善用此类机制，利用"关系规范"来抑制"绩效不好关系好就行"的分配行为，因为与上级关系好的人可能是少数，上级是否愿意为此而牺牲与大多数人的关系，也是上级需要考量和值得研究的有趣问题。

其次，上级在资源分配中的道德虚伪是否具有有意与无意之分？这是未来需要进一步研究的问题。有意的道德虚伪是人们为了获取个人私利所采取的一种机会主义策略，而无意的道德虚伪则是不自觉地做出了与自身道德准则相悖的非道德行为。现实中一些不道德行为是人们在无意识中做出的，很多品行端正的人，也会不知不觉地做出坏事（Chugh、Bazerman和 Banaji，2005；Bazerman、Loewenstein 和 Moore，2002；Bersoff，1999）。基于认知偏差的道德虚伪研究也发现，人们在对自己和他人作道德判断上具有双重标准，人们在评价自己行为的时候，更注重行为意图而非结果，但在评价别人行为的时候则更关注结果而非意图（Schaich Borg、Hynes、Van Horn、Grafton 和 Sinnott-Armstrong，2006）。未来研究可以进一步验证上级资源分配中无意的道德虚伪是否存在。

另外，道德虚伪虽有着负面作用，但同时还有积极价值。比如通过认知失调诱导技术，可以诱发道德虚伪，造成个体的认知失调，达到改变其态度或行为的目的，同时也可以利用道德虚伪激发个体的亲社会动机和增加亲社会行为。未来研究可以探究如何激发人们的道德虚伪来增加人们在资源分配过程中进行关系性分配后的羞愧感和内疚感，从而减少人们的关系性资源分配行为。最后，本研究虽然选择了多样化的研究对象，但是由于研究的群体数量偏低，使得研究结论在推广性上存在一定局限，未来研究需要扩充样本数量，并增加样本的多样性。

五、结　论

结合问卷研究和实验研究结果表明：中国人在资源分配过程中具有道德虚伪的特征，即关于资源分配的道德认知与实际资源分配行为发生背离，具体表现为，作为资源分配者的上级一方面认为基于私人关系进行工具性资源分配是违背公平正义的、是不道德的行为，并认为自己不太倾向于做出类似行为，但在现实中，他们仍然可能会依据私人关系进行工具性资源分配。

第十三章 下级的表层扮演及溢出—交叉效应

下级与上级的社会互动中既有工具性资源交换的成分，也有情感性资源交换的成分，然而以往研究偏重于关注上级与下级间的工具性互动，对情感性互动的关注明显不足。笔者认为主要原因有二：一是相对于工具性互动，人们容易认为上下级间的情感性互动不是那么重要，即便存在情感性互动，也不可能那么"纯粹"或"深入"。并且，在传统的组织与管理研究中，职场情绪与情感管理也长期被忽视，甚至有些人认为，在工作场所中表露情绪与情感显得不够"理性"。笔者认为，这显然是一种误解和偏见，但在这里我们不想深入讨论。另外一个原因是，要探讨上下级的情感性互动及其影响，在传统的管理学领域，很难找到合适的研究"切入点"、理论与概念，以及操作化的研究工具，这给组织管理研究者带来极大的挑战。要解决这一难题，须借鉴跨学科的理论视角和方法。

长期以来，个体情绪与情感问题一直是心理学的核心研究主题。近年来，工作场所的情绪与情感管理问题越来越受到重视，一些具有心理学背景的研究者热衷于将这些研究主题拓展至管理领域，代表性的理论如情感事件理论、情绪劳动理论、情绪智力理论、情绪传染理论等，这些具有心理学特色的理论有助于我们揭示组织中人际情感互动过程。在本章里，我们将尝试基于情绪劳动理论来考察下级在工作中与上级互动时的情绪表达策略（具体如表层扮演策略）及其对下级工作与生活幸福感（well-being）的影响。下面我们首先提出一个概念模型，然后详细论述，最后通过两个实证研究来检验该理论模型。

一、下级对上级表层扮演的溢出—交叉模型

情绪表达在工作领域中扮演着重要的角色。在很多工作场所的人际交往中，员工即使在有些人际互动过程中并不"愉快"，仍然被要求"面带笑容"（Krannitz、Grandey、Liu 和 Almeida，2015）。这种现象被学术界称为"情绪劳动"（emotional labor），指的是为了达成组织和工作的期望与要求，员工需要在人际交往中管理自己的情绪体验，并展现出恰当的情绪表达（Hochschild，1983；Grandey，2000）。表层扮演（surface acting）和深层扮演（deep acting）是最常见的两种情绪劳动策略（Hochschild，1983）。深层扮演是指调节主观体验，通过改变认知方式来处理个人内在的冲突、焦虑等负面情绪（Gross，1998），以匹配公众可观察到的外部情绪表达。相对而言，表层扮演侧重调节情绪的外在表达，这种调节方式不会改变情绪体验，个体往往会表达出与内心真实感受相矛盾的情绪（Grandey，2000；Gross，1998）。对于员工而言，表层扮演不仅需要消耗意志、付出努力，还会带来一定的倦怠和压力感。

近年来，情绪劳动的研究对象正从服务业从业者与低地位顾客的"一次性"互动，逐渐转向更亲密/平等地位的关系或与掌握较多资源的高地位者以及组织内部成员之间的互动（Diefendorff、Morehart 和 Gabriel，2010）。例如，员工与同事互动（Ozcelik，2013）、与辱虐型主管互动

（Carlson、Ferguson、Hunter 和 Whitten，2012；Wu 和 Hu，2013）、在家庭中与配偶互动（Sanz-Vergel，Rodriguez-Munoz，Bakker 和 Demerouti，2012；Yanchus，Eby，Lance 和 Drollinger，2010）时的情绪劳动都开始受到研究者的关注。研究指出，在与组织成员进行工作互动时，上级也经常会进行情绪劳动，这对于上级效能的发挥和上级成功有着重要的作用（Burch、Humphrey 和 Batchelor，2013；Humphrey，2012；Wang，2011）。员工与上级互动过程中的情绪劳动是一个有趣的现象，但到目前为止，还没有研究直接考察下级与上级互动时的情绪劳动对于下级可能带来的影响。

此外，前人对于情绪劳动后果的研究主要聚焦于工作中的结果变量，比如工作倦怠、工作不满意、工作压力和绩效的下降等。近年来，这一情况也在变化，情绪劳动的结果变量研究正在逐渐由工作领域向其他生活领域扩展，尤其是家庭领域。例如，员工的情绪劳动与工作—家庭冲突之间存在显著的正相关（Noor 和 Zainuddin，2011；Wagner、Barnes 和 Scott，2014；Yanchus 等，2010）。情绪劳动不仅影响员工自身的工作体验，还会波及与其关系亲密的人（如配偶），然而缺乏研究解释情绪劳动如何对员工自身及其家人的幸福感产生影响。"溢出—交叉效应模型"（The Spillover-Crossover Model，SCM）可以较好地解释上述过程，即员工的工作体验可以溢出至家庭，并通过夫妻间互动影响自身及配偶的幸福感（Bakker 和 Demerouti，2013；马红宇等，2016）。虽然诸多工作—家庭冲突领域的研究检验了从工作领域延伸至家庭领域的溢出—交叉效应，但缺乏对"为什么"（why）和"如何"（how）产生溢出—交叉效应的研究（Krannitz 等，2015；Sanz-Vergel 等，2012）。简言之，对于工作中的情绪劳动"是否"以及"如何"对家庭领域产生溢出—交叉效应，目前还缺乏直接的实证研究。

根据上述情绪劳动研究最新的两个发展趋势及现存的问题，本研究的主要目的是根据有限自控力理论（Muraven 和 Baumeister，2000）和"溢出—

交叉模型"来发展并检验一个理论模型，如图 13-1 所示，试图回答以下问题：下级与上级（如直接上司或主管）进行工作互动时，其情绪上的"表层扮演"策略如何从工作领域"溢出"到家庭领域？这种溢出效应又是如何进一步地影响家庭中配偶的婚姻幸福感？本研究将检验"自我损耗"和"社会阻抑行为"在表层扮演与婚姻幸福感关系中的作用机制，并进一步检验双职工夫妻之间社会阻抑行为和婚姻满意度的直接交叉效应。

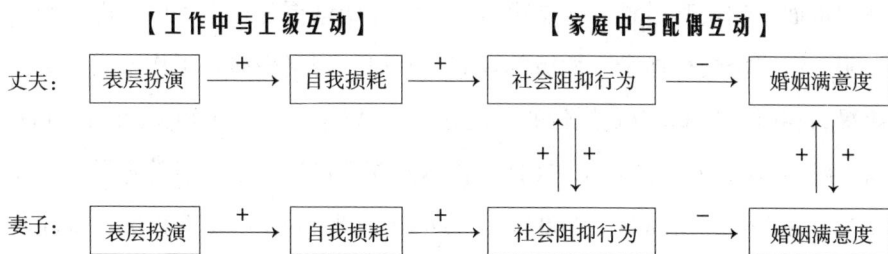

图 13-1 下级与上级互动中表层扮演的溢出—交叉模型

二、文献回顾与理论假设

1. 下级—上级互动过程中的表层扮演

情绪劳动虽然发生在大量的人际交互过程中，但其程度受到互动双方关系的影响。一般而言，在对偶关系的互动中，如果一方具有较大的相对权利和低度的亲密度（如上级、客户），另一方就需要进行更多的情绪调节（Diefendorff 等，2010）。例如，Bono 等（2007）在研究上级对员工情绪体验的影响时发现，相对于与同事和顾客互动时，员工与上级互动会付出更多情绪调节的努力，并体验到更少的积极情绪。上级或主管相对于员工具有较大的社会权利（Tepper，2000，2007），能决定在下属间的个人资源分配，例如工作任务分配、升职加薪、信息资源获取等，对员工发展和职业成功至关重要。我们认为情绪劳动的实证研究可以扩展至组织内部成员之间，尤其是下级—上级对偶关系中。

本研究主要关注下级与上级互动时的表层扮演，原因有二：一是当下级与上级在工作中互动时，更容易体验到大量的消极情绪，上级甚至是下级压力的一个重要来源（Bono、Foldes、Vinson 和 Muros，2007），因此下级采用表层扮演的策略可能更为常见；二是本研究关注情绪劳动对下级家庭的负面影响及其过程，表层扮演作为解释变量更为合适，因为以往研究表明，深层扮演往往带来积极的效应。例如，表层扮演与工作不满、情绪耗竭、自我报告和非自我报告的低任务表现，以及焦虑呈正相关（Brotheridge 和 Lee，2003；Krannitz 等，2015）；然而深层扮演与个人成就感呈正相关（Brotheridge 和 Grandey，2002），与情绪耗竭负相关或不相关（Chau、Dahling、Levy 和 Diefendorff，2009）。总之，有关组织内部情绪劳动的实证研究仍然缺乏，尤其需要了解下级与上级交互过程中的表层扮演及其负面影响。

2. 与上级互动过程中下级的表层扮演与自我损耗的关系

下级在与上级互动时，通常需要自我控制来完成情绪调节，特别是当他们必须表现出没有真正感觉到的情绪时（Zapf 和 Holz，2006）。自我控制是指"有意识地去抑制、调整那些自发的、最原始的冲动、情绪或动机的过程"（Hagger、Wood、Stiff 和 Chatzisarantis，2010）。根据有限自控力模型（self-control strength model）（Muraven 和 Baumeister，2000），个体如果长期消耗有限的自我控制资源，将会导致其在后期的自我控制行为表现不佳或绩效下降，严重时甚至会导致后续自我控制的"彻底失败"，这种状态被称为"自我损耗效应"（ego depletion effect）（Hagger 等，2010）。

基于有限自控力模型（Muraven 和 Baumeister，2000），我们认为下级与上级互动时的表层扮演也将损耗有限的自我控制资源，原因如下：其一，由于表层扮演表达的情绪并非下级的真实情绪（Brotheridge 和 Lee，2002），这将影响下级的自我效能和自我价值感（Erickson 和 Wharton，1997）。其二，抑制情绪的过程需要更多的注意力和能量资源，这也会进一步导致一些生理机能指标的改变，例如葡萄糖水平的降低等，最终容易导致情绪失调（Baumeister、Vohs 和 Tice，2007）。其三，社会互动时，压抑自身情绪相对于真实表达容易降低与他人的社会联结和人际关系质量，阻碍从互动对象那里获得社会资源和社会支持（Butler 等，2003），后者有助于补偿自我调节资源的损耗。因此，我们提出以下假设。

H1：与上级互动中的表层扮演与下级的自我损耗显著地正相关。

3. 溢出效应：表层扮演通过自我损耗影响社会阻抑行为

以往研究表明，表层扮演的效应可能超出了工作领域（Krannitz 等，2015）。根据溢出—交叉模型，个体在工作中积累的体验，首先以负性压力或积极情感等形式，渗透到家庭领域，然后通过家庭中的社会互动行为，转移为家庭成员的体验（Edwards 和 Rothbard，2000）。例如，Bakker、Demerouti 和 Burke（2009）的研究发现，过度工作的员工（工作狂）呈现的工作—家庭冲突水平更高，并且提供给配偶的支持更少，这将导致配偶对婚姻满意度的评价降低。因此，本研究认为，下级与上级互动的表层扮演所导致的自我损耗状态，降低了下级在家庭领域中的自我控制资源，进而在夫妻互动中更容易"失控"，表现出更多的社会阻抑行为。

社会阻抑行为（social undermining behavior）是对互动对象充满各种敌对行为的一种沟通风格（Vinokur 和 van Ryn，1993），在夫妻之间通常表现为：对配偶表现出消极情感、吼叫、批评和争吵等。本研究之所以选择社会阻抑行为作为表层扮演对非工作领域的"溢出结果"，一方面是因为社会阻抑行为是夫妻互动中"自我控制失败"的表现，另一方面是因为以往研究已证实，社会阻抑是婚姻幸福感的一个稳定的预测变量（Bakker、

Demerouti 和 Burke，2009；马红宇等，2016）。此外，有相当多的研究证据表明，当个体在工作中有消极体验或压力时，容易激发或加剧其与配偶在家庭中的敌对性互动（Ilies、Huth、Ryan 和 Dimotakis，2015；Obradović 和 Čudina-Obradović，2013）。因此，我们提出以下假设。

H2：与上级互动中的表层扮演和家庭中的社会阻抑行为显著地正相关，下级的自我损耗在其中起着中介作用。

4. 对婚姻幸福感的损害：自我损耗和社会阻抑行为的结果

以往研究表明，婚姻满意度（marital satisfaction）是婚姻幸福的一个关键组成部分或指标（Brown、Orbuch、Bauermeister 和 McKinley，2013；Day 和 Acock，2013）。婚姻满意度是根据个人内心选择标准，对婚姻的质量进行的整体评估，是衡量个体感知到的婚姻投入和回报程度。如果回报小于投入，那么个体将对婚姻感到不满意（St. Vil，2014）。在本研究中，我们将婚姻满意度作为婚姻幸福感的测量指标。

在组织心理学中，以往大多研究关注于工作—家庭冲突对婚姻幸福的影响（Minnotte、Minnotte 和 Bonstrom，2015；Minnotte、Minnotte 和 Pedersen，2013；St. Vil，2014；van Steenbergen、Kluwer 和 Karney，2014）。例如，婚姻幸福感也与轮班制（Muurlink、Peetz 和 Murray，2014）、工作压力（Perrone、Webb 和 Blalock，2005）相关。虽然前人研究已证实，资源损耗和压力感是工作相关变量影响婚姻幸福感的解释机制，但忽视了上级本身作为压力源（尤其是负性的上级行为、消极的员工—上级互动）也会引起员工的资源消耗，并可能对员工的工作与生活幸福感带来影响。

更进一步地，我们提出，家庭的社会阻抑行为，容易被员工的配偶知觉为一个压力源，从而降低夫妻双方感知的婚姻幸福感。Yucel（2016）的研究表明，与夫妻关系相关的问题（如婚姻冲突）是婚姻幸福感的最重要的预测指标。我们认为，通过夫妻间的消极互动的视角，有助于了解员工在工作中的消极体验如何传递至家庭生活以及配偶，进而影响双方的婚姻幸福感。因此，我们将社会阻抑行为作为自我损耗与婚姻满意度的中介变量，并提出如下假设。

H3：下级的自我损耗与配偶感知到的婚姻满意度显著地负相关，社会阻抑行为在其中起着中介作用。

5. 社会阻抑行为与婚姻满意度在夫妻之间的交叉影响

在家庭生活互动中，夫妻一方的表现能够影响另一方的认知、情感以及行为，而"交叉效应"（crossover effect）恰好能解释这种现象。直接交叉（direct crossover）是指个体的体验可以直接促进另一个体产生相似体验的过程，尤其在同一领域的亲密关系（如同事、朋友、配偶等）中更有可能产生（Bakker 和 Demerouti，2013）。Bakker、Westman 和 Emmerik（2009）的研究指出，个体在工作中的积极或消极的情绪体验，不仅会影响个体在家庭领域中的体验（溢出效应），也会直接影响家庭中配偶的积极或消极的情绪体验（交叉效应）。在以往工作—家庭冲突领域的研究已经证实，社会阻抑行为是交叉效应的行为传递者，并有可能会影响夫妻之间的婚姻满意度（马红宇等，2016）。相类似的研究指出，工作中丈夫体验到的压力感越大，妻子脾气爆发的频率越高，且婚姻满意感和生活满意度均有所下降（Burke、Weir 和 Duwors，1980）。因此，本研究提出如下假设。

H4a：夫妻双方报告的社会阻抑行为存在直接交叉效应。

H4b：夫妻双方报告的婚姻满意度存在着直接交叉效应。

三、研究一

由于假设模型的复杂性，我们将研究分为两部分进行。研究一的主要目的在于验证溢出效应，即员工与上级互动过程中的表层扮演，通过自我损耗和社会阻抑行为的中介作用，影响其配偶感知的婚姻满意度的过程。研究一的样本来自不同性质和岗位的员工，由员工自我报告表层扮演和自我损耗，并邀请其配偶报告员工的社会阻抑行为和婚姻满意度。研究二则以一个双职工夫妻为配对样本，其中社会阻抑行为采用夫妻互评方式，研究二在重复检验研究一中的溢出效应假设后，主要验证社会阻抑行为和婚姻满意度的交叉效应。研究一的目的是，验证员工与上级互动过程中的表层扮演对其自身及家庭生活的影响，即通过自我损耗和社会阻抑行为影响配偶感知的婚姻满意度（即假设 H1、H2、H3）。

1. 研究对象和过程

为保证数据的有效性，我们对样本的选择有如下要求：①已婚且拥有全职工作；②在工作中需要与自己的直接上级或主管进行互动；③自愿参与调研。我们采用方便取样和"滚雪球取样"相结合的方式收集数据。具体过程如下：第一阶段，在中部某大学的心理学课堂上招募了80名调研员，研究人员对调研员进行了系统的培训，由调研员招募合适的、便利的研究对象。调研员将装有问卷的信封交予愿意参与调研的在职员工对象，要求独立填答问卷。调研员同时邀请被试的配偶也参与我们的研究，在征得其配偶同意后发放配偶问卷，请其独立填答。现场填答完成的问卷由被试装入信封并密封后当场交给调研员。不能现场填答的问卷，被试可带回家中独立填答，事后把问卷装入已经贴好邮票和写好地址的信封中密封，并自行邮寄给调研人员。第二阶段，调研人员请这些愿意参与研究的夫妻介绍新的符合研究要求的被试，获得新被试的联系方式后，由调研人员亲自与这些新被试通过电话或面谈等方式沟通，在征求被试同意后，重复上述问卷填答的程序。调研过程中全程匿名，每一份问卷暗含一个代码，以便后续员工—配偶数据的匹配。调研员在获得被试的同意和有效数据后，会对每位被试以"微信红包"的方式给予物质报酬，所有的调研员也会获得相应的课程学分和物质奖励。

我们共邀请了 310 对符合要求的夫妻参与调研，其中 11 对拒绝了，问卷应答率为 96.5%。在回收的 299 份问卷中，有 14 份问卷由于填答不全或无法匹配的原因作废卷处理，有效问卷共计 285 对，有效填答率为 95.3%。其中，员工的平均年龄（$M = 37.56$，SD = 8.62），平均学历（$M = 5.32$，SD = 1.79），平均婚龄（$M = 12.96$，SD = 8.94），子女数量（$M = 2.12$，SD = 0.81），员工的平均工龄（$M = 7.44$，SD = 7.46）。样本来自全国不同省份，以及不同的行业与岗位，例如商业、金融业、服务业、医疗、教育、建筑、科研、工程、交通、制造、信息、公共管理等。

2. 研究工具

表层扮演。采用 Brotheridge 和 Lee（2003）修订的情绪劳动量表中的两个子量表（伪装情绪、隐藏情绪）来测量表层扮演，共计六个条目。采用 Likert 5 点计分，从 1 代表"从来没有"到 5 代表"总是"，请被试报告在过去一个月的工作中，平均每天与其直接主管 / 上级互动时的情绪调节行为频率。例如，"当与我的上级交往时，我会隐藏我在某些情境中的真实情绪感受""当与我的上级交往时，我假装表现出我内心其实并不存在的情绪感受"。在本研究中的内部一致性 α 系数为 0.79。

自我损耗。采用 Ciarocco、Twenge、Muraven 和 Tice（2014）编制的自我损耗量表，我们与原量表开发者 Ciarocco 取得联系并获得原始问卷，由 2 名英语翻译专业学生和 2 名心理学专业学生将问卷翻译成中文并进行回译，并由 1 名心理学专家校对后施测。该问卷简版共计 10 个条目，采用 Likert 7 点计分，从 1 代表"完全不同意"到 7 代表"完全同意"，内部一致性 α 系数为 0.94，该量表在其他研究中显示出良好的内部一致性（Reinecke、Hartmann 和 Eden，2014）。我们用该量表要求被试评价在过去一个月的工作中，平均每天感受到的心理资源的损耗，例如，"我感到无精打采""我感到自己已经失去了意志力"。在本研究中，该量表内部一致性 α 系数为 0.67。

社会阻抑行为。采用 Vinokur 和 van Ryn（1993）编制的夫妻间社会阻抑行为量表，该量表共计 5 个条目，从 1 代表"完全不符合"到 5 代表"完全符合"，要求员工的配偶来评价被试在过去一个月内双方互动时的行为，例如，"他 / 她会采用令人厌恶或愤怒的方式对待我""他 / 她总是批评我"，该量表在本研究中内部一致性 α 系数为 0.82。

婚姻满意度。采用堪萨斯婚姻满意度量表（Kansas Marital Satisfaction Scale, KMSS）（Schumm 等，1986），中文版由靳小怡等（2011）翻译，共计 3 个条目，从 1 代表"完全不同意"到 7 代表"完全同意"，例如，"我对我们的婚姻感到满意""我对我的配偶感到满意""我对我们夫妻之间的关系感到满意"。该量表在本研究中内部一致性 α 系数为 0.95。

控制变量。包括：性别、年龄、婚龄、子女数量、员工每日的工作时间、工作负荷、上下级关系年限、夫妻各自的受教育程度、家庭收入等。员工每天的工作时间和工作量作为压力源，可能会限制其处理人际关系上的时间和精力。工作负荷量表采用了 Spector 和 Jex（1998）编制的工作负荷量表，共计 5 个条目，采用 Likert 5 点计分，从 1 代表"从来没有"到 5 代表"每月有很多次"；在本研究中内部一致性 α 系数为 0.82。以往研究显示，男女在婚姻满意度上存在统计学上的显著差异（Jose 和 Alfons，2007）。年龄和婚龄（以年为单位）也将影响婚姻满意度，刚结婚时期，夫妻二人的婚姻满意度水平较高，随着年龄、婚龄的增加，婚姻满意度水平将有所下降或呈现出平缓的趋势（Umberson、Williams、Powers、Chen 和 Campbell，2005）。以往研究还表明，子女数量对婚姻满意度有负面影响（Twenge、Campbell 和 Foster，2003）。家庭月收入（1 代表低于 2000 元，每一等级增加 2000 元直到 9 代表 16000 以上）和学历（1= 未受过教育，2= 小学，3= 初中，4= 高中，5= 学士学位，6= 硕士学位，7= 博士学位）也作为控制变量，是因为家庭收入和学历从某种角度可以代表被试缓解工作和家庭生活压力可利用的资源。为保证统计效力，在理论的基础上根据相关分析的结果来进一步确定控制变量（Becker，2005）。

3. 研究结果

（1）共同方法偏差检验

为了尽可能减少共同方法偏差问题，在本研究中社会阻抑行为以及婚姻满意度采用配偶评价，其他变量采用员工自评。同时，我们采用 Harman 单因素因子分析进行检验，结果表明，四因素模型（表层扮演、自我损耗、社会阻抑行为和婚姻满意度）的拟合结果（$\chi^2 = 651.11$，$df = 246$，$\chi^2/df = 2.65$，IFI=0.85，TLI=0.83，CFI = 0.85，RMSEA=0.076）要优于单因素模型拟合的结果（$\chi^2 = 1661.35$，$df = 253$，$\chi^2/df = 6.57$，IFI=0.47，TLI = 0.42，CFI = 0.47，RMSEA = 0.140）。共同方法偏差问题对本研究的影响较小。

（2）描述性统计和相关分析

对 285 对员工—配偶配对数据进行分析，表 13-1 显示了研究变量之间的描述性统计和相关性。如表 13-1 所示，员工的性别、平均每天工作时间、上下级关系年限、家庭总收入与本研究的核心研究变量都没有显著相关。员工及其配偶的受教育程度与社会阻抑行为显著负相关，员工及其配偶年龄与婚姻满意度显著负相关，工作负荷与表层扮演显著相关。同时，夫妻年龄与受教育程度显著负相关。基于不重要的相关性，我们不再将被试的性别、年龄、家庭收入、上下级关系年限、每天的工作时间和婚龄作为控制变量，通过删除不相关的控制变量，可以减少 I 类错误并保持统计效力（Becker，2005）。而在随后的结构方程模型（SEM）分析中，由于工作负荷作为控制变量，并未呈现出与表层扮演之间的路径显著性（$p > 0.05$），且理论上两者之间并无直接相关，所以我们只考虑将员工受教育程度纳入模型，并考虑其与社会阻抑行为的相关。

表 13-1　各研究变量的平均数、标准差及相关矩阵（N=285）

变量	M	SD	1	2	3	4	5	6	7	8	9	10	11	12	13	14
1. 性别	00.57	00.50	—	—	—	—	—	—	—	—	—	—	—	—	—	—
2. 年龄	370.56	80.62	0.16**	—	—	—	—	—	—	—	—	—	—	—	—	—
3. 学历	50.32	10.79	-0.01	-0.32**	—	—	—	—	—	—	—	—	—	—	—	—
4. 每天工作时间	80.35	10.73	0.09	-0.04	-0.18**	—	—	—	—	—	—	—	—	—	—	—
5. 上下级关系年限	40.55	40.02	0.07	0.50**	-0.06	-0.07	—	—	—	—	—	—	—	—	—	—
6. 工作负荷	20.72	00.87	0.04	-0.14**	0.08	0.34**	-0.05	—	—	—	—	—	—	—	—	—
7. 配偶年龄	370.35	80.48	-0.01	0.95**	-0.33**	-0.07	0.46**	-0.16**	—	—	—	—	—	—	—	—
8. 配偶学历	50.26	10.85	-0.14*	-0.35**	0.75**	-0.19***	-0.09	0.06	-0.32**	—	—	—	—	—	—	—
9. 结婚年数	120.96	80.94	0.06	0.93**	-0.45**	-0.04	0.43**	-0.13*	0.93**	-0.44**	—	—	—	—	—	—
10. 子女数	20.12	00.81	0.07	0.37**	-0.44**	0.03	0.19**	-0.05	0.35**	-0.43**	0.42**	—	—	—	—	—
11. 家庭总收入	40.46	20.04	-0.02	-0.01	0.22**	-0.05	0.10	0.15*	00.00	0.18**	-0.02	0.17**	—	—	—	—
12. 表层扮演	20.61	00.69	-0.01	-0.10	0.10	0.09	-0.11	0.14**	-0.10	0.10	-0.12*	-0.12**	0.05	—	—	—
13. 自我损耗	20.98	00.92	0.01	0.03	-0.06	0.10	-0.05	-0.04	0.03	-0.05	0.01	0.01	-0.09	0.27**	—	—
14. 社会阻抑行为	10.76	00.77	-0.11	0.08	-0.19***	0.04	-0.03	0.02	0.09	-0.18**	0.09	0.12	-0.10	0.16**	0.28**	—
15. 婚姻满意度	50.79	10.22	-0.02	-0.13*	0.10	0.08	0.05	0.11	-0.12*	0.09	-0.11	-0.11	0.05	-0.15*	-0.27***	-0.57***

注：**$p < 0.01$，*$p < 0.05$。

（3）研究假设检验

采用结构方程模型（通过 Amos 21.0 软件）的统计方法来检验假设。由于本研究提出的模型中潜变量较多，测量题目也较多，且存在非正态分布，因此采用测量题目"打包法"来解决此类问题。参照 Little、Cunningham、Shahar 和 Widaman（2002）提出的"项目—结构平衡法"（吴艳，温忠麟，2011），将自我损耗和社会阻抑行为分别打包成 3 个观察指标（根据因子负荷）以缩小组间差异，对于表层扮演的测量题目则依照"隐藏情绪"和"伪装情绪"两个维度打包成两个观察指标。为了避免样本量较小以及分布非正态而造成的估计错误，使用 SPSS19.0 的 Process 插件偏差矫正的非参数百分位 bootstrap 法，检验各路径系数以及间接效应的显著性，共抽取 1000 个样本，并计算这 1000 个样本各路径回归系数和间接效应的 95%"偏差矫正置信区间"，当置信区间不含零时，则表明显著，若包含零则不显著。

图 13-2 显示了本研究所提出的理论假设模型的分析结果，包括从"表层扮演→自我损耗""自我损耗→社会阻抑行为""社会阻抑行为→婚姻满意度"三条路径，且路径分析结果均显著。在控制了员工的受教育水平后，模型的各项拟合指标如下：$\chi^2 = 76.55$，$df = 51$，$\chi^2/df = 1.50$，IFI = 0.98，TLI = 0.98，CFI = 0.98，RMSEA = 0.042。具体来说，假设 H1 中表层扮演和自我损耗的正相关得到支持（$\beta = 0.36$，$p < 0.001$）。自我损耗和社会阻抑行为之间的正相关显著（$\beta = 0.33$，$p < 0.001$）；同时，表层扮演通过自我损耗对社会阻抑行为的间接效应显著（95% CI = [0.04，0.15]），假设 H2 得到验证。此外，社会阻抑行为与配偶的婚姻满意度呈负相关，且相关显著（$\beta = -0.64$，$p < 0.001$）；非参数百分位 bootstrap 分析结果表明，通过社会阻抑行为，自我损耗对配偶的婚姻满意度的间接效应是显著的（95% CI = [-0.31，-0.12]），假设 H3 得到支持。除此以外，员工的受教

育程度与社会阻抑行为呈负相关（$\beta = -0.18$，$p < 0.01$，为了模型的简洁性并没有在图 13–2 中呈现）。以上数据分析的结果都支持假设 H1~H3。

[工作领域与上级互动]　　　　　　　　　　[家庭领域与配偶互动]

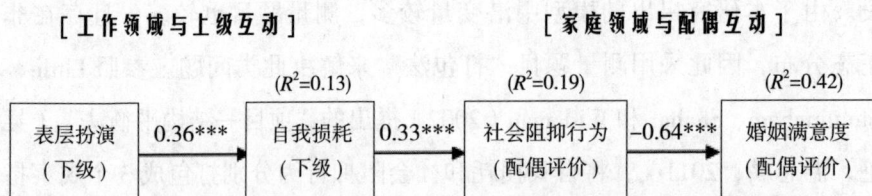

图 13–2　员工与上级互动的表层扮演对配偶婚姻满意度的影响

（注：图中数字为标准化的路径系数，R^2 是结果变量被解释的效应量，***$p < 0.001$）

　　由于我们构建的是一个过程模型，但采用横断研究设计，不能完全排除研究变量之间存在逆向关系或其他作用方式的可能性，接下来我们将假设模型与另外三个替代性模型进行比较。第一，员工同时报告了与上级互动中的表层扮演和自我损耗，那么也可能存在这一逻辑：由于资源的流失，经历了更高水平自我损耗的员工，更倾向于采用表层扮演。因此我们改变员工的表层扮演与自我损耗之间的关系方向，构建了替代性模型 M1。如表 13–2 的结果所示，对比 M1 和原假设模型，其卡方值增加了 2，表明原假设模型更优。第二，与模型 M1 同样的逻辑，配偶报告的社会阻抑行为与婚姻满意度之间的关系也可能倒置。当配偶的婚姻满意度较低时，他（她）对员工的一些消极互动行为的评估，将受到现有情感状态影响，很有可能更加敏感或带有批判性。因此，我们改变了社会阻抑行为和婚姻满意度之间的关系方向，构建了替代性模型 M2。结果显示，尽管可以接受 M2 的各项拟合指数，但原假设模型在卡方值方面表现更优。第三，我们构建了一个部分中介模型 M3。根据以往研究结果，员工在工作中与上级互动的表层扮演，也会导致员工在家庭中与配偶进行表层扮演（Wagner、Barnes 和 Scott，2014）。那么在 M3 中，我们增加了一条表层扮演影响社会阻抑行为的路径。然而 M3 的新路径并没有改善模型的拟合。综上所述，结果方程模型的检验结果，为原假设模型提供了较好的支持，并且自我损耗和社会阻抑行为在模型中的中介效应显著。

表 13-2　模型比较结果

模型	χ^2	df	IFI	TLI	CFI	RMSEA	$\Delta\chi^2$	Δdf
M0：假设模型	51.11	41	0.99	0.99	0.99	0.032	—	—
M1："ED → SA" + "ED → SUB → MS"	53.11	41	0.99	0.99	0.99	0.032	2	0
M2："SA→ED→SUB" + "MS → SUB"	73.24	41	0.98	0.97	0.98	0.053	22.13	0
M3："SA → SUB" + M0	51.30	40	0.99	0.99	0.99	0.032	0.19	1

注：M0 为原假设模型，"+"表示增加路径，$\Delta\chi^2$ 和 Δdf 均是与原假设模型比较结果。SA= 表层扮演；ED= 自我损耗；SUB= 社会阻抑行为；MS= 婚姻满意度。

四、研究二

在研究一的基础上，研究二基于另外一个双职工夫妻的样本，进一步重复检验假设 H1~H3 的溢出效应，同时检验双职工夫妻在社会阻抑行为和婚姻满意度方面的交叉效应，即假设 H4。

1. 研究对象和过程

研究过程与研究一基本一致。我们另外招募了 30 名心理学专业本科生和研究生调研员，并进行了调研培训，同样采取便利抽样和"滚雪球"抽样相结合的方式来获得样本和数据。与研究一不同的地方在于，本次研究对象必须是双职工夫妻，即夫妻双方均有全职工作，且工作中需要与自己的直接上级进行互动。另外，在夫妻双方各自填答的问卷中，丈夫需要评价妻子的社会阻抑行为，而妻子需要评价丈夫的社会阻抑行为，其余变量相同（如表层扮演、自我损耗、婚姻满意度、控制变量等），且均需要自我报告。我们共邀请 191 对双职工夫妻参与研究，其中有 14 对夫妻拒绝参加，问卷应答率为 92.67%。在回收的 177 对问卷中，有 7 对夫妻的问卷由于填答不全或问卷无法匹配的原因作废卷处理，有效问卷共计 170 对，有效填答率为 96.05%。其中，丈夫的平均年龄（$M = 34.01$，$SD = 8.22$），平均工龄（$M = 6.48$，$SD = 6.64$），妻子的平均年龄（$M = 32.58$，$SD = 8.16$），平均工龄（$M = 5.51$，$SD = 6.13$），婚龄（$M = 7.99$，$SD = 8.54$），子女数量（$M = 1.78$，$SD = 0.64$）。样本是来自全国不同省份和不同行业、岗位的员工。

2. 研究工具

研究二中所采用的全部量表与研究一中相同。其中，表层扮演量表在丈夫样本中的内部一致性 α 系数为 0.81，在妻子样本中的内部一致性 α 系数为 0.73；自我损耗在丈夫样本中的内部一致性 α 系数为 0.81，在妻子样本中为 0.81。社会阻抑行为在丈夫样本和妻子样本中的内部一致性 α 系数分别为 0.86 和 0.88。婚姻满意度在丈夫样本和妻子样本中的内部一致性 α 系数分别为 0.94 和 0.97。在夫妻双方的问卷中都纳入了与研究一相同的控制变量。但根据数据的相关分析结果，夫妻双方的受教育程度与主要研究变量都没有显著相关，但子女数量与丈夫的社会阻抑行为相关显著，与妻子的自我损耗相关显著。

3. 共同方法偏差检验

为了尽可能减少共同方法偏差问题，在样本二中采用夫妻配对研究，特别地，我们请夫妻双方互评社会阻抑行为。另外，根据 Harman 单因素因子分析检验的结果表明，在丈夫的样本中，四因素模型的拟合结果（$\chi^2/df = 2.28$，IFI = 0.85，TLI = 0.83，CFI = 0.85，RMSEA = 0.087），要优于单因素模型拟合的结果（$\chi^2/df = 5.97$，IFI = 0.41，TLI = 0.34，CFI = 0.40，RMSEA = 0.171）；

在妻子的样本中，四因素模型拟合结果（ $\chi^2/df = 2.16$，IFI = 0.86，TLI = 0.84，CFI = 0.86，RMSEA = 0.083），要优于单因素模型拟合的结果（ $\chi^2/df = 5.36$，IFI = 0.46，TLI = 0.41，CFI = 0.46，RMSEA = 0.161）。因此，共同方法偏差对本研究的影响较小。

4. 描述性统计和相关分析

将双职工夫妻各自主要的变量，如表层扮演、自我损耗、社会阻抑行为、婚姻满意度，以及控制变量（子女个数）进行相关分析，各变量的描述性统计和相关分析的结果如表 13-3 所示。

表 13-3　双职工夫妻各研究变量的描述性统计与相关矩阵

变量		M	SD	1	2	3	4	5	6	7	8
丈夫 (n=170)	1. 表层扮演	2.79	0.69	—	—	—	—	—	—	—	—
	2. 自我损耗	3.37	0.94	0.43***	—	—	—	—	—	—	—
	3. 社会阻抑行为	1.82	0.85	0.23**	0.24**	—	—	—	—	—	—
	4. 婚姻满意度	5.93	1.23	−0.17*	−0.23**	−0.59***	—	—	—	—	—
妻子 (n=170)	5. 表层扮演	2.67	0.59	0.36***	0.23**	0.29***	−0.26**	—	—	—	—
	6. 自我损耗	3.36	0.88	0.14	0.30***	0.15*	−0.11	0.09	—	—	—
	7. 社会阻抑行为	1.64	0.81	0.05	0.15*	0.04***	−0.42***	0.24**	0.20**	—	—
	8. 婚姻满意度	5.84	1.25	−0.04	−0.01	−0.42***	0.58***	−0.27***	−0.08	−0.59***	—
	9. 子女个数	1.78	0.64	−0.02	−0.01	0.17*	−0.08	0.05	−0.19*	0.13	−0.10

注：***$p < 0.001$，**$p < 0.01$，*$p < 0.05$。

5. 假设检验

在模型检验前，数据处理步骤同研究一，同样依据"项目—结构平衡法"和维度对测量题项进行"打包"。采用结构方程模型来检验研究假设模型。如图 13-3 所示，本研究所提出的理论模型拟合较好（$\chi^2/df = 1.88$，IFI = 0.93，TLI = 0.91，CFI = 0.92，RMSEA = 0.072）。模型中，我们控制了子女数量对丈夫社会阻抑行为的影响（$\beta = 0.23$，SE = 0.12，$p < 0.05$），但为了模型简明，并没有在图 13-3 中显示，子女数量虽然与妻子的自我损耗显著负相关，但理论上解释不通，并没有将这条路径纳入模型。如图 13-3 所示，"妻子的表层扮演→自我损耗"路径呈边缘显著，"丈夫的社会阻抑行为→妻子的社会阻抑行为"不显著，其余的假设路径均显著。

在综合考虑中介效应检验时 I 类型错误概率和统计功效，选用 MacKinnon 等人（2002）和 Taylor 等人（2008）推荐的联合显著法（方杰、张敏强、邱皓政，2012），对本研究中所提到的假设进行检验。结果发现，丈夫的"表层扮演→自我损耗→社会阻抑行为"的每条路径均显著，同时自我损耗的中介效应显著（95% CI = [0.01，0.31]）；妻子的"表层扮演→自我损耗→社会阻抑行为"的每条路径均显著，自我损耗的中介效应显著（95% CI = [0.03，0.30]），假设 H1、H2 分别在夫妻双方的样本中再次得到验证；丈夫的"自我损耗→社会阻抑行为→婚姻满意度"的每条路径均显著，社会阻抑行为的间接效应显著（95% CI = [−1.01，−0.64]）；妻子的"自我损耗→社会阻抑行为→婚姻满意度"的每条路径显著，社会阻抑行为的间接效应显著（95% CI = [−1.08，−0.68]），假设 H3 也分别在夫妻双方的样本中再次得到验证；"社会阻抑行为（丈夫）→社会阻抑行为（妻子）"这条路径不显著（$\beta = -0.13$，SE = 0.29，$p > 0.05$），而"社会阻抑行为（妻子）→社会阻抑行为（丈夫）"的路径显著（$\beta = 0.58$，SE = 0.17，$p < 0.01$），假设 H4a 部分得到验证；"婚姻满意度（妻子）→婚姻满意度（丈夫）"（$\beta = 0.25$，SE = 0.10，$p < 0.01$）与"婚姻满意度（丈夫）→婚姻满意度（妻子）"（$\beta = 0.22$，SE = 0.09，$p < 0.05$）均显著，

假设 H4b 得到验证。

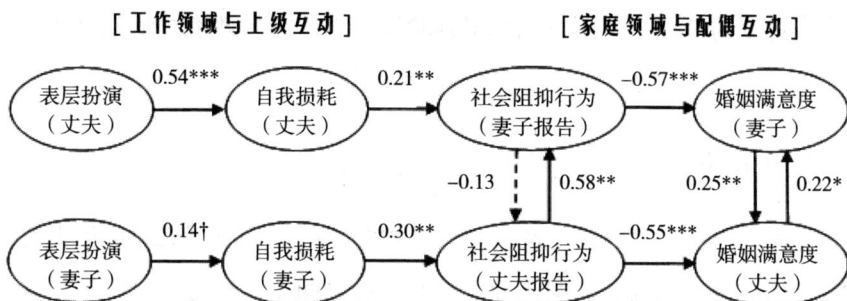

图 13-3 双职工夫妻表层扮演的溢出—交叉效应

（注：$†p < 0.1$，$*p < 0.05$，$**p < 0.01$，$***p < 0.001$）

五、讨　论

　　结合溢出—交叉模型和有限自控力理论，本研究提出并验证了一个新的理论模型，解释了下级在工作中与上级互动时的表层扮演是如何影响自我控制资源的损耗，导致家庭领域中夫妻间的社会阻抑行为，并最终影响婚姻幸福感的过程。研究结果表明，在工作场所中，下级与上级互动中的表层扮演与自我损耗、社会阻抑行为正相关，并最终会导致婚姻满意度的下降。并且本研究发现，夫妻间的社会阻抑行为存在不对称的直接交叉效应，即妻子的社会阻抑行为会显著正向影响丈夫的社会阻抑行为，但丈夫的社会阻抑行为对妻子的社会阻抑行为没有显著影响，这和马红宇等人（2016）的研究结果一致。相关研究也指出，相较于男性，女性更加倾向于维持一种友好和谐的关系（Timmers、Fischer 和 Manstead，1998），且受到中国"男主外，女主内"思想的影响，相对于工作领域，家庭领域才应当是女性的第一战场，那么就有可能存在，妻子会更加倾向于将丈夫的这种消极互动合理化，认为丈夫在工作领域受到的压力和影响，可以在家庭中进行宣泄，而作为妻子，更应当做好贤内助的角色。此外，夫妻间的婚姻满意度的直接交叉效应完全得到验证。本研究的理论贡献及对实践启发如下。

1. 理论贡献

首先，本研究将情绪劳动的研究，由与组织外部成员之间（员工与顾客），拓展至内部成员之间（即上级与下级之间），这是本研究最显著的一个理论贡献。尽管领导力研究者一直强调上级过程会对成员（下级）的情绪与情感产生重要影响（Humphrey，2002），但至今鲜有研究探讨过下属与主管/上级互动时的情绪调节过程及其影响。正如Tepper、Moss、Lockhart和Carr（2007）所指出，主管或上级拥有相对较高的权利和地位，并可以分配组织中各类有价值的资源，对这些资源具有依赖性的下属，在与直接主管/上级互动时，主动压抑自身消极情绪、努力表现出积极的状态，是十分现实的选择。因为，通过这种方式的情绪调节，一方面有利于保持与上级高质量的关系，另一方面有助于获得上级拥有的有价值的重要资源（Ozcelik，2013）。尽管上述观点在理论上是成立的，但在情绪劳动的实证研究中尚未得到检验和证实。研究证实，员工会更多地采取表层扮演的方式来应对来自消极上级行为（如辱虐型主管）的压力（Carlson等，2012；Wu和Hu，2013）。而本研究则直接检验了下级与上级互动时的表层扮演的后续影响结果，也是对上述研究的进一步拓展。

其次，本研究以有限自控力理论为基础，解释了在与上级互动的过程中，下级的表层扮演的消极效应的溢出过程，即导致自我损耗，引发与配偶的消极互动（自控失败），进而降低婚姻满意度。研究一的结果说明，下级在与上级互动的过程中，尤其是在控制了受教育程度后，表层扮演→自我损耗→社会阻抑行为的每条路径均显著，效应值为0.12。这说明，下级在工作中的表层扮演将消耗有限的心理资源，并导致下级没有足够的资源来应对家庭行为表现，因此下级会更加容易与配偶发生冲突，或采取消极的人际互动，并最终导致婚姻满意度的降低。相关研究也指出，在工作情境中，高自我损耗状态的员工更加容易产生消极的工作态度，并影响其后续的工作绩效，且更容易出现偏差行为（Hagger 等，2010）。而在家庭领域中，夫妻间的消极互动有可能影响婚姻满意度。因此，基于研究一的结果，研究二则把焦点放到了双职工家庭，并假设夫妻双方在职场中与上级的消极互动最终会通过"溢出—交叉"机制降低彼此的婚姻满意度。结果证实了假设，同时也说明，如果员工与互动对象之间关系不平等时，尤其是对方掌握着一定的资源时（如上级、客户等），员工更加倾向于假装情绪或压抑、隐藏真实的情绪和情感，而表现出组织或对方所期待或要求的情绪；但若与互动的对象是平等关系（如配偶），员工更加倾向放下伪装，选择发泄在组织中所忍受的消极情绪 / 压力，甚至会在与配偶的互动中采取一些消极的互动模式。

此外，本研究还将情绪劳动的影响研究从工作领域扩展至家庭领域中的一些有意义的结果变量。回顾以往关于情绪劳动结果变量的研究，不难发现其结果变量主要聚焦在与工作相关的结果变量（Grandey，2000），虽然近几年也有研究考察情绪劳动对工作—家庭冲突的影响（Noor 和 Zainuddin，2011；Sanz-Vergel 等，2012；Wagner 等，2014；Yanchus 等，2010），但尚不清楚工作中的情绪劳动是否影响家庭领域中其他重要问题（如婚姻问题），同时也缺乏实证研究来检验情绪劳动对个体影响是如何在不同领域中溢出，并在人与人之间进行交叉影响。所谓"没有幸福的家庭，难有成功的事业"。由于夫妻之间消极的互动会降低婚姻满意度、破坏家庭功能，而这又会通过"家庭→工作"的溢出，对工作和组织造成负面影响（Sandberg、Yorgason、Miller 和 Hill，2012）。最近，学者们提出，以往情绪劳动的研究过度关注与工作相关的结果变量（如工作倦怠、工作满意度等），忽视了对"全人"的影响，例如，工作中的情绪调节是否影响其他重要的人际关系和个体幸福感变量（如同事关系、夫妻关系、友谊关系、家庭成员的健康问题等），目前还缺乏研究，未来应改变这一趋势（Grandey 和 Gabriel，2015；Grandey 和 Krannitz，2015；Krannitz 等，2015）。本研究呼应了这一倡导，首次探索了与上级互动的表层扮演对夫妻关系和婚姻幸福的影响。本研究的结果表明，在工作中与上级的表层扮演通过自我损耗和夫妻间的社会阻抑行为这两个中介变量，最终影响家庭领域中的婚姻满意度。

2. 实践意义

本研究对组织、上级和员工均有重要的实践启示。首先，对于组织而言，需要让各层级管理人员和上级意识到，当员工与他们互动时，存在不同程度的情绪与情感要求，如果出现消极的情感互动会给员工带来诸多消极影响，并且这一消极效应可能会超出工作领域，比如影响员工的家庭生活。其次，组织可以通过相关的领导力培训，让上级掌握一些情绪管理策略，减少消极情绪的呈现，通过真诚、平等的交流，增强成员之间的信任，从而降低员工的表层扮演，促进员工表达其真实的情绪和情感，进而使员工表现出积极的工作态度、高水平的自尊（Brown、Treviño 和 Harrison，2005）。再次，上级除了需要掌握情绪管理的相关技能外，还应当积极主动地为员工提供正式或非正式的资源和支持。最后，组织在招聘时，也可以倾向于去招聘那些具备人际能力、更加擅长人际沟通的员工，因为他们对于表层扮演的感受并没有那么强烈，其相应的消极影响也没有那么严重（Krannitz 等，2015；Richards 和 Gross，2006）。

本研究还表明，下级表层扮演的消极影响之所以能溢出到家庭领域，并对家庭成员（配偶）产生交叉影响，其中关键的一个因素是，情绪调节行为需要消耗有限的心理资源，而个体为了维持资源的平衡，不得不通过其他方式来弥补这种资源损失（Goldberg 和 Grandey，2007），这将会导致后续需要自我控制的任务缺乏足够的资源进行支持。但自我损耗效应也指出，可以通过一些方式重新获得或补偿损失的资源，比如可以通过参与一些休闲活动（Brummelhuis 和 Trougakos，2014）、高质量睡眠（Diestel、Rivkin 和 Schmidt，2015）、减少在家庭中使用与工作相关的通信设备的频率等（马红宇等，2016）。下级在工作中还可以通过适当的休息来缓解工作中的损耗（Grandey 等，2012）。此外，下级还可以通过相关策略来训练自我控制能力，保存并合理分配有限的心理资源（Muraven，2010）。上述策略都有助于缓冲资源的损耗效应。

3. 局限与展望

本研究依然存在一定的缺陷。首先，由于本研究均采用自我报告的形式，因此会存在一定程度的共同方法偏差问题。在研究一中，社会阻抑行为和婚姻满意度均来自下级的配偶评价，而表层扮演、自我损耗等变量来自下级的自我报告；研究二的双职工夫妻配对研究中，社会阻抑行为同样是配偶评价。同时，在问卷设计过程中，我们也试图通过改变不同量表的反应方式来降低被试填答问卷的一致性偏差。除此之外，我们在研究中也控制了一些相关变量，比如子女数量、受教育程度，等等。

其次，由于本研究采用横断研究设计，可能难以有效排除反向因果的可能。例如，低水平的婚姻满意度与家庭冲突相关，继而引起与压力有关的反应（如倦怠、资源耗竭），这可能会反过来影响员工在工作中的表现（Krannitz 等，2015）。为此，我们选择的被试必须在工作中经常与上级进行互动，并且我们测量的是过去一个月内在工作中的自我损耗水平。比较理想的做法是采用体验式抽样（experience sampling）（如日记法），测量下级每天工作日内与上级互动的表层扮演以及下班后的自我损耗，然后通过配偶测量其家庭行为。这种设计有助于考察个体内的变化过程，并能降低回忆偏差（Gunthert 和 Wenze，2012）。

此外，未来还可以探索表层扮演影响婚姻满意度的其他解释机制。比如，有研究发现，当表层扮演成为一种自动化的行为习惯后，员工即使在与家庭成员互动时，也会无意识地采用表层扮演（Wagner 等，2014），但这样做容易导致工作—家庭冲突（Krannitz 等，2015）。鉴于与上级互动中的表层扮演会损害配偶的婚姻幸福感，未来研究还可探讨缓解这种不利影响的变量，比如自我控制能力以及有助于节约和恢复心理资源的方法（如下班后对工作的心理脱离、修复体验等）。根据工作—家庭的边界理论（Ashforth、Kreiner 和 Fugate，2000），未来还可以检验个体对工作—家庭边界的分割偏好是否有助于缓解自我损耗的溢出效应。

最后，本研究仅关注表层扮演的影响结果，未来可以进一步研究下级与上级互动时选择不同情绪调节策略的前因变量。例如，已有研究考察过辱虐型上级与员工表层扮演的关系（Carlson 等，2012；Wu 和 Hu，2013），道德型上级能够减少员工的表层扮演（Brown 等，2005），但对于下级何时、何地、为何与上级互动时采用表层扮演、深层扮演，抑或真实情绪的自然表达，我们仍知之甚少。此外，本研究仅研究了表层扮演对配偶的影响，其他关系对象如同事、朋友、其他家庭成员（如孩子）会受到哪些影响，也有待未来的研究。

六、结论

本研究基于一个下级—配偶的配对样本和一个双职工夫妻样本，考察了下级与上级互动中表层扮演的情绪劳动策略对下级及其配偶的影响与机制，可得出以下结论：①下级与上级在工作场所互动时的表层扮演，会使下级有限的自我控制心理资源产生"自我损耗"。②下级与上级互动时表层扮演所导致的自我损耗，会进一步导致下级在家庭生活中与配偶互动时表现出更多的社会阻抑行为，并最终对配偶的婚姻幸福感带来消极影响。
③由自我损耗导致的社会阻抑行为在双职工夫妻之间存在不对称的直接交叉效应，妻子对丈夫的社会阻抑行为容易引发丈夫对妻子做出类似的社会阻抑行为，但丈夫对妻子的社会阻抑行为不一定能引发妻子类似的行为。
④双职工夫妻之间的婚姻满意度存在着直接交叉效应，丈夫对婚姻的满意度会导致妻子出现类似的婚姻满意度，反之亦然。

第十四章　上下级互动中的
情绪表达策略

　　以往学术界对于上下级关系的研究主要基于社会交换理论视角，无论是对于西方情境下的上下级关系研究，如领导—成员交换关系，还是对于中国情境下的上下级关系研究，都是如此。然而，社会交换的核心机制是理性算计，这就导致该理论视角难以解释上级与下级之间偏感性色彩的情感互动与情绪表达问题。在上一章我们研究了下级在工作场所与上级的情绪表达对下级婚姻幸福感的影响机制，这是对上下级情感互动研究的初步探索，但这个研究仅仅聚焦于表层扮演的情绪表达策略。

　　在本章里，我们试图：①进一步扩展这个研究，不仅探讨表层扮演，还将纳入其他情绪表达策略（如深层扮演、情绪自然表达）；②不仅探讨下级的情绪表达，还将分析上级的情绪表达及其可能的影响；③更进一步地，不仅考察工作场所中的情绪表达，还将考察工作场所之外的互动与情绪表达，我们认为这在中国是比较有特色的现象。由于我们即将探讨的问题前人还很少涉及，缺乏相关的实证研究，因此我们将采用深度访谈的方法收集质性资料，进行归纳研究。

一、文献回顾与研究目的

1. 工作场所情绪表达策略

对工作场所情绪表达策略的传统研究领域是情绪劳动。情绪劳动是员工为了在工作中获得酬劳，在与服务对象（如顾客）进行互动时管理自己的情绪，从而展现出可以被接受的表情和姿态（如"微笑服务"）（Hochschild，1983）。Hochschild（1983）指出在情绪劳动中，包含两种普遍性的情绪表达策略，即表层扮演和深层扮演。表层扮演是指当组织要求做的情绪表达与员工内心真实感受不一致，他们会做出符合当前环境要求的一些行为，主要包括对表情、行为、语气和声音这些表面上行为的调节。表层扮演是在情绪感受出来后通过压抑和伪装情绪来改变情绪表达的过程（Brotheridge 和 Lee，2002）。表层扮演仅注重对情绪外在表现模式的调节，不会改变自己内心真正情绪的体验，导致出现内心感受的情绪与外部表达的情绪不一致。而深层扮演主要是调节自己内心的主观情绪体验，如改变自己的认知来从内部获得与组织期望相一致的情绪感受（Gross，1998）。换言之，深层扮演是在行为、感觉或生理反应倾向被唤起之前，就对情绪认知产生了调节（Grandey，2000；Gross，1998）。长期以来，表层扮演和深层扮演成为情绪劳动和职场情绪管理研究中最为常见的两种策略。

其实，在工作场所中，员工有时自发、真实、自然地表达自己内心的情绪感受，也会符合社会期望和组织的要求，而不一定会刻意去进行努力调节，从而唤起正确的情绪，例如护士看到受伤的孩子可能会自然地同情和关心（Ashforth 和 Humphrey，1993）。因此，近年来一种新兴的情绪表达策略——自然表达（the expression of naturally felt emotions），受到了学者们的关注（Diefendorff、Croyle 和 Gosserand，2005）。并且 Diefendorff 等

（2005）通过研究表明，表层表达、深层表达和自然表达是三个相互独立的维度或情绪表达策略。研究还表明，由于表达真实情绪会给人带来一种真诚感，不仅不会引起一些负性的结果，还会给客户和员工本人带来积极的影响（Humphrey、Ashforth 和 Diefendorff，2015）。

2. 上下级互动中的情绪表达

Ashforth 和 Humphrey（1993）较早对情绪劳动的研究由服务业向组织中进行了拓展，他们指出，上级在工作环境中也经常需要进行情绪劳动，无论他们是否处于服务行业，上级都要在公众（尤其是下级）面前管理好自己的情绪，这就产生了情绪劳动。后来有研究也指出，情绪劳动不仅指向组织外部客户（如员工—顾客、医护人员—病人等），同时也可以存在于组织内部（如上下级、同事）之间（Grandey、Kern 和 Frone，2007）。另有实证研究表明，员工在与上级的互动过程中，会感受到较少的积极情绪，如果员工采取情绪劳动策略（如表层扮演）会降低他们的工作满意度，增加工作压力感（Bono、Foldes、Vinson 和 Muros，2007）。但总体而言，目前大部分的研究情绪劳动的领域都是在关注员工与顾客之间的交互关系，探讨组织内部成员之间的情绪劳动和情绪表达策略的研究仍然较少，这也是一个值得继续深入研究的方向。

以往对于组织中上下级关系的研究，学术界大多采用社会交换的理论视角，虽然研究成果颇丰，但大多聚焦于上级与下级之间的工具性、物质性交换与回报，对情感性层面交流的关注较少，尤其是上下级之间可能存在的情绪劳动问题，仅有少量研究在概念和理论层面进行过分析和探讨（Grandey、Kern 和 Frone，2007）。由于中西文化的差异，在中国本土文化下的上下级关系呈现出与西方国家不一样的特点，上级与下级之间的交流与关系互动不仅是存在于工作环境中，上级对下级的关心不仅是在工作方面，上下级之间在非工作环境中的深入交流和互动、对相互私人和生活问题的关心也比较常见（郭晓薇，2011）。例如，在西方社会中，人们的工作和生活是严格区分的，上级和员工在下班后很少交流互动；中国文化背景下，工作和生活密不可分，上级和员工在生活中也会有联系和互动，这既是管理活动的自然延伸，有助于维系良好的上下级关系，也是提高管理成效的一种策略和必要方式。

3. 研究目的

本研究的主要目的是基于中国文化背景，研究在工作中与非工作环境的互动过程中，上级与下级之间情绪表达策略的差异化表现及影响。具体而言，本研究将基于两种互动情境（工作中 / 非工作中）和两个观察视角（上级 / 下级）来全面了解互动双方的情绪表达策略（表层扮演、深层扮演、自然表达）的运用情况及其对互动双方的影响。鉴于上述问题在前人文献中很少涉及，我们将主要以质性的访谈法（即归纳法）开展探索性的研究。

二、研 究 方 法

1. 访谈对象

本研究选取的被试主要是在工作中具有上下级关系的在职人员，要求上下级之间在工作中和生活中都必须具有一定的交流与接触。采用便利取样法，我们选取了 10 对上下级，分别进行独立的深度访谈。选取的上下级对象所属企业性质不限，包含国有企业、私营企业和其他性质的单位，访谈结束后会有小礼物作为酬谢。

通过对这 10 对上下级的人口学信息分析可知，在上级样本中，男性 8 位，女性 2 位；在下级样本中，男性 4 位，女性 6 位；上级平均年龄 36 岁，平均工龄 10.9 年；下级平均年龄 26.9 岁，平均工龄 2.6 年。这 10 对上下级分布在不同的行业中，包括广告公关、贸易、金融、医疗、娱乐等相关行业。研究人员对访谈对象进行了编号，1~10 号为上级，11~20 号为下级，另外，编号进行成对记录，1 号上级对应 11 号下级，依次类推。具体见表 14-1。

表 14-1　访谈对象的基本信息

编号	性别	年龄	行业类别	工作年限（年）	职位
1	男	32	广告公关	8	设计总监（上级）
2	男	28	对外贸易	5	市场主管（上级）
3	男	40	金融	13	业务经理（上级）
4	女	31	广告公关	7	项目总监（上级）
5	男	55	娱乐	25	董事长（上级）
6	男	37	电信	12	培训师（上级）
7	男	35	咨询与调查	10	业务经理（上级）
8	男	32	互联网信息	9	客户经理（上级）
9	男	35	通信设备	10	项目经理（上级）
10	女	35	医疗机构	10	护士长（上级）
11	女	25	广告公关	2	设计专员（下级）
12	女	24	对外贸易	1	市场专员（下级）
13	男	30	金融	5	业务专员（下级）
14	女	24	广告公关	1	项目专员（下级）
15	女	35	娱乐	8	大堂经理（下级）
16	女	28	电信	3	培训专员（下级）
17	男	26	咨询与调查	1	业务专员（下级）
18	男	25	互联网信息	1	客户专员（下级）
19	男	28	通信设备	3	项目专员（下级）
20	女	24	医疗机构	1	护士（下级）

2. 访谈提纲

访谈提纲是访谈成功的关键。本研究采用半结构化的访谈设计，尽量使受访者更加自由开放式地回答问题，能够在本研究的领域范围内，自发地谈论相关的问题。该访谈提纲结合相关文献与研究问题，经研究小组反复讨论后初步确定，后来通过 3 次预访谈，对访谈提纲进行了进一步的修订，形成了正式的访谈提纲。

3. 访谈实施

访谈地点选取相对安静舒适的环境，并尽量避免选择办公场所。访谈之前会与受访者约定好时间、地点，访谈时在经访谈对象同意后可进行录音。在本研究的访谈过程中，存在有些被试不愿意接受录音的情况，针对这些访谈对象，研究者将会以笔记的形式对访谈内容进行记录。在访谈过程中，按照提纲的顺序依次询问，但由于是半结构化的访谈，所以在访谈过程中也没有干涉受访人员的自由表达与发挥。

4. 资料分析方法

在访谈结束之后，研究者将录音材料转录为文本材料，在转化为文字稿期间要多次进行回听，以保证文字材料的准确性。在资料的分析中主要采用协商一致的质性研究方法（Consensual Qualitative Research，CQR）。数据的分析过程由 3 名研究者组成的小组完成，CQR 的核心就是研究组成员一致同意。所以在资料分析过程中，小组成员会经过自己独立思考，然后倾听他人意见，相互尊重、相互协商，最终达到一致的结果。另外，为了防止研究小组成员出现偏差，将邀请一位组外人员作为审核员（auditor）。根据 CQR 的程序，该研究主要包括以下三步：区域编码（domain），提炼核心观点（core idea）和交叉分析（cross analysis）。具体操作如下。

（1）区域编码

每名研究者对转录后的文本材料进行独立、认真的阅读，对于每一份材料进行独立的编码，在每一个单独的访谈中根据问题的内容来进行"域"的划分。在本研究中，首先会将每一份独立的材料划分为：工作中的情绪表现、非工作中的情绪表现、情绪表现差异的原因、情绪表现差异的影响，以及造成影响的因素这几个领域。当所有人独自完成对材料的编码后，会集体讨论，直至结果基本上一致。

（2）提炼核心观念

小组成员先自行阅读每个域下面的原始访谈材料，将其概括为核心观点，归纳出相对应的关键词，并且可以对其加以解释。其间需要对每一个文本材料做单独的内部分析，统计出文字材料中出现的最关键的意义，作为本材料的观点，便于下一步进行的材料之间的总结归纳与频数统计分析。小组成员在提炼这些核心观念的时候，要尽量做到忠实于原文，不要去主观臆断。当所有小组成员都独立完成自己的核心观念提取后，再一起进行讨论，直到成员的意见基本统一。

（3）交叉分析

前面的过程是对每一份访谈材料进行单个的提取，该步骤是将研究材料进行水平的分析归类，将之前完成的每一份编码材料中提取到的关键词进行总结归纳，将所有独立数据的核心词汇综合到一起，分别就上级和下级的结果进行各自独立分析以及相互对比分析。另外还须对于核心词汇出现的频次进行总结，并对结果进行相应的归纳整理，从中发现本研究所须探究的相关问题。

（4）审核

在整个数据分析的过程中，邀请到另一位管理心理学研究专家就整个分析过程进行审核，在以下两个阶段进行：一是在进行区域编码和关键词提取的小组讨论结束后，审核员须确认，提取出来的关键词在原始的文本材料中是否出现，是否所有的核心材料、关键词都有被归纳出来，数据的完整度如何，以及观点表达是否间接明了这些基本问题。二是在交叉分析过程中，对于频数的总结与判定和所划分的类别是否一致提出相关的改进意见。

三、研 究 结 果

1. 上级在工作和非工作情境中的情绪表达策略

在 10 位上级的访谈资料中，我们可以了解到上级在工作场所与非工作环境中有着不同的情绪表现。基于对文本材料进行的编码分析，我们归纳出的 10 位上级在工作环境和非工作环境中与下级在交流互动中的不同情绪表达策略，即表层扮演、深层扮演、自然表达的频数，具体如表 14-2 所示。

表 14-2　上级在工作与非工作中与下级互动时的情绪表达策略（N=10）

情境	类别	频数（%）	示例
工作场所中	表层扮演	6（60%）	"不会当场表现出自己的不满，会展示出比较有素质的老板形象""心里会有些想法，但我不会说""对自己真实感受的一些隐藏，都是自然而然的"
	深层扮演	4（40%）	"不能过多表露真实的自己，而是要表达出工作中所需要的样子""我把这些情绪管理当成工作的一部分"
	自然表达	0（0%）	无
非工作场所	表层扮演	0（0%）	无
	深层扮演	2（20%）	"我不会跟任何人表露自己，已经形成了一种习惯""还是会自然地对自己做些管理"
	自然表达	8（80%）	"会去坦诚地聊一些自己的事情""一般有什么都会直接说""大家都比较放得开"

根据表 14-2 可知，上级在工作环境中都是存在情绪劳动的，在表层扮演和深层扮演中，以表层扮演为主。另外表 14-2 表明，工作环境下的自然表达的频数为零，这并不是指上级在工作中没有出现过真实情绪表达，这里的频数统计是数据间的水平统计，通过单独分析每份材料后运用显著的结果作为该数据的提取结果。该结果表示，就每一个上级而言，他们在工作中真实自然表达情绪的情形是较少的。同时，我们可以发现非工作环

境中，上级与下级的交流一般以真实自然的情绪表达为主，表层扮演和深层扮演的情绪劳动策略表现得较少。同理，表层扮演频次为零仅能说明，单独的访谈数据中存在较少的表层扮演，以自然表达为主，并且深层扮演的策略也是少量运用的。

2. 下级在工作和非工作情境中的情绪表达

通过对访谈数据的分析，按照同样的方法我们归纳出 10 位下级在工作环境和非工作环境中与上级交流互动中的表层扮演、深层扮演、自然表达频数，如表 14-3 所示。

表 14-3　下级在工作与非工作中与上级互动时的情绪表达策略（N=10）

情境	类别	频数（%）	示例
工作场所中	表层扮演	7（70%）	"有些情绪感受，就不会表达" "工作中自己的真实情绪不会表露出来，有时候还是比较累" "任务太多了什么的，就算心里是这么想的，也不会和他当面去说，我还是会表现出很积极的" "反正不会展示自己内心不太好的情绪和一些想法"
工作场所中	深层扮演	3（30%）	"我把这些情绪管理当成工作的一部分" "工作中自然就表现出了工作中的状态"
工作场所中	自然表达	0（0%）	无
非工作场所	表层扮演	4（40%）	"稍微放松一点，但毕竟上级就是上级，还是不可能完全表露真实的自己" "心里他还是上级，还是不可能什么都说的" "会不自觉地有受到拘束的感觉，即使现在没有工作"
非工作场所	深层扮演	0（0%）	无
非工作场所	自然表达	6（60%）	"不受拘束啦，放开地表达自己心中所想" "不会谈工作了，会聊一些其他的东西，这个时候会聊些高兴的事情或者自己的感受和想法都会说" "不像工作中那样顾忌一些"

根据分析结果可知，同上级一致的是，下级在工作中真实情绪表达较少，在与上级的交流过程中，大部分时间为表层扮演，也有少量深层扮演的情形。而在非工作环境下，与上级一致的是，下级真实自然表达情绪的

频率较高(60%),但不同支持在于,下级仍有相当高频率的表层扮演(40%)。

3. 工作和非工作情境中的情绪表达策略的影响因素

在了解这些不同环境下的情绪表达策略差异表现后,我们进一步对数据进行分析,总结出了造成上级和下级在工作内外情绪表达差异的一些因素。其中,外部因素有当前任务的变化、交流对方状态的改变,以及交流主题发生的变化;内部因素则包括感知到的角色关系的变化、自身心态的转变。具体的结果分析及频数表达如表 14-4 所示。

表 14-4 工作与非工作中上下级情绪表达差异的原因（N=10）

差异原因		上级频数（%）	下级频数（%）
外部因素	任务变化	8（80%）	10（100%）
	对方状态	0	7（70%）
	交流主题	10（100%）	8（10%）
内部因素	角色定位	2（20%）	7（10%）
	心态转变	8（80%）	3（30%）

根据表 14-4 可知,任务和交流主题的变化这两大外部因素,无论是在上级视角还是在下级视角都是高频出现,而对方状态这一因素的影响只作为下级情绪劳动差异的影响因素,另外,心态的转变和感知到的角色关系这两大内部因素对上级下级都有影响,心态的转变主要是对上级有显著影响,感知到的角色定位主要是对下级造成影响。

任务即当前被指派的工作、承担的职责和责任。在上级看来,工作中他们需要遵守一些制度,完成某些工作,例如,"上班时还是需要一些制度和威严来进行管理的,以公司制度为主也应该管理好自己的情绪。"（访谈对象 1）,"上班的时候总觉得有一种责任和一种制度,自己应该带头来执行"（访谈对象 4）。交流主题指交流双方当前谈论的中心话题、内容等。上级认为上班期间与下班期间与下级交流的内容、话题方面的差异,也是他们在不同环境下产生情绪劳动差异的主要原因。例如,"上班期间,毕竟氛围严肃一些,需要去开会或是交流一些工作的话题,我们会只允许表达和工作相匹配的情感"（访谈对象2），"下班的话一般讨论工作比较少，讨论生活中的事情多一些，下属感到轻松一些，大家交流也比较真实"（访谈对象2）。另外，心态的转变这一内部因素也是造成情绪劳动差异的主要原因。心态主要是指自己内部的心理状态，例如，"作为一个管理者，我非常注重素质和修养，在某些场合我从内心觉得自己就应该这样表现"（访谈对象3），"工作中，你必须是一个职业的状态，不能过多表露真实的自己，而是要表现出工作中所需要的样子"（访谈对象5），"下班的时候呢是一份情感，我感觉大家不像是老板和员工的关系，更像是朋友、兄弟姐妹"（访谈对象5）。从这些我们都可以看出，在工作与非工作环境下上级自身心态的一些差异。

下级大多数认为，在工作环境中，员工都应该完成自己的工作任务，而在非工作环境中进行的活动与工作任务不一样。例如，"工作就像是一种任务，哪怕自己不开心不喜欢，但还是得去做"（访谈对象13），"生活中就不太一样，每个人都会遇到一些问题，这些都是很正常的东西，而且也不影响工作和任务"（访谈对象14）。同样的，随着当前任务的变化和环境的变化，双方交流的话题也自然就不一样。一般都认为在非工作环境下的氛围、话题比较轻松，较易于表达自己的真实情绪。另一个外部因素是交流对方的状态，这一点在上级视角下没有体现。对方的状态是指，接触的对象的表现对自身造成的影响，例如，"上级在非工作环境中，他自己会放松一些，他放松所以我们会感觉轻松一些"（访谈对象14），"下班后主要是老板比较开心，我们会更加轻松"（访谈对象15）。受到与自己交流上级的影响，下级的情绪劳动会在不同的环境下产生不同的表现。角色是指某种社会地位或期望，它是与某一特定地位相关联的种种权利和责任。感知到的角色关系，则是表示自己感受到的对方具有的某些权利和责任。由于在不同环境下，下级对于上级所扮演的角色感受性不一样，例如，"下班期间，毕竟我们上下级关系会减弱一些，会多聊一些"（访谈对象 17），"生活中就不会再给你派任务，也不会在这种时候和你谈工作，这种时候，他的角色就会减弱"（访谈对象 16）。这种在非工作环境下工作角色的减弱，会对互动双方的情绪表现产生影响。

4. 工作和非工作情境中的情绪表达策略的影响结果

与此同时，我们也对不同情境下上下级情绪表达差异产生的影响后果进行了分析，主要是包括在工作和情感两个层面。工作方面主要包括：工作绩效/团队绩效、工作投入度、工作动机这些方面；情感层面的影响主要包括：情感承诺、积极情感以及情感性信任。具体的结果分析及频数表达如表 14-5 所示。

表 14-5　工作与非工作中上下级情绪表达差异产生的影响后果（N=10）

影响结果		上级频数（％）	下级频数（％）
工作层面	工作绩效/团队绩效	10（100％）	10（100％）
	工作投入度（状态投入度）	2（20％）	8（80％）
	工作动机	0	7（70％）
情感层面	情感承诺	2（20％）	9（90％）
	积极情感	10（10％）	10（100％）
	情感性信任	9（90％）	7（70％）

根据表 14-5 可知，从上级的视角来看，情绪表达策略产生的影响在工作层面上主要是团队绩效；情感层面上以积极情感和情感性信任为主。在上级看来，工作与非工作不同环境下不同的情绪表现，不仅在工作中能做出符合工作要求的表现，在非工作状态下又能够更加深入地了解自己的下级，无论是对个人工作，还是整个团队都有着积极的影响。例如，"上班期间遵守一定的规章制度，更有利于安排工作"（访谈对象 1），"下班交流时他们更容易听到我的心声"（访谈对象 1），"上班管理好自己的情绪利于工作执行"（访谈对象 3），"在工作中便于管理"（访谈对象 5），"我的员工他们做很多事情更加认真，我们整个团队的凝聚力会增强，办事效率也会提高"（访谈对象 3）。积极情感是指一种情绪状态，

这种积极情绪一般与工作满意度等工作态度变量有着直接的关系。非工作状态下的上下级交流和自然表达情绪，会给大家情绪上带来积极影响。例如，"人际关系会更加和谐，我自己在工作中心情也会变得很好"（访谈对象 7），"跟大家这样的相处，我自己更加开心，愉快"（访谈对象 4）。情感性信任属于人际信任的一种，它是基于情感的信任，来自人与人之间的感情联系（Weigert，2012）。在上下级互动中，非工作中的更多真实性的交流与情感表露使上下级之间情感性信任增加。例如，"私下的交流中有些人可能会跟我感情更加亲密，他可能会更信赖我"（访谈对象 5）。而人际信任可以提高团队运作绩效。

从下级的视角来看，情绪表达策略在工作绩效、工作投入度、工作动机、情感承诺、积极情感、情感性信任这些方面影响均比较显著。首先，就工作绩效来看，与上级视角的研究结果相同，下级在工作环境中做出符合工作要求的情绪表现，在下班期间与上级交流，更利于上下级关系的发展，可以获得较多的交换资源，这些都会对工作绩效产生一定影响，例如，"下班期间的更多真实情绪表达会拉近上下级之间的关系，跟上级关系好，会给你的工作带来一些冲劲，会有一些鼓励感受"（访谈对象 13），"心情好，工作效率肯定要高一些"（访谈对象 19）。大部分下级都表示，在生活中与上级之间的交流，会给自身在工作中带来更多动力和鼓励。例如，"这也是一种情感的维系，如果情感维系得好，我可能工作得更上心一些，更有动机"（访谈对象 15），"工作得更上心一些，更有动机，更愿意，更加想去做好工作，动机会更加偏向于内部动机一些"（访谈对象 16）。与上级相似，下级在与上级的交流中有了深入的相互了解后，情感融合增强，对上级也更加认同，下级也认为他们心情会更加愉悦，对上级更加信任，例如，"更多地去交流，就会有更多关系的建立和积累，我会更加信赖他"（访谈对象 17）。

四、总 结

　　本研究通过深度访谈收集数据资料，并进行归纳分析的质性研究，同时从上级和下级两个角度初步探究了在工作场所内外上级和下级互动时的情绪劳动现象。研究结果表明，上级在工作场所中与下级互动交流时存在情绪劳动现象，上级主要使用表层扮演的情绪表达策略，但同时也会使用一些深层扮演策略，较少使用自然表达策略；而在非工作环境下（如下班后）与下级互动时，上级主要使用自然表达的情绪表达策略。与上级相似，下级在工作场所中与上级互动时同样存在情绪劳动的现象，但下级主要使用表层扮演的情绪表达策略，较少使用深层扮演策略，更少使用自然表达策略。在非工作环境下（如下班后），下级与上级互动时会更多地使用自然表达的情绪表达策略，但同时也会使用一些表层扮演策略，使用深层扮演策略的情形较为少见。

　　本研究进一步从上级和下级两个视角，分析了两种不同情境下情绪表达策略差异产生的原因及其带来的相关影响。从上级的角度来看，任务的变化、交流主题的改变以及自身心态的转变都是造成其工作内外与下级互动时情绪表达策略变化的原因。上级认为，这些情绪表达策略可能会对团队绩效、团队氛围以及上下级之间的关系和信任带来影响。在下级看来，造成下级与上级在工作内外互动时情绪表达策略变化的原因主要有任务的改变、交流对象（上级）的状态变化、交流主题的变化以及感知到的角色定位。这些因素大致与上级的感知和观点相似。除了交流对象状态和感知到的角色，我们发现，下级无论是在工作场所中还是工作场所外，都会受上级的影响比较多。此外，下级认为这种工作内外互动中的情绪表达策略会对其工作绩效、工作投入、工作动机、上级承诺、积极心境、上下级信任产生影响。可见，无论是上级还是下级，都认为工作内外互动中情绪表达策略会加深双方的了解、上下级关系和信任，也会对心境和氛围产生积极影响。

情绪劳动这一研究课题在组织行为学和职业健康心理学领域中已有十分丰富的研究成果，而上下级关系是组织行为学领域的热点研究问题，本研究将情绪劳动理论拓展至组织内部成员之间，用来解释上级与下级在工作场所和工作场所外的互动表现，不仅使得研究更加契合中国本土文化，同时对情绪劳动研究和领导力、上下级关系研究均有显著的理论拓展意义。本研究基于访谈研究结果，对于理解上级和下级之间工作层面和非工作层面的人际互动，维系良好的上下级关系，增加员工绩效和工作幸福感，提高团队绩效均有重要的实践启示意义。

当然，本研究也存在众多不足之处。一个最主要的缺陷是，本研究运用质性研究设计，通过访谈法收集与整理数据归纳得出结论，由于访谈对象数量有限，且质性研究中研究者本身就是研究工具，整个过程中难以避免分析过程的主观性，故希望今后的研究能在参照本研究结果的基础上，扩大样本规模，进行量化的实证研究。另外，本研究是一项探索性的小型研究，重在发现有趣的现象和问题，因而对许多研究问题缺乏系统思考，也缺乏理论引导，但我们希望通过本研究能在未来激发出更多与本土文化视角下的上下级情感互动与情绪表达相关的新颖的、有价值的研究。

第十五章　上下级关系研究
总结与展望

一、上下级关系的社会交换模型

1. 上下级关系：社会交换的视角

从文献回顾来看，以往对组织中上下级关系的研究有两个显著特征：第一，多采用相对静态的视角来看待上下级关系。具体包含两条研究线路：一是关注上下级之间既定的关系基础或关系类型对个体与组织效能之影响；二是关注上下级之间的关系品质或关系质量对个体与组织效能之影响。第二，以往对上下级关系的研究中多偏重于"工具性成分"，即如何通过关系获得上级工具性资源回报。以上两种研究取向明显忽视了上下级关系的互动性以及情感性成分的展现。针对这两个缺陷，我们采用社会交换的视角重新建构上下级关系的理论模型，并试图将关系研究与社会资本研究联结起来。必须指出，社会资本是一个较为庞杂的、多层次的理论体系。

本研究主要采用的是林南（Lin，2001）的社会资本理论，林南将"社会资本"与"社会资源"视作等同的概念，因此林南的社会资本理论有时也被称为"社会资源理论"。

2. 两类资源与两种行动

林南（Lin，2001）认为，个体的社会资本应该给为某个目的而行动的个体提供好处。正如西谚所云："It is not what you know but who you know that matters."在这种情况下，互动是实现行动目标的手段。与群体、组织相同，个体获得和维持有价值的资源是为了增进他们的福利，他们可以在目的性行动中，动员和使用这些资源来获得额外的资源。而拥有或者获取资源，对于保护和改善个体在社会结构中的地位、获得价值和安全感非常重要。一个行动者通过其社会连带网络连接的资源为自我资源的"全集"。即使自我不能使用或动员这些资源，它们也有很大的"符号效用"。在企业组织中也同样如此，下级与上级建立私人关系，不仅能产生"符号效用"，还能借助这种特殊连带而动员上级的个人资源，以及由上级在组织结构中的位置所控制的组织资源。按照林南的说法，个体行动者通常有两类资源：个人资源和社会资源。个人资源为个体行动者所拥有，作为拥有者，他们可以使用、转移和处置它们，而不需要得到授权或对其他行动者和社会组织负责。实际上，对于大部分个体行动者而言，个人资源是非常有限的。更可能的是，个体行动者通过社会关系来获取资源。正是在这层意义上，可以将社会资源，或者社会资本，定义为通过社会关系获取的资源（Lin，2001）。

林南（Lin，2001）认为，无论集体还是个体行动者的行动都有两个主要动机：其一，保护既有的有价值资源。维持有价值资源的动机促进了情感性（或表达性）行动的发生，当然这种行动也可视为工具性的，因为自我在这类行动中有一个主要目标：要求得到情感与支持。但期待对方的回应主要是情感性的：承认自己或分享自己的情感。其二，寻找和获得额外的有价值资源。该动机主要激发工具性行动，它将引起他人的一系列行动与反应，分配给自我更多的资源。同样，工具性行动也包括情感因素，因为他人对你有感情才能采取行动帮助你。在两种行动中，由于丧失已经拥有的资源比获得额外资源对自我的生存会产生更大的精神和身体威胁，因此情感性行动——寻找情感和支持的行动——被认为比工具性行动更加重要。

由此引申至组织背景中，我们同样有理由认为，组织中的上下级之间的关系互动存在两种动机：情感性动机和工具性动机。前者的目的主要是为了获得上级的承认、情感分享、关心与支持；后者则更多地为了实现工具性行动目标，如物质性利益。显然，以往的上下级关系研究多局限于"工具性"的一面，而忽视了更为重要的"情感性"的一面。

3. 上下级的关系互动

不过，上级与下级在组织中毕竟处于上下不对等的结构位置，双方所拥有的资源也不太一样，相对而言，下级对上级的依赖性更大。按照林南的说法，上下级的互动是一种"异质性互动"——互动双方拥有不同的资源。那么，是什么因素驱使了这种异质性互动的发生呢？首先，可以用声望理论来解释异质性互动的动机：在某种程度上，人们更喜欢与高社会地位的人交往。声望假设认为，受欢迎的互动参与者是那些占据稍高社会地位的人（Laumann，1966）。这样的行为被经验地描述为"声望效应"。因此，正是这种资源的不对等，决定了上下级关系的运作方位是"自下而上"的。

另外，从社会交换的视角来看，上下级关系是一种交换关系，因此我们可以运用社会交换的理论来审视上下级关系的运作过程。Homans（1958）将社会行为视为"至少两个人之间的有形的或无形的或多或少有报偿的或有代价的交换活动"，社会行为或交换关注行动者在交易中的收益（价值）与成本。Blau（1964）也承认社会交换可能源于社会吸引———一种外生的原始心理倾向，但他主要关注的是交换中的交易与权利分配之间的联系。那么，上级与下级之间的资源交换是如何产生的？有着什么样的内部机制？

根据林南的观点，作为关系运作方的下级在与上级互动的过程中可以采用两种行动：工具性行动和情感性行动。不过这种区分更多的是基于行动的目的，在现实中，人们却很难将下级的关系行为进行严格的区分。总体上看，下级的关系投入行为更多的具有"情感性"色彩，因为只有付出"情感"，才能获得上级的回报，并且这种付出的行为还必须具有长期性，而上级的回报也往往具有"延时性"，往往不能立刻满足。因为上级与下级的互动并非社会生活中陌生人的交往或"一次性"的交易行为（如物物交换），上级与下级在同一部门工作，今天不见明天见，关系的建立多在平时的积累，故下级对上级的关系投入行为往往披上一层情感性的色彩，但兼具工具性与情感性目的。因此，下级与上级之间进行一次性的工具性关系投入，而上级也给予一次性的工具性回报的现象在组织中并不多见，这种纯粹的、一次性的工具性交换现象，更容易让人与"腐败""贿赂""寻租"联系起来，并不在我们的研究范畴之内。目前文献中多认为关系行为是一个单维度的概念。我们的研究通过不同样本的探索性因素分析与验证性因素分析，也同样得出了下级关系投入行为是一个单维度概念的结论。

而上级又为什么会给予下级资源回报？我们认为可能存在以下机制：一是中国社会中特有的人情压力；二是社会交换行为中"报"的规范。在中国社会，人情是人与人进行社会交易时，可以用来馈赠对方的一种资源，并且还是一种特殊性最高的资源（黄光国，1987）。譬如，别人有"喜事"，我赠送礼物；别人有急难，我给予实质的济助，这便是"做人情"给对方。对方接受了我的礼物或济助，便是欠了我的"人情"。作为社会交易资源的人情，不仅可能包含具体的金钱、财货或服务，而且包含抽象的情感。

人情之不易计算，"人情债"之难清偿，其道理即在于此。因此，下级在工作之余对上级进行关系投入的种种行为，便包含了"做人情"的成分，投入越多，上级面对的人情压力便越大，因而便形成了黄光国所谓的"人情困境"，这是上级回报下级的动因之一。

上级回报下级的第二个动因是社会交换中"报"的规范。Gouldner（1960）认为，"报"的规范是一种普遍存在于人类社会中的规范，也是任何文化公认的基本道德律。人类的社会关系莫不是建立在报的规范上的。中国人常言："受人滴水之恩，须当涌泉相报。"知恩图报是中国人普遍的道德规范。某种程度上看，中国文化中的人情法则和需求法则或公平法则一样，都是报的规范的衍生物。而组织中的上下级关系是一种兼具工具性与情感性的混合性关系，自然也与"报"的规范一致。不过，上下级关系既不像家庭内的血缘关系那样不可分割，也不像纯粹的工具性关系那样可以"合则来，不合则去"，假使一方不顾人情而开罪对方，则双方在心理上都会陷入尴尬的境地。因此，双方必须讲究"礼尚往来""投之以桃，报之以李"，以维系彼此间的情感关系。一旦下级有了急难或特殊需求，上级往往会考虑给予对方各种回报，因此双方的情感性关系便发挥了工具性的作用。反过来，如果上级不讲人情，不愿意回报，双方的关系便可能弄僵，甚至"反目成仇"。

总之，下级对上级的关系投入的主要动机之一，是他对上级回报的预期。尽管儒家伦理十分强调"施人慎勿念""施恩拒报"，然而诸如此类的想法基本上只是一种"圣贤的理想"（金耀基，1980）。对于一般人而言，中国伦理十分肯定"受恩者"回报的义务，强调"施恩慎勿忘""人有德于我，虽小不可忘也"。而对于不知回报的人，人们往往说他"过河拆桥""忘恩负义"，视为极大的不道德。但明确要求回报仍是人情交换中十分伤感情的事。"这点小事哪说得上是帮忙，你要是再提，就是把我当外人了"。这句中国人常用的客套话正好说明了人情是要还的，但施惠者不能说，而受惠者也不能忘，还要常常放在嘴巴上说，以示记得。总之，基于人情法则与"报"的规范，上下级关系的社会交换才得以产生。

基于以上的分析，我们从理论上建构了组织中上下级关系的社会交换模型。与以往对上下级关系研究的不同之处有两点：其一，我们的研究从社会交换的角度同时考察了下级的关系投入行为以及上级的资源回报，而不再是静态化地考察上级与下级之间既定的关系基础或关系质量；其二，以往的研究多单纯考察上级与下级关系的工具性成分，而我们的研究则认为上级同时掌握工具性资源与情感性资源，两种资源性质各异，功能也可能不同，因此在我们的研究模型中同时纳入了两类资源回报。

我们通过问卷调查的方法搜集了不同样本的数据，运用探索性因素分析与验证性因素分析方法，分别验证了下级关系投入的单因素结构模型，以及上级资源回报的两因素结构模型。研究表明，我们建构的社会交换模型更接近于组织中上下级关系的实际。我们还编制了符合心理测量学要求的关系投入与上级资源回报问卷，具有较好的信效度，为后续的实证研究奠定了基础。

二、上下级关系模型的实证检验

1. 关系运作的效能

我们的研究发现，下级对上级的关系投入对上级的工具性回报、情感性回报均有显著的正向预测作用，该结果支持了我们从理论上建构的上下级关系的社会交换模型。

相对于西方的"团体格局"，中国人的社会关系是"差序格局"（费孝通，1948）。以差序格局为基础，中国人的理性行为逻辑是：第一，中国人的行为是关系意识导向的，关系意识的核心是家族价值观。可以说，中国人天生就具有经营关系的意识与能力。在关系意识的导引下，组织中的下级一般倾向与上级建立和维持良好的私人关系，而这种关系的建立和维持则必须依靠工作之余的交往行为，如交流、拜访、问候、处理私事等。第二，在家族价值观的指引下，建立、维护、拓展关系网络的行为遵循效用最大化逻辑（李孔岳，2007）。效用最大化的逻辑适合于功利性需要的收益和成本的权衡。从收益的角度讲，关系是一种社会资本，如果一个人能够成功地利用社会关系网络的话，就能成功地获得社会资源和社会地位（Coleman，1999；Burt，1992；Lin，2001）。因此下级的关系投入行为也可看作社会资本的投资行为。从成本的角度讲，关系意味着相互的义务，一个人如果不履行自己的义务就会失去面子，不仅会受到别人的谴责，而且可能会付出极大的代价——失去关系网络及其中包含的社会资源。因此，下级一旦与上级建立了良好关系，则必须注意时时维护、细心经营，并不是一劳永逸的，否则关系会由深而浅，由厚而薄。而关系的维护依赖交往。交往可以是一种感情的交流，可以是一种功利性交往，但组织中的上下级间的交往更多的可能是感情与功利兼而有之，时常发生在工作范围之外。交往是很重要的，没有交往，即使有血缘基础也有可能形同路人，不断的交往能增加彼此感情，能够使得关系得以维护，这就是中国俗语"远亲不如近邻"的含义。总而言之，在中国社会与文化价值下，下级与上级建立并维持良好的私人关系似乎是天经地义的事，这大体上是人们基于生活现实而得出的一个基本"共识"。

而对上级来说，一方面，作为管理者，需要带领下级完成工作任务，实现组织目标，另一方面，作为资源分配者和上级，还需要关心下级，建立和谐的上下级关系，满足下级的利益与情感需求。不过，中国人的资源分配行为，并非一种仅仅计算投入与产出的理性行为。个人在资源分配情境中的决策或行为具有丰富的符号意义，人们在决定如何分配奖赏或资源时很难采取"就事论事"的方式，而是将其理解成一种较为复杂的人际交往情境来予以处理。当上级作为资源分配者时，他意识到下级将从他所作出的分配中推断其对自己的看法、态度以及自己在对方心目中的地位与价值，进而对今后的工作表现以及双方的交往做出判断。在中国社会，人们一般倾向于与他人维持比较和睦的关系。所以在分配情境中个人会联络各种社会与人际因素综合考虑，最后做出一种使各方都比较满意的处理方案。因此人情在中国社会便构成一种社会规范制约着个人的心理与行为（金耀基，1980；张志学、杨中芳，2001；黄光国，1988）。从经验观察可知，中国人在处理与别人的利益与资源分配时，如果严格执行公事公办的原则，就会被别人看成不懂人情的"冷血动物"。这种人在中国社会中往往是不受欢迎的。为了与他人和睦相处并被他人接纳，个体需要在与人相处时通过多种方法表达自己对对方的情分。因此上级在给予下级的资源回报中很难回避"情"的因素。

不少研究者都同意中国人思考社会问题时，可能包含"情"与"理"两方面（杨中芳，1999）。虽然二者并非二元对立的，但在不同情景中两种成分的作用未必平衡。可以推论，中国人在社会交往中所采用的法则或许有以下三种："合乎公理"（简称"合理"）、"合乎人情"（简称"合情"）及"合情合理"。三种方式的主要区别在于个人在社会决策中对于"情"与"理"强调程度的不同。"人情法则"就是要求个人在社会互动中向别人表达好的情感以维持人际关系的和睦。"合理法则"要求人们在对事情的真实证据进行计算与分析的基础上做出理性与符合逻辑的判断。"合情合理"即是个人在社会判断中既考虑到情的方面又考虑理的方面，并努力实现两方面的平衡。以往的研究表明，中国人在分配情境中会倾向于根据自己与对方的关系性质做出决策。可以推测，关系的影响表现在个人根据关系的性质而给予不同的人多少情分。

另一方面，如果双方的贡献很明确，所得到的奖酬又直接来自双方所付出的劳动，这种情境迫使分配者考虑各方面的贡献。这样，个体在分配情境中会面临来自人情和分配公平两个相互矛盾的要求。为了解决这种困境，分配者可能会采取"合情合理"的方法。张志学与杨中芳的研究结果证明了这一假设（Zhang 和 Yang，1998）。该项研究的进一步分析发现，中国内地被试在没有要求遵循特定的分配原则时，倾向于使用合情合理的原则，他们既不像西方那样完全按照公平法则行事，也不遵循纯粹的人情原则，而是调和情与理两方面的考虑。所以，在中国组织中，除了由工作表现而带来的任务绩效外，下级对上级的关系投入也与上级的工具性回报和情感性回报有着紧密的关联。

2. 关系运作的机制

在以往研究中，很少考察工作之外的上下级关系与工作中的领导—成员交换（LMX）的关系，而我们的研究则证实了领导—成员交换在下级的关系投入与上级的资源回报中起着中介的作用。该结果说明，在中国文化与组织背景下，通过工作之外的互动，建立在"私人情谊"基础上的非正式私人关系会渗透至上级与下级之间的正式工作关系，进而对上级给予下级的资源回报产生重要影响。之所以会这样，一个主要的原因是信任，尤其是上级对于下级的信任。对于中国人而言，信任的基础往往是关系亲疏，因为稳定的关系意味着一种义务感，可以使人们按照一定的社会规范去行动。所以，关系带来行为的可预见性，从而产生人际信任。下级如果与上级建立并维持良好的私人关系，上级就会对下级有较高的信任。基于信任，上级不仅会从情感上将下级看作自己的"圈内人""班底"或"亲信"，还会在认知上改变对下级潜力的判断，更会在资源、利益分配上（如任务安排、工作支持等）给予下级方便与照顾。运作关系体现了中国人"会做人"的一面，而 LMX 则体现了"会做事"的一面。在中国社会，因为"会做人"，进而"会做事"的例子并不鲜见。这样最终的结果便是，有"关系"

的人，就有个人发展，就有职业的成功（Seibert 等，2001）。从而在私底下发展起来的上下级关系便会逐步渗透到正式的工作关系之中，并最终影响上级的资源回报。

不过，以上研究结果都是基于个体层次的分析，我们并没有考虑外在的情境性因素的影响，尤其是组织制度和文化的制约。为此本研究进一步建立了一个跨层次的分析模型，纳入了一个群体层次的影响因素——关系导向人力资源管理实践，考察了该因素对关系投入与回报的调节作用。多层线性模型分析的结果表明，关系导向人力资源管理实践对 LMX 与工具性回报的关系具有显著的调节作用。这说明在某种程度上，一个工作群体内的关系导向人力资源管理实践为关系影响作用提供了"制度合法性"的背景，并对下级及上级的心理和行为有着牵引与导向作用。在人力资源管理决策的关系导向浓重的群体中，上下级之间的领导—成员交换关系质量，有助于下级获得上级更多的工具性资源回报，而在关系氛围淡薄，制度较为规范的工作群体之中，下级能获得上级的工具性资源回报相对有限。

另外来看，关系导向人力资源管理实践体现了一个组织或群体中"人治"的成分，即管理决策在多大程度上是顾念人情、注重关系的，其对立面往往就是"法治"的成分，即管理决策在多大程度上是有章可循、注重制度的。中国式的管理往往被批评"人治"色彩过浓，而"法治"淡薄。在中国人对于"合情、合理、合法"的看法中，合情为合乎人情，合理为合乎公理或公平，合法则为合乎制度规范。三者之中，合情是十分重要的，合情、合理、合法都要努力追求，这是中国社会的一些现实。虽然人情法则在中国人的社会生活中也是一套行之有效的规范，但本研究发现，在企业组织的背景下，人情法则可能会加强组织管理中的关系氛围，并进一步强化上级与下级间的工具性交换行为，而对情感性交换行为的影响还难以体现。

三、上下级关系互动的效果

1. 上下级关系对下级的影响

在上下级关系对下级的影响方面，我们根据类型学的方法区分了不同的关系投入与上级资源回报类型，并从中发现了组织中四类具有代表性的上下级关系类型：①理想型；②优抚型；③激励型；④边缘型。虽然这种类型的区分并没有采用十分严格的标准，但该结果基本能够反映客观实际：其一，下级的高关系投入一般能带来较为理想的回报。其二，上级给予下级的资源回报并非完全基于下级的关系投入。换言之，在某些情况下，如下级努力工作、绩效优秀，即使下级没有高关系投入，也可能会得到上级较高的资源回报。其三，在现代组织中，特别注重关系投入的下级并不占多数。

我们的研究通过方差分析方法，探索了四种典型上下级关系类型中的下级在上级信任、工作满意度以及组织承诺上的差异。在研究结果中最为显著的一个特征表现在边缘型与其他三类之间的差异上：关系投入和上级资源回报都较低的边缘型下级的上级信任、工作满意度和组织承诺均处于较低的水平，而其他三类下级的上级信任、工作满意度和组织承诺均处于较高的水平，可谓"有回报就有满意，没有回报就不满意"。这种状况也恰好体现了下级关系行为中重视收益与成本的理性计算的一面。另外，理想型、优抚型与激励型的共同之处在于其下级均获得了较高的情感性回报。我们据此推测：上级的情感性回报可能对下级工作态度的变化发挥着特殊的作用。

当我们建立了一个上级资源回报对下级影响的综合模型，并运用结构方程模型的方法进行了分析后，上述推测便得到了证实。我们发现，上级的工具性回报与情感性回报对下级的影响有着极其重要的差别：上级给予下级以情感性支持与回报，能显著地提升下级的上级信任、工作满意度及组织承诺；相反，上级给予下级以工具性回报，对下级的工作满意度与组织承诺的影响不显著，而对上级信任甚至有负面作用。对这种效果差异，我们从中国传统文化及领导行为理论的角度进行了解释。上级给予情感性回报的行为，体现了儒家思想中"仁""德"的成分，是仁慈领导和德行领导的展现，因而对下级有着认同与感化的作用，使得下级产生感恩图报、认同效法的行为，故而能显著提升下级对此类上级的信任，进一步带来工作的满意及对组织的承诺。而上级给予下级工具性回报的行为则可能与"仁""德"的思想相悖，因而难以促进下级的工作满意度及组织承诺，甚至还会损害上级的个人品德操守，进而降低下级对上级的信任。上述研究结果也让我们更深刻地认识到：在中国的组织中，下级对上级信任与否，对工作满意与否，对组织忠诚与否，实系于其直接上级一人之身。

2. 上下级关系对第三方下级的影响

上下级关系属于上下级间的二元对偶关系，其关系交换行为对于下级的影响与对作为"旁观者"的第三方的影响是一致的，还是有差异的？这是一个比较有意思的问题。因为三方关系互动是一个小群体内的互动，假如群体内其他下级的态度与反应是一致的，则由第三方视角的研究可进一步推及整个群体（部门），乃至整个组织。在某种程度上，如果解决了微观现象，那么集合的问题，就能够解决或至少接近于解决。因此，第三方下级的态度与反应成为联结上下级对偶关系与群体特性的"桥梁"。通过这座"桥梁"，我们可以进一步了解上下级关系对群体的影响效果。

由于传统的问卷法很难了解第三方下级对于部门内其他下级与上级关系交换的态度与反应，而典型的实验室实验或现场实验也很难模拟或再现真实的三方关系互动，其中不可控的因素过多，因此我们选择了介于以上两种方法之间的情境模拟实验法，并以企业员工为被试，考察部门内的第三方下级对上下级关系互动的态度。研究结果表明，上级与下级的关系交换在程序公正、上级信任及同事信任上的主效应均显著，在情感性交换条件下的被试对上级的信任、程序公正感及对同事的信任均显著地高于工具性交换条件下的被试。这一结果再次证实了工具性关系与情感性关系的效果差异，说明无论是作为关系运作主体的下级，还是作为群体中"旁观者"的第三方下级，对于上级给予下级不同性质的资源回报的看法是一致的。对于这一结果，我们同样可以从中国社会的传统文化、信任以及华人领导行为的角度进行解释。除此之外，由于本研究涉及三方关系，并且我们发现在不同关系的交换情景下，程序公正的差异最为显著，上级信任的差异次之，同事信任的差异最小。这一结果在一定程度上说明第三方下级对关系交换中的程序公正最为敏感，其感受最为强烈，进而影响上级信任及同事信任，基于结构方程模型分析的结果亦证实了这一推断。因此，我们从公平的角度进一步解释了以上研究结果。

3. 上下级关系对组织集体的影响

在分别探讨了上下级关系对于下级以及群体中的第三方下级的影响后，我们进一步将研究提升至群体的层面，探讨个体层次的关系运作如何展现至群体层面，并在群体层面上又会产生什么样的影响，这种影响是否与个体层面一致。不过，在一个单一的横向研究中，我们很难考察个体层次的关系运作是如何影响群体，并形成群体的特性。因此，基于逻辑上的推导，我们将关系导向人力资源管理实践作为个体层次的上级与下级关系交换在群体层次上的影响结果，即关系导向人力资源管理实践是连接个体层次与群体层次的"桥梁"。我们考察了作为群体特性的关系导向人力资源管理实践对于群体信任的影响后果，因为群体信任一般被视为组织中集体的社会资本的核心成分。

我们的研究基于工作群体样本数据的回归分析发现，群体的关系导向人力资源管理实践与群体信任负相关，并且关系导向人力资源管理实践是通过群体内的程序公正氛围的中介作用进而影响群体信任。由于群体导向人力资源管理更多地反映了上级与下级之间的工具性交换行为，因此基于群体层次的研究结果与个体层次的结果是一致的，即在群体层次上同样证实了工具性交换的负面效果。该结果的启示是：个体层次上的上下级工具性交换关系会逐渐形成群体内下级共同感知的关系导向人力资源管理实践，并对群体内的程序公正氛围产生消极影响，进而给群体内的信任带来危害。

不过遗憾的是，由于关系导向人力资源管理实践这一概念定义和操作测量上，并不能反映上下级的情感性交换关系内容，同样地，上下级的情感性交换关系能否在群体层次上展现并形成群体的何种特性？是否会像个体层次那样给群体效能带来积极的影响？这些问题可能还需要进一步的探索。

四、上下级互动中的资源分配及道德考量

1. 关系主义的资源分配法则

"关系"用来指代根植于受儒家思想文化影响的中国以及其他东方国家的所谓"社会关系"或"社会连带"（唐炎钊、王容宽，2013）。关系广泛地影响着中国人的日常生活和商业行为。在中国改革开放早期，由于法制的不健全，关系的存在成为企业获取重要资源的手段，关系能让企业获得更多的信息资源和发展机会（Wong 和 Chan，1999；Smart，1993；Luo 和 Chen，1998）。因此，关系在商业活动中占据着重要地位，影响

着企业财务绩效（Lou 和 Chen，1996）、商业竞争和市场发展（Wong 和 Chan，1999）。与此同时，关系在组织管理中导致资源分配的不均衡现象，也引起了组织行为学领域的广泛关注。作为一个最具中国本土文化特色的概念——"关系"，被逐渐引入组织行为学的研究中（Chen 和 Chen，2004；Tsui 和 Farh，1997），尤其是"关系"在组织资源分配过程中的作用受到广泛讨论（Millington、Eberhardt 和 Wilkinson，2005；Su，Sirgy 和 Littlefield，2003；Su 和 Littlefield，2001；Tan 和 Snell，2002）。

早期对于关系的研究大多集中在对其概念和分类上面，随着研究的深入，关系由原来带有消极色彩的概念逐渐变成中性概念，且其研究大多集中在宏观层面上（刘林青、梅诗晔，2017）。目前对于关系的前因变量的研究还处在初步阶段，如 Park 和 Luo（2001）提出制度、战略导向和组织因素是关系的前因变量；Luo（2003）探讨了结构的不确定性、管理强度、竞争压力等因素对于关系的影响。而研究者们对关系的结果变量探讨中发现，关系会对组织绩效（Lin，2011）、投资决策（Batjargal 和 Liu，2004）、领导行为（Chen、Friedman、Yu 和 Sun，2011）、组织资源分配（王忠军、龙立荣，2008）等产生影响。企业通过关系可以获得信息和资源的竞争优势，从而达到商业成功（Tsang，1998；Davies 等，1995）。在组织内部，关系也能直接或间接提供给组织成员以利益或好处，比如组织中良好的上下级关系可以显著预测主管的特殊性人力资源管理决策（Law、Wong、Wang 和 Wang，2000）、资源回报（Chen 等，2011）以及下级的职业成功（李燕萍、涂乙冬，2011；刘军、宋继文、吴隆增，2008；王忠军、龙立荣，2008）。

概括而言，关系成为资源分配的准则，在分配的过程中表现出如下特征：第一，差序性。在组织中上级作为上位者，掌控资源分配的权利从而维系尊卑大小的差别（阎云翔，2006），同时也可以将资源分配到关系亲近之人，呈现出"差序性"特征（高良谋、王磊，2013）。第二，动态性。

员工与上级的关系不是永远都不变的，当下级的表现不符合上级的要求，或者当下级通过拉关系、表忠诚或者提高工作才能时，就可能会出现由"自己人"转变为"外人"或者由"外人"转变为"自己人"的情况。经过这个动态的变化过程，一方面可以通过"自己人"下级提高办事效率和质量；另一方面，可激励"外人"下级努力转为"自己人"（郑伯埙，1995）。第三，隐蔽性。虽然关系可以给个人带来益处，但这种"积极效果"的背后可能潜藏着对集体和组织的消极和负面效应。许多学者对于关系持负面态度，认为关系破坏了组织的公平原则（Braendle、Gasser 和 Null，2005；Chen 和 Chen，2009；Warren、Dunfee 和 Li，2004）。因此，员工运作关系，上级基于关系进行资源分配，都是上不了台面的，更不会公开在组织内部宣告，因而其行为具有隐蔽性。

2. 绩效主义的资源分配法则

现代社会的重要特征之一就是人们对于绩效原则的认同（Blalock、Blau、Duncan 和 Tyree，1968），其核心在于资源分配过程中，遵循个人价值和贡献准则。一般认为，中国正式在全社会开始实行绩效主义分配法则，是在改革开放以后，随着市场经济在中国的蓬勃发展，邓小平的"效率优先，兼顾公平"等发展理念逐渐在中国各类型组织中确立，成为我国社会财富分配与企业薪酬分配的基本准则，并对我国经济的持续、高速增长具有重要助推作用（李实、王亚柯，2005）。"效率优先、兼顾公平"思想的确立，是社会的巨大进步，让人们摆脱了"大锅饭""平均主义"思想的限制，开始逐渐认同靠自身能力和表现获得相应的资源，即绩效主义原则。这一原则在知识分子中尤其得到响应和支持，例如，李忠路（2018）的研究表明，受教育程度越高的人对绩效分配原则越认同。社会主义市场制度的逐步完善，使人们树立起了按照投入和贡献进行资源分配，即基于应得原则的分配公平观，同时这种分配公平观也获得了合法性的社会基础（孙明，2009）。

对于绩效分配原则出现的原因，归纳起来目前主要存在三种观点。一种观点强调经济市场化带来的竞争机制，这种观点将报酬分配的变化归因于市场制度的出现（Nee，1996），即认为改革开放以来由于市场经济制度的确立，使得绩效分配观念被广为认同。相比之下，第二种思路则集中在以国家为中心的政治建设上，认为国家从宏观层面的政治建构出发，让民众逐渐认同绩效分配原则（Walder，1995；Walder 等，2000）。而第三种观点则是站在社会经济行为的文化层面，认为西方市场导向的管理模式的扩散，是绩效分配原则崛起背后不可或缺的力量（Guthrie，1997）。这三种观点都有自己的实证证据支持，彼此相互争论，也有研究者通过对三种观点的竞争视角进行研究。虽然目前绩效分配原则产生的前因仍然具有争论性，但是绩效分配原则的确立，的确给社会和组织的发展带来许多增益。比如研究发现，分配公平导致民众产生对政府的工具信任和动机信任，进而触发公共合作（张书维，2017）。而在组织层面，绩效分配原则对具体的以个人为参照的后果有更多的影响，如提高员工对薪酬的满意度，或对绩效评估的满意度（刘亚、龙立荣、李晔，2003）。

在市场竞争日趋激烈的知识经济背景下，现代企业只有充分激发员工的工作动力，才能获得可持续发展的竞争优势。绩效薪酬作为一种重要的激励手段，通过将员工的绩效和个人所得相联结，能够引导员工努力实现组织期望的重要目标。为此，许多企业使用基于个体工作产出的绩效薪酬制度来激发员工的工作动力与创新产出，并取得了良好的实效（常涛、刘智强、王艳子，2014；张勇、龙立荣，2013；张勇、龙立荣、贺伟，2014）。绩效分配原则参照的是个体的表现，是结果导向的。因此概括而言，绩效主义分配原则具有如下主要特征：第一，客观性。绩效分配法则通过个体能力的外在表现，如任务绩效和周边绩效，对资源进行分配，这个过程中，个体的外部行为表现可以通过客观的标准进行衡量。第二，公平性。

组织依靠个人表现、价值贡献进行资源的合理分配，每个能力相同的个体，甚至能力不同的个体都可以通过自己的努力达到标准，都拥有获得成功的平等权利和机会。第三，公开性。由于按绩效分配的客观和公平性，所以大部分组织的岗位绩效指标体系、绩效标准、绩效考核过程和方法、考核结果及如何兑现使用等，都是相对公开、透明的，这种公开性既能保障公平，也能对组织成员起到激励和引导的作用。

我们将关系主义分配法则和绩效主义分配法则进行简要的比较，结果如表 15-1 所示。

表 15-1　关系主义和绩效主义资源分配法则比较

维度	关系主义分配法则	绩效主义分配法则
分配标准	人情 / 关系	能力 / 贡献
分配观念	优先分配人情重 / 关系亲者	优先分配能力强 / 贡献大者
客观性	主观性 / 差序性（因人而异）	客观性（一视同仁）
变化性	动态变化 / 不确定性较强	相对稳定 / 确定性较强
公平性	对他人和集体相对不公平	对个体和集体相对公平
公开性	不公开 / 隐蔽的	明确公开的

我们的研究表明，在中国组织情境下，当上级对下级的绩效表现和关系亲疏进行决策考量时，关系在上级的资源分配中具有相对的"优势效应"，上级更倾向于给予绩效好关系好、绩效差关系好的下级更好的资源分配。这表明，相对于员工的绩效表现，关系好坏在管理人员或上级的心目中具有更直接的、更强烈的心理效应，虽然我们能看到绩效好关系强的下级能获得最佳的资源回报，但在关系好绩效差和关系差绩效好这两类情形下，在获得上级的资源回报方面，前者仍然显著胜过后者。换言之，"情"的介入使得中国人在资源分配时内心很难避免产生不公平倾斜，上级的资源分配行为总体上仍是一个基于人情关系的社会交换过程，关系主义的分配原则在组织基层资源分配中仍然盛行。这一研究结果也有助于澄清以往文献中产生的矛盾和争论，即使公平正义理念和绩效主义分配法则在宏观的社会层面上，早已被大多数人接受并实践，但在企业组织基层中，中国传

统文化孕育的思维模式和关系主义分配法则仍然具有生命力。

3. 知行不一：上级资源分配中的道德虚伪

自从 Baston 等人（1997，1999）利用严谨的实验设计揭示出道德虚伪的存在以来，大量的有关道德虚伪的研究相继产生。这些研究涉及的领域和范围广泛，包括助人行为、考试作弊、安全驾驶、儿童冒险行为、歧视行为、捐赠行为、企业宣传，等等。通过对道德虚伪的研究，发现个体普遍具有道德虚伪的动机，并在特定的情境下被激发产生非道德行为。

道德虚伪具有文化普遍性，但是引发道德虚伪的特定情境可能具有文化特殊性。研究发现道德虚伪的确受个体文化背景的影响，且这种影响典型体现为伪善的东西方文化差异，较之西方文化背景，东方文化背景尤其是东亚文化背景相对更易产生道德虚伪（English 和 Chen，2011）。我们的研究发现了激发中国人道德虚伪的一种文化情境：关系性资源分配。具体言之，当上级对外宣称自己对于基于关系进行资源分配的态度时，试图表现出积极的道德形象，将这种行为看成是违背道德规范的，并预期自己处于相同的情境中时不会做出这类行为，然而一旦卷入关系利益中，便会做出与公开表明的态度相背离的行为，给予与己关系更好者更多的资源分配，表现出道德虚伪。

道德虚伪现象的存在，在理论上证实了中国人资源分配是"情"与"理"相互作用的产物，资源支配者在进行资源分配决策时常常陷入情理之争，试图找到最佳的平衡点，既考虑到公平正义，又顾及关系和谐，即所谓的既"通情达理"，又"合情合理"。然而，理性与情感、人情关系与公平正义的内生性矛盾，现实中很难两全，时常让资源分配者陷入道德两难和内心冲突中，道德虚伪可能是一种化解冲突的策略，即明里或表面上一套，背地里又是另一套。按照关系进行资源分配被许多研究者指出是一种非道德行为。而上级知道关系主义的非道德性，依旧按照关系进行资源分配。这一过程本身对个体来说是不可调节的矛盾冲突，但是许多上级心安理得地进行这一非道德行为并未产生任何认知上的失调。可见道德虚伪的存在淡化了个体的认知失调。双加工理论认为道德虚伪是个体对自己和他人违规行为直觉判断所产生差异驱动的结果。个体在对自己和他人违规行为进行判断的过程中，由于个体高级认知的事后干预，两者行为判断中直觉的自主性差异，导致了伪善的产生。也就是说，道德虚伪可能是人的认知系统对自己违规行为进行有意识辩护和合理化的结果（沈汪兵、刘昌，2012）。因此，道德虚伪的存在可以缓解上级在资源分配过程中由于明知道关系主义是非道德行为，却依旧执行的内心冲突。由此可见，道德虚伪的存在一方面可以安抚与上级关系不好的员工，一方面可以缓解内心冲突。

第十六章 组织中关系管理再思考

在与读者分享了这么多有关中国组织情境下上下级关系的研究后，笔者最后也想基于这些研究成果简要讨论一下对管理实践的启发。

一、中国式管理的核心重在关系管理

曾有人简单地把管理中存在众多的关系网看成华人企业的糟粕。其实，只要是从事管理工作，无论是什么性质的企业，管理人员的许多时间都是花在协调关系上面的。20世纪60年代末期，管理大师明茨伯格（Henry Mintzberg）采用观察法对管理者的实际活动进行观察、记录、分析，提出了经理角色理论，旨在揭示上级在实际管理工作中究竟在干什么。结果发现，经理为实现其工作目的，就要扮演十种不同但相互联系的角色。这十种角色分为三类。人际关系方面的角色三种，即挂名首脑、上级、联络者；信息传递方面的角色三种，即听者、传播者、发言人；决策制定方面的角色四种，即企业家、故障排除者（或称混乱驾驭者）、资源分配者、谈判者。显然，这些角色基本上都与人际交往、关系沟通、关系处理密切相关。而对华人企业管理者来说，关系管理更是管理的核心。陈亚玉（2006）

对 86 名东南亚的华人家族企业的管理者进行问卷调查发现，近 60% 的被调查者认为"亲戚关系在企业里，有时难于按照制度来严格进行管理"，坚持按制度办事情，最难处理的难题就是面对亲戚、熟人、朋友时比较为难。我们的研究也证实，在企业管理实践中，关系协调与平衡成为管理的重点与难点，作为管理者必须高度重视企业内部的关系管理。随着中国经济的强大，越来越多的跨国公司开始到华投资，这些公司也大多发现西方的管理模式往往在中国行不通，跨国公司在管理本土化的过程中也同样面临各种"关系"处理的问题。因此本书中的研究结果提示管理者必须重视组织内部的关系管理，因为这可能是中国式管理的核心与特色之处。

二、重关系管理必须了解中国的社会文化特质

经过两千多年的发展，中国社会展现了与西方社会不同的文化特质：相对于西方的团体格局或社会类属格局，中国社会是差序格局；相对于西方人的普遍主义道德观，中国人的道德观是特殊主义的；相对于西方是法治秩序的社会，我们维持社会秩序主要靠礼治，在礼治传统之下，中国社会的权利不是来自制度，也不是来自个人魅力，而是来自"知书达礼"的教化权利；此外，中国的主要组织是以"家"为中心，把"家"的概念推而广之，即成为企业或单位。在以上文化特质的影响下，中国人遵循关系主义或特殊主义的行为法则，人情交换与经济交换合而为一；差序格局的结构使得中国人会从内到外分出关系的远近亲疏，不同关系给予不同的对待；礼治秩序与教化权利使得中国企业的领导须恩威德三元并济；而"家文化"使得中国企业文化与管理特色大多为"家长式"的，企业或工作单位对下级来说是家的进一步延伸，对于上级而言，不仅要关心下级的工作（"公"的层面），还要关心其生活（"私"的层面）。总之，差序格

局、特殊主义、礼治秩序及家文化等构成了中国社会文化的特质，进而影响到企业管理实践，本研究揭示了文化对于组织行为的影响。对此，管理者必须有深刻的认识。

三、管理者应了解上下级关系的机制与条件

在企业中，处理好上下级关系可能是企业内部关系管理的核心。在中国社会文化的熏染与洗礼之下，中国人天生就具有极强的关系意识及经营关系的能力。企业组织是下级事业得以发展、生活得以保障的主要场所，所以企业组织中关系行为与关系运作是较为普遍的现象。我们的研究表明，下级在工作之外与上级建立和发展私人关系，其目的主要是获得上级的两类回报：工具性资源回报与情感性资源回报。上级与下级毕竟在同一个单位、同一个部门工作，迫于人情的压力与回报的规范，对于下级的关系投入，上级也一般会给予资源回报，以维系上下级之间的关系稳定与和谐。此外，下级在工作之余对关系的投入还会"渗透"进工作场所之中，改善上级与下级之间的正式工作关系质量（如 LMX），从而以"公开""合理"的途径获得上级的工具性资源回报及情感性资源回报。以上正是组织中下级进行关系运作的两条基本路径。本书的研究表明，下级关系运作的效果亦会受到组织内制度因素的制约，当某部门的各项人力资源管理决策的关系导向越重时，越能激发下级的关系投入以及上级给予的工具性回报，工具性关系交换披上了一层"制度合法性"的外衣。这些研究结果对组织管理的启示是十分深刻的，关系运作体现了"会做人"的一面，这是中国人普遍强调的，但须谨防"由会做人变成只做人不做事"。因此，如何淡化组织内的"人情因素"、加强制度建设、规范上级行为、强化下级教育应是构建和谐的上下级关系的有效途径。

四、建立和谐的上下级关系宜淡化工具性，强化情感性

我们的研究基于不同层次的上下级关系效果研究得出一个较为一致性的结论：上级与下级间的工具性资源交换虽能满足下级物质性利益的需求，对其个人也许有利，但并不能改善下级的工作态度，还会对群体中的他人带来消极的影响，并最终给群体效能带来危害；而上级与下级间的情感性资源交换对下级及群体中的他人的工作态度带来积极的影响。这一结果给上下级关系管理的启示也是极为丰富的。对于下级的关系运作行为虽然很难避免，但规范上级的行为，加强自身建设是极其重要的，并且也是行之有效的。譬如历史上的唐太宗李世民是最擅长管理下级、经营团队的帝王，并成就了"贞观之治"的千古伟业。李世民对功臣的赏赐往往不吝巨资，甚至愿意将女儿嫁给魏征，以结亲家的方式表彰魏征的忠心与直言，还将功臣们的画像画在凌烟阁上，作为永世纪念。一次，李勣生了重病，李世民不但派了御医去医治，自己还亲自去探病，当他听到医生开的药方需要胡须做药引时，立刻割了自己的胡子拿出来救人。李勣对这样的情感性回报十分感动，自此忠心不二，甚至到了李世民的儿子唐高宗李治时，都鞠躬尽瘁，死而后已。这段历史显示，上级对于下级的情感性关怀是十分重要的，能直接提高下级的公平感、对上级的信任、对同事的信任、对工作的满意度以及对组织的承诺。不过，需要提醒的是，中国人的管理智慧虽首重关系管理，但关系管理的最大敌人就是乡愿、小人与派系。以乡愿而论，其最大的特点即是很会做人，却不会做事，不讲原则，不讲法律秩序，只是一味地与人为善，对企业和谐的破坏也是相当大的。故孔子说："乡愿，德之贼也。"因此，对上级来说，在保留中国传统文化之精华的同时，追求法治精神，应是一条根本的出路。

五、在资源分配中要淡化"人治"氛围，强化"法制"建设

我们的研究发现，关系在上级资源分配过程中具有优先效应，该研究结果提醒企业主持人和管理者需要注意存在于组织中的关系管理现象，并采取措施，减少甚至避免有违公平的基于关系而进行的资源分配决策，增加绩效、能力素质、专业技能在资源分配中所占的比重，从而达到维护组织公平，提升组织凝聚力、增加员工工作积极性、工作绩效和组织承诺的目的。另外，我们的研究结果也发现了上级资源分配时的道德虚伪倾向。的确，很多时候，人们（即便自认公正的人）经常会无意识地、不自觉地基于关系进行资源分配，进而造成有偏私性、违背公平与伦理道德的决策，甚至严重损害了相关利益群体与组织集体的利益，决策者却仍不自知。这样的行为在社会与组织中屡屡发生，是极为普遍的现象。由于关系具有道德模糊性，以及受害者的不确定性，根据有限道德的理论来看，一旦关系进入资源分配者的决策系统时，关系主体难以觉察到行为决策的道德性问题，个体理性的道德认知会部分受到抑制，产生有限道德的局限，会促使上级不自觉地基于私人关系进行资源分配决策。

从组织的角度来看，上级在资源分配过程中的"道德虚伪"不仅可能有损上级和组织的权威和形象，并且上级暗中做出"徇私"的分配行为，可能会对组织氛围和正式的组织制度造成消解和破坏。比如基于关系进行资源分配终究不是良性的发展行为，可能会加剧组织不公平感，从而造成离职率升高、缺勤等负面的影响。在中国，高权利距离（high power distance）的文化特征可能让人们对于组织资源分配中的不公正行为具有一定的容忍度。虽然经济市场化的发展，让我们意识到公平分配原则的重要性，但是在具体的行动层面，人们会下意识地运用关系来解决问题或者优先权衡关系亲近的利益。基层管理人员作为一个独立的个体，也会不可避

免地下意识考虑"关系"，因此企业应该做的是建立完善的资源分配制度，比如提倡绩效导向、能力导向的分配法则，并采取措施减少甚至避免有违公平的资源分配现象，尤其要防止资源分配者打着公平正义的旗号却背地里"徇私枉法"的行为。以往研究表明，环境因素也是道德虚伪现象产生的重要原因。因此要消除和减少人们的非道德行为，尤其是消除组织中的非道德行为（譬如关系性资源分配），单纯地强调道德性，进行道德建设和道德教化，不一定能够有效减少非道德行为，更需要道德监督和社会监督，同时辅以严格的制度设计和规范约束。

六、上级和关系也是职场压力源，积极关注上下级关系的压力性后果

在当前的职场，超额的工作任务本已让人不堪重负，职场的"冷漠"、缺乏"同情心"也容易让人"寒心"。人们不仅难以得到来自组织和直接上级的帮助和支持，应对职场各种复杂的人际关系也会消耗有限的注意力和工作精力，给人们造成巨大的压力。我们的研究发现，下级与上级在工作中、工作之外互动时也要付出情绪与情感表达方面的努力，进而可能影响我们的工作绩效与工作幸福感，甚至会"溢出"到家庭与生活领域（Wang、Jex、Peng、Liu 和 Wang，2019）。相信许多职场人士都有类似的体验：与上级互动时不开心、不愉快的经历，不仅会影响我们的工作表现，也会影响我们的家庭和个人生活。当然，反过来，我们也会体验到，当我们在工作内外与上级有着积极的情感互动时，所获得的"正能量""好心情"也可能会对我们的工作与生活带来正面的影响。与下级的情感互动是否会反过来影响上级自身的工作表现、上级效能以及情绪健康？从经验出发，我们猜测，答案是肯定的。当然目前我们还没有发现相关的研究，这也是一

个十分有意思的研究方向。

　　情绪是人类体验的外在表现，情绪与情感为自我、他人和环境之间的相互关系提供了丰富的信息。在科学管理时代，人们试图创造没有情绪和情感的组织。但在 21 世纪的管理实践中，工作场所的情绪与情感问题、职场压力与健康问题将成为最重要的研究主题之一。在当今强调多元化、团队取向和服务取向的工作场所中，与他人的互动是十分必要的和普遍的，但与他人互动也是工作压力的重要来源（McCord、Joseph、Dhanani 和 Beus，2018）。比如，与上级、团队成员、同事以及客户产生敌对与冲突，可能是一天工作中最糟糕的部分。事实上，相对于任何其他形式的压力源，来自工作场所人际关系处理的压力对员工绩效和健康的影响更为严重。另外，在员工面临的各类职场压力源中，上级在工作环境的塑造、压力的增加和缓解中扮演着重要的角色，上级的行为不仅会影响下级的健康和幸福感，而且会影响上级自身的健康和幸福感（Kaluza、Boer、Buengeler 和 Van Dick，2019）。例如，上级在日常管理及与不同下级互动过程中，自身也在进行着大量的"情绪劳动"，这会对上级效能和上级健康产生什么影响，还需要管理实践者和研究者积极地关注。

参考文献

中文部分：

［1］常涛，刘智强，王艳子．绩效薪酬对员工创造力的影响研究：面子压力的中介作用［J］．科学学与科学技术管理，2014，5（9）：171–180．

［2］陈静慧．关系与人际关系品质：主观契合度的中介效果与关系类型的调节效果［D］．台北：台湾大学，2000．

［3］陈晓萍，徐淑英，樊景立．组织与管理研究的实证方法［M］．北京：北京大学出版社，2008．

［4］陈亚玉．东南亚华人家族企业关系管理研究［J］．心理科学，2006，29（5）：1272–1274．

［5］杜旌．绩效工资：一把双刃剑［J］．南开管理评论，2009（3）：117–124．

［6］樊景立，郑伯埙．华人自评式绩效考核中的自谦偏差：题意、谦虚价值及自尊之影响［J］．中华心理学刊，1997，2（39）：103–118．

［7］樊景立，郑伯埙．华人组织的家长式领导：一项文化观点的分析［J］．

本土心理学研究，2000，13（1）：127-180.

［8］方杰，张敏强，邱皓政．中介效应的检验方法和效果量测量：回顾与展望［J］．心理发展与教育，2012，28（1）：105-111.

［9］费孝通．乡土中国 乡土重建［M］．北京：生活·读书·新知三联书店，2021.

［10］费孝通．乡土中国［M］．北京：北京大学出版社，1998.

［11］付博，于桂兰，梁潇杰．上下级关系实践对员工工作绩效的"双刃剑"效应：一项跨层次分析［J］．科研管理，2019，40（8）：273-283.

［12］高良谋，王磊．偏私的领导风格是否有效？——基于差序式领导的文化适应性分析与理论延展［J］．经济管理，2013，35（4）：183-194.

［13］郭晓薇．中国情境中的上下级关系构念研究述评——兼论领导——成员交换理论的本土贴切性［J］．南开管理评论，2011（2）：61-68.

［14］何友晖，陈淑娟，赵志裕．关系取向：为中国社会心理方法论求答案［M］//杨国枢，黄光国．中国人的心理与行为．台北：桂冠图书公司，1991.

［15］黄光国，胡先缙，等．人情与面子：中国人的权力游戏［M］．黄光国，编订．北京：中国人民大学出版社，2010.

［16］黄攸立，李游．辱虐管理对上下级关系的双刃剑效应：工作退缩行为和关系经营的作用［J］．中国人力资源开发，2018，35（9）：51-62.

［17］黄昱方，张璇．角色清晰对员工敬业度的影响研究：一个被中介的调节模型［J］．中国人力资源开发，2016，347（5）：78-86.

［18］姜定宇．华人部属与主管关系，主管忠诚，及其后续结果：一项两

阶段研究［D］. 台北：台湾大学，2005.

［19］金耀基. 关系和网络的建构：一个社会学的诠释［J］. 二十一世纪，
1992，12：143–157.

［20］金耀基. 人际关系中人情之分析［M］//杨国枢. 中国人的心理.
南京：江苏教育出版社，2005.

［21］李锋，李永娟，任婧，等. 工业组织心理学中的社会称许性研究［J］.
心理科学进展，2004，12（2）：455–461.

［22］李惠斌，杨雪冬. 社会资本与社会发展［M］. 北京：社会科学文
献出版社，2000.

［23］李孔岳. 关系格局、关系运作与私营企业组织演变［J］. 中山大学
学报（社会科学版），2007，47（1）：111–115.

［24］李美枝. 内团体偏私的文化差异：中美大学生的比较［J］. "中央
研究院"民族学研究所集刊，1993，73：153–189.

［25］李宁，严进，金鸣轩. 组织内信任对任务绩效的影响效应［J］. 心
理学报，2006，38（5）：770–777.

［26］李实，王亚柯. 中国东西部地区企业职工收入差距的实证分析［J］.
管理世界，2005（6）：16–26.

［27］李艳梅. 人际亲疏度，个人主义—集体主义对公平判断的影响［J］.
社会心理研究，1996（3）：31–39.

［28］李燕萍，涂乙冬. 与领导关系好就能获得成功吗？一项调节的中介
效应研究［J］. 心理学报，2011，43（8）：941–952.

［29］李煜. 代际流动的模式：理论理想型与中国现实［J］. 社会，
2009，29（6）：60–84.

［30］李云，李锡元. 上下级"关系"影响中层管理者职业成长的作用
机理——组织结构与组织人际氛围的调节作用［J］. 管理评论，
2015，27（6）：120–127.

［31］梁潇杰，于桂兰，付博. 与上级关系好的员工一定会建言吗？基于资源保存理论的双中介模型［J］. 管理评论，2019，31（4）：128-137.

［32］林南. 社会资本：关于社会结构与行动的理论［M］. 张磊，译注. 上海：上海人民出版社，2004.

［33］凌文辁，陈龙，王登. CPM 领导行为评价量表的建构［J］. 心理学报，1987，19（2）：199-207.

［34］凌文辁，方俐洛，艾卡儿. 内隐领导理论的中国研究——与美国的研究进行比较［J］. 心理学报，1991（3）：236-241.

［35］凌文辁，张治灿，方俐洛. 中国职工组织承诺研究［J］. 中国社会科学，2001，2（90）：102.

［36］刘军，富萍萍，张海娜. 下属权威崇拜观念对信心领导过程的影响：来自保险业的证据［J］. 管理评论，2008，20（1）：26-31.

［37］刘军，宋继文，吴隆增. 政治与关系视角的员工职业发展影响因素探讨［J］. 心理学报，2008，40（2）：201-209.

［38］刘林青，梅诗晔. 管理学中的关系研究：基于 SSCI 数据库的文献综述［J］. 管理学报，2016，13（4）：613-623.

［39］刘亚，龙立荣，李晔. 组织公平感的影响效果研究［J］. 管理世界，2003（3）：125-132.

［40］刘亚. 组织公平感的结构及其与组织效果变量的关系［D］. 武汉：华中师范大学，2002.

［41］龙立荣. 职业生涯管理的结构及其关系研究［M］. 武汉：华中师范大学出版社，2002.

［42］鲁森斯. 组织行为学［M］. 北京：人民邮电出版社，2003.

［43］罗家德，赵延东. 组织社会资本的分类与测量［C］//第三届全国社会网与关系管理研讨会. 南京，2007.

［44］罗家德. 关系与圈子——中国人工作场域中的圈子现象［J］. 管理学报，2012，9（2）：165–178.

［45］罗家德. 组织社会资本的分类与测量［M］//陈晓萍，徐淑英，樊景立. 组织与管理研究的实证方法. 北京：北京大学出版社，2012.

［46］马红宇，谢菊兰，唐汉瑛，等. 工作性通信工具使用与双职工夫妻的幸福感：基于溢出－交叉效应的分析［J］. 心理学报，2016，48（1）：48–58.

［47］马克斯·韦伯. 经济行动与社会团体［M］. 简惠美，等译注. 桂林：广西师范大学出版社，2004.

［48］乔健. 关系刍义［M］//杨国枢，文崇一. 社会及行为科学研究的中国化. 台北："中央研究院"民族学研究所，1982.

［49］乔纳森·H. 特纳. 社会资本的形成［M］//帕萨·达斯古普特，伊斯梅尔·撒拉戈尔丁. 社会资本：一个多角度的观点. 北京：中国人民大学出版社，2004.

［50］沈汪兵，刘昌. 道德伪善的心理学研究述评［J］. 心理科学进展，2012，20（5）：745–756.

［51］斯蒂芬·P. 罗宾斯. 组织行为学［M］. 孙健敏，李原，等译. 北京：中国人民大学出版社，2005.

［52］孙明. 市场转型与民众的分配公平观［J］. 社会学研究，2009（3）：78–88.

［53］唐炎钊，王容宽. Guanxi 与创业企业成长：国外研究述评［J］. 商业研究，2013，55（2）：12–20.

［54］王忠军，龙立荣，刘丽丹. 组织中主管－下属关系的运作机制与效果［J］. 心理学报，2011，43（7）：798–809.

［55］王忠军，龙立荣. 西方职业生涯成功研究现状及展望［J］. 经济管

理，2007，29（13）：86-91.

[56] 王忠军，龙立荣. 员工的职业成功：社会资本的影响机制与解释
效力［J］. 管理评论，2009，21（8）：30-39.

[57] 王忠军，龙立荣. 知识经济时代的职业生涯发展：模式转变与管理
平衡［J］. 外国经济与管理，2008，30（10）：39-45.

[58] 王忠军，龙立荣. 知识经济时代社会资本与职业生涯成功关系探
析［J］. 外国经济与管理，2005，27（2）：18-24.

[59] 王忠军. 企业员工社会资本与职业生涯成功的关系研究［D］. 武汉：
华中师范大学，2006.

[60] 卫旭华. 关系受益人绩效对关系行使人资源分配的影响［J］. 心理
科学，2017，40（1）：129-135.

[61] 温忠麟，侯杰泰，张雷. 调节效应与中介效应的比较和应用［J］.
心理学报，2005，37（2）：268-274.

[62] 温忠麟，张雷，侯杰泰，等. 中介效应检验程序及其应用［J］. 心
理学报，2004，36（5）：614-620.

[63] 吴宝沛，高树玲. 道德虚伪：一种机会主义的适应策略［J］. 心理
科学进展，2012，20（6）：926-934.

[64] 吴艳，温忠麟. 结构方程建模中的题目打包策略［J］. 心理科学进
展，2011，19（12）：1859-1867.

[65] 徐海波，高祥宇. 人际信任对知识转移的影响机制：一个整合的框
架［J］. 南开管理评论，2006，9（5）：99-106.

[66] 徐玮玲，郑伯埙，黄敏萍. 华人企业领导人的部属归类与管理行为
［J］. 本土心理学研究，2003，18：51-94.

[67] 阎云翔. 差序格局与中国文化的等级观［J］. 社会学研究，2006（4）：
201-213.

[68] 阎云翔. 礼物的流动———一个中国村庄中的互惠原则与社会网络［M］.

上海：上海人民出版社，2000.

［69］杨国枢，余安邦，叶明华. 中国人的个人传统性与现代性：概念与测量［M］// 杨国枢，黄光国. 中国人的心理与行为. 台北：桂冠图书出版公司，1991.

［70］杨国枢. 中国人的社会取向：社会互动的观点［M］// 杨国枢，余安邦. 中国人的心理与社会行为——理念及方法篇. 台北：桂冠图书公司，1993.

［71］杨中芳. 人际关系与人际情感的构念化［J］. 本土心理学研究，1999，12：105-180.

［72］杨中芳. 如何理解中国人［M］. 台北：远流出版社，2001.

［73］杨中芳. 有关关系与人情构念化之综述［M］// 杨中芳. 中国人的人际关系、情感与信任. 台北：远流出版公司，2001.

［74］叶光辉. 关系主义：论华人人际互动关系的要素、来源及变化历程［C］// 叶启政. 从现代到本土——庆贺杨国枢教授七秩华诞论文集. 台北：远流出版公司，2002.

［75］余英时. 中国思想传统的现代诠释［M］. 台北：联经出版公司，1987.

［76］翟学伟. 关系研究的多重立场与理论重构［J］. 江苏社会科学，2007（3）：118-130.

［77］翟学伟. 人情、面子与权力的再生产［M］. 第2版. 北京：北京大学出版社，2005.

［78］翟学伟. 中国人际关系的特质——本土的概念及其模式［J］. 社会学研究，1993（4）：239-257.

［79］张雷. 多层线性模型应用［M］. 北京：教育科学出版社，2003.

［80］张书维. 社会公平感、机构信任度与公共合作意向［J］. 心理学报，2017，49（6）：794-813.

［81］张勇，龙立荣，贺伟. 绩效薪酬对员工突破性创造力和渐进性创造力的影响［J］. 心理学报，2014，46（12）：1880-1896.

［82］张勇，龙立荣. 绩效薪酬对雇员创造力的影响：人－工作匹配和创造力自我效能的作用［J］. 心理学报，2013，45（3）：363-376.

［83］张志学，杨中芳. 关于人情概念的一项研究［M］∥杨中芳. 中国人的人际关系、情感与信任. 台北：远流出版公司，2001.

［84］张志学. 中国人的分配正义观［C］∥李原. 中国社会心理学评论（第三辑）. 北京：社会科学文献出版社，2006.

［85］赵申菁，康萌萌，王明辉，等. 仁慈领导对员工亲环境行为的影响：上下属关系与权力距离的作用［J］. 心理与行为研究，2018，16（6）：101-108.

［86］郑伯埙，林家五. 差序格局与华人组织行为：台湾大型民营企业的初步研究［J］. "中央研究院"民族学研究所集刊，1999，86：29-72.

［87］郑伯埙，刘怡君. 义利之辨与企业间的交易历程：台湾组织间网络的个案分析［J］. 本土心理学研究，1995，4：2-41.

［88］郑伯埙，任金刚，张慧芳，等. 台湾企业网络中的对偶关系：关系形成与关系效能［J］. 台湾中华心理学刊，1997，39（1）：75-91.

［89］郑伯埙，周丽芳，樊景立. 家长式领导量表：三元模式的建构与测量［J］. 本土心理学研究，2000，14：3-64.

［90］郑伯埙，周丽芳，樊景立. 家长式领导量表：三元模式的建构与测量［J］. 本土心理学研究，2000，14：3-64.

［91］郑伯埙，周丽芳，黄敏萍，等. 家长式领导的三元模式：中国大陆企业组织的证据［J］. 本土心理学研究，2003，20：209-252.

［92］郑伯埙. 差序格局与华人组织行为［J］. 中国社会心理学评论，

2006, 3（2）：142-219.

［93］郑伯埙. 家长式领导：再一次思考［J］. 本土心理学研究，2000，13：219-227.

［94］郑伯埙. 企业组织中上下属的信任关系［J］. 社会学研究，1999（2）：22-47.

［95］周浩，龙立荣. 共同方法偏差的统计检验与控制方法［J］. 心理科学进展，2004，12（6）：942-950.

［96］周浩，龙立荣. 家长式领导与组织公正感的关系［J］. 心理学报，2007，39（5）：909-917.

［97］周丽芳. 华人组织中的关系与社会网络［C］// 李原. 中国社会心理学评论（第三辑）. 北京：社会科学文献出版社，2002.

［98］周明建，侍水生. 领导 - 成员交换差异与团队关系冲突：道德型领导力的调节作用［J］. 南开管理评论，2013，16（2）：28-37.

［99］邹文篪，田青，刘佳. "投桃报李" ——互惠理论的组织行为学研究述评［J］. 心理科学进展，2012，20（11）：1879-1888.

英文部分：

［1］Adams J S. Inequity in social exchange［J］. Advances in experimental social psychology, 1965, 2（4）：267-299.

［2］Adler P S, Kwon S W. Social capital: Prospects for a new concept［J］. Academy of Management Review, 2002, 27（1）：17-40.

［3］Alston J P. Wa, Guanxi, and inhwa: Managerial principles in Japan, China, and Korea［J］. Business Horizons, 1989, 32（2）：26-32.

［4］Ambler T. Reflections in China: Re-orienting Images of Marketing［J］.1995, 4（1）：22-31.

［5］Aron A, Aron E N, Smollan D. Inclusion of other in the self scale and the structure of interpersonal closeness ［J］. Journal of Personality and Social Psychology, 1992, 63（4）: 596.

［6］Ashforth B E, Humphrey R H. Emotional labor in service roles: The influence of identity［J］. Academy of Management Review, 1993, 18(1): 88–115.

［7］Ashforth B E, Kreiner G E, Fugate M. All in a day's work: Boundaries and micro role transitions ［J］. Academy of Management Review, 2000, 25（3）: 472–491.

［8］Bakker A B, Demerouti E, Burke R. Workaholism and relationship quality: A spillover-crossover perspective ［J］. Journal of Occupational Health Psychology, 2009, 14（1）: 23–33.

［9］Bakker A B, Demerouti E. The spillover-crossover model ［M］// Grzywacz J G, Demerouti E. New frontiers in work and family research. Routledge: Psychology Press, 2013: 54–70.

［10］Barden J, Rucker D D, Petty R E. "Saying one thing and doing another": Examining the impact of event order on hypocrisy judgments of others［J］. Personality and Social Psychology Bulletin, 2005, 31(11): 1463–1474.

［11］Batjargal B, Liu M. Entrepreneurs' access to private equity in China: The role of social capital ［J］. Organization Science, 2004, 15（2）: 159–172.

［12］Batson C D, Kobrynowicz D, Dinnerstein J L, et al. In a very different voice: Unmasking moral hypocrisy ［J］. Journal of Personality and Social Psychology, 1997, 72（6）: 1335–1348.

［13］Batson C D, Thompson E R, Seuferling G, et al. Moral hypocrisy: Appearing moral to oneself without being so ［J］. Journal of Personality and Social Psychology, 1999, 77（3）: 525-537.

[14] Baumeister R F, Vohs K D, Tice D M. The strength model of self-control［J］. Current Directions in Psychological Science, 2007, 16(6): 351-355.

[15] Bazerman M H, Loewenstein G, Moore D A. Why good accountants do bad audits［J］. Harvard Business Review, 2002, 80（11）: 96-102, 134.

[16] Bazerman M H, Tenbrunsel A E, Wade-Benzoni K. Negotiating with yourself and losing: Making decisions with competing internal preferences ［J］. Academy of Management Review, 1998, 23（2）: 225-241.

[17] Becker T E. Potential problems in the statistical control of variables in organizational research: A qualitative analysis with recommendations［J］. Organizational Research Methods, 2005, 8（3）: 274-289.

[18] Bell D. Guanxi: A nesting of groups［J］. Current Anthropology, 2000, 41（1）: 132-138.

[19] Bersoff D M. Why good people sometimes do bad things: Motivated reasoning and unethical behavior［J］. Personality and Social Psychology Bulletin, 1999, 25（1）: 28-39.

[20] Bian Y. Bringing strong ties back in: Indirect ties, network bridges, and job searches in China［J］. American Sociological Review, 1997: 366-385.

[21] Bian Y. Guanxi and the allocation of urban jobs in China［J］. The China Quarterly, 1994（140）: 971-999.

[22] Billig M, Tajfel H. Social categorization and similarity in intergroup behaviour［J］. European Journal of Social Psychology, 1973, 3（1）: 27-52.

[23] Blalock H M, Blau P M, Duncan O D, et al. The American occupational structure [J]. American Sociological Review, 1968, 33（2）: 296–297.

[24] Blau P M. Justice in social exchange [J]. Sociological Inquiry, 1964, 34（2）: 193–206.

[25] Bliese P D. Within-group agreement, non-independence, and reliability: Implications for data aggregation and analysis [M] //Klein K J, Kozlowski S W J. Multilevel theory, research and methods in organizations: Foundations, extension, and new directions. San Francisco: Iossey-Bass, 2000: 349–381.

[26] Bond M H. The handbook of Chinese psychology [M]. Hong Kong: Oxford University Press, 1996: 208–226.

[27] Bono J E, Foldes H J, Vinson G, Muros J P. Workplace emotions: The role of supervision and leadership [J]. Journal of Applied Psychology, 2007, 92（5）: 1357–1367.

[28] Borg J S, Hynes C, Horn J V, et al. Consequences, action, and intention as factors in moral judgments: an FMRI investigation [J]. Journal of Cognitive Neuroscience, 2006, 18（5）: 803–817.

[29] Bos K, Lind E A. The Psychology of Own Versus Others' Treatment: Self-Oriented and Other-Oriented Effects on Perceptions of Procedural Justice[J]. Personality and Social Psychology Bulletin, 2001, 27（10）: 1324–1333.

[30] Bourdieu P. Le capital social: notes provisoires [J]. Actes de la recherche en sciences sociales, 1980, 31（1）: 2–3.

[31] Bourdieu P. Outline of a Theory of Practice [M]. New York: Cambridge University Press, 1977.

[32] Bourdieu P. The forms of capital [M] //Richardson J G. Handbook of theory and research for the sociology of education. Connecticut: Greenwood Press, 1986: 241–258.

[33] Bourdieu P. The forms of social capital: Handbook of theory and research for the sociology of education [M]. Westport, CT: Greenwood Press, 1986.

[34] Bozionelos N, Wang L. An investigation on the attitudes of Chinese workers towards individually based performance–related reward systems [J]. The International Journal of Human Resource Management, 2007, 18: 284–302.

[35] Braendle U C, Gasser T, Null J. Corporate Governance in China – Is Economic Growth Potential Hindered by Guanxi [J]. Business and Society Review, 2005, 110 (4): 389–405.

[36] Brass D J, Labianca G. Social capital, social liabilities, and social resources management [M] //Gabby S, Leender S. Corporate social capital and liability. Boston, MA: Springer, 1999: 323–340.

[37] Bromiley P, Cummings L L. Transaction costs in organizations with trust [M] //Bies R, Lewicki R, Sheppard B. Research on Negotiation in Organizations. Greenwich, CT: Jai Press, 1996: 219–247.

[38] Brotheridge C M, Lee R T. Development and validation of the emotional labour scale [J]. Journal of Occupational and Organizational Psychology, 2003, 76 (3): 365–379.

[39] Brotheridge C M, Lee R T. Testing a conservation of resources model of the dynamics of emotional labor [J]. Journal of Occupational Health Psychology, 2002, 7 (1): 57–67.

[40] Brown E, Orbuch T L, Bauermeister J A, et al. Marital well-being

over time among Black and White Americans: The first seven years [J].
Journal of African American Studies, 2013, 17 (3): 290–307.

[41] Brown M E, Treviño L K, Harrison D A. Ethical leadership: A social learning perspective for construct development and testing [J]. Organizational Behavior and Human Decision Processes, 2005, 97 (2): 117–134.

[42] Brummelhuis L L, Trougakos J P. The recovery potential of intrinsically versus extrinsically motivated off - job activities [J]. Journal of Occupational and Organizational Psychology, 2014, 87 (1): 177–199.

[43] Burch G F, Humphrey R H, Batchelor J H. How great leaders use emotional labor: Insights from seven corporate executives [J]. Organizational Dynamics, 2013, 42 (2): 119–125.

[44] Burke R J, Weir T, DuWors R E. Perceived type A behaviour of husbands' and wives' satisfaction and well–being [J]. Journal of Occupational Behaviour, 1980, 1 (2): 139–150.

[45] Burt R S. Attachment, decay, and social network [J]. Journal of Organizational Behavior, 2001, 22: 619–643.

[46] Burt R S. Structural holes: The social structure of competition [M]. Cambridge: Harvard University Press, 2009.

[47] Burt R S. The contingent value of social capital [J]. Administrative Science Quarterly, 1997, 42 (2): 339–365.

[48] Burt R S. The network structure of social capital [J]. Research in Organizational Behavior, 2000, 20: 345–423.

[49] Butler E A, Egloff B, Wlhelm F H, et al. The social consequences of expressive suppression [J]. Emotion, 2003, 3 (1): 48–67.

[50] Butterfield F. China, alive in the bitter sea [M]. New York: Bantam books, 1983.

[51] Carlisle E, Flynn D. Small business survival in China: Guanxi, legitimacy, and social capital [J]. Journal of Developmental Entrepreneurship, 2005, 10（1）: 79-96.

[52] Carlson D, Ferguson M, Hunter E, et al. Abusive supervision and work-family conflict: The path through emotional labor and burnout [J]. The Leadership Quarterly, 2012, 23（5）: 849-859.

[53] Chai Sun-Ki, Rhee M. Confucian capitalism and the paradox of closure and structural holes in east asian firms [J]. Management & Organization Review, 2010, 6（1）: 5-29.

[54] Chan D. Functional relations among constructs in the same content domain at different levels of analysis: A typology of composition models [J]. Journal of Applied Psychology, 1998, 83: 234-246.

[55] Chan R Y K, Cheng L T W, Szeto R W F. The Dynamics of Guanxi and Ethics for Chinese Executives [J]. Journal of Business Ethics, 2002, 41（4）: 327-336.

[56] Chatterjee S R, Pearson C A L, Nie K. Interfacing business relations with southern China: An empirical study of the relevance of guanxi [J]. South Asia Journal of Management, 2006, 13（3）: 59-75.

[57] Chau S L, Dahling J J, Levy P E, et al. A predictive study of emotional labor and turnover [J]. Journal of Organizational Behavior, 2009, 30（8）: 1151-1163.

[58] Chen C C, Chen X P. Negative externalities of close guanxi within organizations [J]. Asia Pacific Journal of Management, 2009, 26（1）: 37-53.

[59] Chen C C. New trends in rewards allocation preferences: A Sino-U. S. comparison [J]. Academy of Management Journal, 1995, 38: 408-428.

[60] Chen C, Chen Y, Xin K. Guanxi Practices and Trust in Management: A Procedural Justice Perspective [J]. Organization Science, 2004, 15 (2): 200-209.

[61] Chen G, Bliese P D. The role of different levels of leadership in predicting self- and collective efficacy: evidence for discontinuity [J]. Journal of Applied Psychology, 2002, 87: 549-556.

[62] Chen M. Asian management system: Chinese, Japanese and Korean style of business [M]. London: Routledge, 1995.

[63] Chen X P, Chen C C. On the intricacies of the Chinese Guanxi: A process model of Guanxi development [J]. Asia Pacific Journal of Management, 2004, 21 (3): 305-324.

[64] Chen Y F, Tjosvold D. Guanxi and leader member relationships between American managers and Chinese employees: open-minded dialogue as mediator [J]. Asia Pacific Journal of Management, 2007, 24 (2): 171-189.

[65] Chen Y, Friedman R, Yu E, et al. Examining the positive and negative effects of guanxi practices: A multi-level analysis of guanxi practices and procedural justice perceptions [J]. Asia Pacific Journal of Management, 2011, 28 (4): 715-735.

[66] Chen Y, Friedman R, Yu E, et al. Supervisor-subordinate guanxi: Developing a three dimensional model and scale [J]. Management and Organization Review, 2009, 5 (3): 375-399.

[67] Cheng B S, Chou L F, Wu T Y, et al. Paternalistic leadership and

subordinate responses: Establishing a leadership model in Chinese organizations [J]. Asian Journal of Social Psychology, 2004, 7 (1): 89-117.

[68] Cheng B S, Farh L J, Chang H F, et al. Guanxi, Zhongcheng, competence, and managerial behavior in the Chinese context [J]. Journal of Chinese Psychology (Taipei), 2002, 44 (2): 151-166.

[69] Cheng B S, Jiang D Y, Riley H J. Organizational commitment, supervisory commitment, and employee outcomes in Chinese context: Proximal hypothesis or global hypothesis? [J]. Journal of Organizational Behavior, 2003, 24: 313-334.

[70] Cheng J W, Chiu W L, Tzeng G H. Do impression management tactics and/or supervisor-subordinate guanxi matter? [J]. Knowledge-Based Systems, 2013, 40 (4): 123-133.

[71] Chew I K H, Lim C. A Confucian Perspective on Conflict Resolution [J]. International Journal of Human Resource Management, 1995, 6 (1): 143-57.

[72] Child J. Management in China during the age of reform [M]. New York: Cambridge University Press, 1996.

[73] Chou L F, Cheng B S, Jen C K. The contingent model of paternalistic leadership: Subordinate dependence and leader competence [R]. Paper presented at the Meeting of the Academy of Management, Honolulu, Hawaii, 2005.

[74] Chugh D, Bazerman M H, Banaji M R. Bounded ethicality as a psychological barrier to recognizing conflicts of interest [M]//Moore D A, Cain D M, Lowenstein G F, et al. Conflicts of interest: Challenges and solutions in business, law, medicine, and public policy. New York:

Cambridge University Press, 2005: 74-95.

[75] Coleman J. Foundations of social theory [M]. Cambridge: Harvard University Press, 1990.

[76] Cummings J N. Work groups, structural diversity, and knowledge sharing in a global organization [J]. Management Science, 2004, 50: 352-364.

[77] Cummings L L, Bromiley P. The organizational trust inventory (OTI) [J]. Trust in organizations: Frontiers of theory and research, 1996, 302 (330): 39-52.

[78] Davidson T, Van Dyne L, Lin B. Too attached to speak up? It depends: How supervisor-subordinate guanxi and perceived job control influence upward constructive voice [J]. Organizational Behavior and Human Decision Processes, 2017, 143 (11): 39-53.

[79] Davies H, Leung T K, Luk S T, et al. The benefits of "Guanxi": the value of relationships in developing the Chinese market [J]. Industrial Marketing Management, 1995, 24 (3): 207-214.

[80] Davies H. Interpreting guanxi: The role of personal connections in a high context transitional economy [J]. China business: Context and issues, 1995: 155-169.

[81] Day R D, Acock A. Marital well - being and religiousness as mediated by relational virtue and equality [J]. Journal of Marriage and Family, 2013, 75 (1): 164-177.

[82] De Cremer D, Tyler T R. The effects of trust in authority and procedural fairness on cooperation [J]. Journal of Applied Psychology, 2007, 92: 639-649.

[83] Deluga R J, Perry J T. The role of subordinate performance and

ingratiation in leader member exchange [J]. Group & Organization Studies, 1994, 19（1）: 67–86.

[84] Deluga R J. Supervisor trust building, leader–member exchange and organizational citizenship behavior [J]. Journal of Occupational and Organizational Psychology, 1994, 67（4）: 315–327.

[85] Diefendorff J M, Croyle M H, Gosserand R H. The dimensionality and antecedents of emotional labor strategies [J]. Journal of vocational behavior, 2005, 66（2）: 339–357.

[86] Diefendorff J, Morehart J, Gabriel A. The influence of power and solidarity on emotional display rules at work [J]. Motivation and Emotion, 2010, 34（2）: 120–132.

[87] Diestel S, Rivkin W, Schmidt K H. Sleep quality and self–control capacity as protective resources in the daily emotional labor process: Results from two diary studies [J]. Journal of Applied Psychology, 2015, 100（3）: 809–827.

[88] Dixon M A, Cunningham G B. Data aggregation in multilevel analysis: A review of conceptual and statistical issues [J]. Measurement in physical education and exercise science, 2006, 10（2）: 85–107.

[89] Dunfee R W, Warren D E. Is Guanxi Ethical? A Normative Analysis of Doing Business in China[J]. Journal of Business Ethics, 2001, 32（3）: 191–201.

[90] Easterby–Smith M, Malina D, Lu Y. How Culture–sensitive is HRM? A Comparative Analysis of Practice in Chinese and UK Companies [J]. International Journal of Human Resource Management, 1995, 6（1）: 31–59.

[91] Edwards J R, Rothbard N P. Mechanisms linking work and family:

Clarifying the relationship between work and family constructs [J].
Academy of Management Review, 2000, 25 (1): 178–199.

[92] Eisenberger R, Rhoades L. Incremental effects of reward on creativity [J].
Journal of Personality and Social Psychology, 2001, 81 (4): 728–741.

[93] English T, Chen S. Self-concept consistency and culture: The differential impact of two forms of consistency [J]. Personality and Social Psychology Bulletin, 2011, 37 (6): 838–849.

[94] Erickson R J, Wharton A S. In authenticity and depression: Assessing the consequences of interactive service work [J]. Work and Occupations, 1997, 24 (2): 188–213.

[95] Fan Y. Guanxi's Consequences: Personal Gains at Social Cost [J]. Journal of Business Ethics, 2002, 38 (4): 371–380.

[96] Fan Y. Questioning Guanxi: Definition, Classification and Implications [J]. International Business Review, 2002, 11 (5): 543–561.

[97] Fang Y. The importance of guanxi to multinational companies in China [J].Asian Social Science, 2011, 7 (7): 163–168.

[98] Farh J L, Cheng B S. A cultural analysis of paternalistic leadership in Chinese organizations [M] //Li J T, Anne S Tsui, Elizabeth Weldon. Management and organizations in the Chinese context. London: Palgrave Macmillan, 2000: 84–127.

[99] Farh J L, Earley P C, Lin S C. Impetus for Action: A Cultural Analysis of Justice and Organizational Citizenship Behavior in Chinese Society [J]. Administrative science quarterly, 1997, 42 (3): 421–444.

[100] Farh J L, Hackett R D, Liang J. Individual-level cultural values as moderators of perceived organizational support–employee outcome

relationships in China: comparing the effects of power distance and traditionality [J]. Academy of Management Journal, 2007, 50 (3): 715-729.

[101] Farh J L, Tsui A S, Xin K, et al. The influence of relational demography and guanxi: The Chinese case [J]. Organization Science, 1998, 9 (4): 471-487.

[102] Ferrin D L, Dirks K T, Shah P P. Direct and indirect effects of third-party relationships on interpersonal trust [J]. Journal of Applied Psychology, 2006, 91: 870-883.

[103] Foa E B, Foa U G. Resource theory of social exchange [M] //Gergen K J, Greenberg M S, Willis R H. Social Exchange: Advances in Theory and Research. New York: Plenum, 1980.

[104] Fock K Y, Woo K. The China Market: Strategic Implications of Guanxi [J]. Business Strategy Review, 1998, 9: 33-43.

[105] Folger R. Fairness as a moral virtue [M] //Schminks M. Managerial ethics: Moral management of people and process. Mahwah, NJ: Erlbaum, 1998: 13-34.

[106] Frank M J, Cohen M X, Sanfey A G. Multiple systems in decision making: A neurocomputational perspective [J]. Current Directions in Psychological Science, 2009, 18 (2): 73-77.

[107] Friedman R, Chi S, Liu L A. An Expectancy Model of Chinese-American Differences in Conflict Avoiding [J]. Journal of International Business Studies, 2006, 37: 76-91.

[108] Fu P P, Tsui A S, Dess G G. The dynamics of Guanxi in Chinese high-tech firms: Implications for knowledge management and decision making [J]. Management International Review, 2006, 46 (3):

277–305.

[109] Fukuyama F. Trust: The social virtues and the creation of prosperity [M]. New York: Free Press, 1995.

[110] Gambetta D. Can we trust? [M] //D Gambetta. Trust: Making and breaking cooperative relations. Oxford: Basil Blackwell, 1988: 213–238.

[111] Goldberg L S, Grandey A A. Display rules versus display autonomy: emotion regulation, emotional exhaustion, and task performance in a call center simulation [J]. Journal of Occupational Health Psychology, 2007, 12 (3): 301–318.

[112] Gouldner A W. The Norm of Reciprocity: A Preliminary Statement [J]. American Sociological Review, 1960, 25 (2): 161–178.

[113] Graen G B, Uhl–Bien M. Relationship–based approach to leadership: Development of leader–member exchange (LMX) theory of leadership over 25 years: Applying a multi–level multi–domain perspective [J]. Leadership Quarterly, 1995, 6 (2): 219–247.

[114] Graen G, Cashman J F. A role–making model of leadership in formal organizations: A developmental approach [J]. Leadership frontiers, 1975: 143–165.

[115] Grandey A A, Foo S C, Groth M, et al. Free to be you and me: A climate of authenticity alleviates burnout from emotional labor [J]. Journal of Occupational Health Psychology, 2012, 17 (1): 1–14.

[116] Grandey A A, Gabriel A S. Emotional labor at a crossroads: Where do we go from here? [J]. Annual Review of Organizational Psychology and Organizational Behavior, 2015, 2: 323–349.

[117] Grandey A A, Kern J H, Frone M R. Verbal abuse from outsiders

versus insiders: comparing frequency, impact on emotional exhaustion, and the role of emotional labor [J]. Journal of Occupational Health Psychology, 2007, 12 (1): 63-79.

[118] Grandey A A, Krannitz M A. Emotion regulation at work and at home [M] //Allen T, Eby L. Handbook of Work-Family. New York: Oxford, 2015.

[119] Grandey A A. Emotion regulation in the workplace: A new way to conceptualize emotional labor [J]. Journal of Occupational Health Psychology, 2000, 5: 95-100.

[120] Granovetter M S. Economic action and social structure: the problem of embeddedness [J]. American Journal of Sociology, 1985, 91: 481-510.

[121] Granovetter M. The strength of weak ties [J]. American Journal of Sociology, 1973, 78: 1360-1380.

[122] Green S, Anderson S, Liden R. Demographic and Organizational Influences on Leader-Member Exchange and Related Work Attitudes [J]. Organizational Behavior and Human Decision Processes, 1996, 66 (2): 203-214.

[123] Gross J. The emerging field of emotion regulation: An integrative review [J]. Review of General Psychology, 1998, 2: 271-299.

[124] Gruber M, MacMillan I C, Thompson J D. Escaping the prior knowledge corridor: What shapes the number and variety of market opportunities identified before market entry of technology start-ups? [J]. Organization Science, 2013, 24 (1): 280-300.

[125] Gunthert K C, Wenze S J. Daily diary methods [M] //Mehl M R, Conner T S. Handbook of research methods for studying daily life. New

York: Guilford Press, 2012: 144–159.

[126] Guthrie D. Between markets and politics: Organizational responses to reform in China [J]. American Journal of Sociology, 1997, 102 (5): 1258–1304.

[127] Guthrie D. The declining significance of guanxi in China's economic transition [J]. China Quart, 1998, 54: 254–282.

[128] Hagger M S, Wood C, Stiff C, et al. Ego depletion and the strength model of self–control: A meta–analysis [J]. Psychological Bulletin, 2010, 136 (4): 495–525.

[129] Halbes Leben J R B, Wheeler A R. To invest or not? The role of coworker support and trust in daily reciprocal gain spirals of helping behavior [J]. Journal of Management, 2015, 41 (6): 1628–1650.

[130] Hall R H, Xu W. Run silent, run deep–Cultural influences on organizations in the Far East [J]. Organization Studies, 1990, 11: 569–576.

[131] Han Y, Peng Z, Zhu Y. Supervisor–subordinate guanxi and trust in supervisor: A qualitative inquiry in the people's republic of China [J]. Journal of Business Ethics, 2012, 108 (3): 313–324.

[132] He W, Chen C, Zheng L. Rewards allocation preferences of employees in Chinese state–owned enterprises: Effects of ownership reform and collectivism [J]. Organization Science, 2004, 15 (2): 221–231.

[133] Heider F. The psychology of interpersonal relations [M]. New York: John Wiley and Sons, 1959.

[134] Hochschild A R. The managed heart [M]. Berkeley: University of

California Press, 1983.

[135] Hofstede G. Culture's Consequences: International Differences in Work-related Values [M]. Beverly Hills, CA: Sage, 1980.

[136] Hofstede G. Organizations and cultures: Software of the mind [M]. New York: McGrawHill, 1991.

[137] Hofstede. Cultural constraints in management theories [J]. Academy of Management Executives, 1993, 7 (1): 81-93.

[138] Homans G C. Social behavior as exchange [J]. American journal of sociology, 1958, 63 (6): 597-606.

[139] Hsu F L K. Americans and Chinese: Two ways of life [M]. New York: Abelard-Schuman, 1953.

[140] Hsu F L K. Psychological homeostasis and jen: Conceptual tools for advancing psychological anthropology [J]. American Anthropologist, 1971, 73: 23-44.

[141] Hsu W L, Cheng B S, Huang M P. Chinese business leaders'employee categorization and managerial behaviors [J]. Indigenous Psychological Research in Chinese Societies, 2002, 18: 51-94.

[142] Hsu W, Wang A. Downsides of guanxi practices in Chinese organizations [C]. Philadelphia PA: In 68th Annual Academy of Management Meeting, 2007.

[143] Hu H H, Hsu W L, Cheng B S. Reward allocation decisions of Chinese managers: Influence of employee categorization and allocation context [J]. Asian Journal of Social Psychology, 2004, 7: 221-232.

[144] Huang K-P, Yuan W K. How Guanxi Relates to Social Capital? A Psychological Perspective[J]. Journal of Social Sciences, 2011, 7(2):

120–126.

[145] Hui C, Graen G. Guanxi and professional leadership in contemporary Sino-American joint ventures in mainland China [J]. Leadership Quarterly, 1997, 8（4）: 451–465.

[146] Humphrey A R H. Emotional labor in service roles: the influence of identity [J]. Academy of Management Review, 1993, 18（1）: 88–115.

[147] Humphrey R H, Ashforth B E, Diefendorff J M. The bright side of emotional labor[J]. Journal of Organizational Behavior, 2015, 36（6）: 749–769.

[148] Humphrey R H. How do leaders use emotional labor? [J]. Journal of Organizational Behavior, 2012, 33（5）: 740–744.

[149] Humphrey R H. The many faces of emotional leadership [J]. The Leadership Quarterly, 2002, 13（5）: 493–504.

[150] Hwang K K. Face and favor: The Chinese power game [J]. American Journal of Sociology, 1987, 92: 944–974.

[151] Ibarra H. Network centrality, power, and innovation involvement: determinants of technical and administrative roles [J]. Academy of Management Journal, 1993, 36: 471–501.

[152] Ilies R, Huth M, Ryan A M, et al. Explaining the links between workload, distress, and work-family conflict among school employees: Physical, cognitive, and emotional fatigue [J]. Journal of Educational Psychology, 2015, 107（4）: 1136–1149.

[153] Jacobs J B. The concept of guanxi and local politics in a rural Chinese cultural setting [M] //Greenblatt S L, Wilson R W, Wilson A A. Social interaction in Chinese society. New York: Praeger, 1982:

209–236.

[154] James L R. Aggregation bias in estimates of perceptual agreement [J]. Journal of Applied Psychology, 1982, 67（2）: 219–229.

[155] Ji C-H C, Pendergraft L, Perry M. Religiosity, altruism, and altruistic hypocrisy: Evidence from protestant adolescents [J]. Review of Religious Research, 2006, 48（2）: 156–178.

[156] Jose O, Alfons V. Do demographics affect marital satisfaction? [J]. Journal of Sex & Marital Therapy, 2007, 33（1）: 73–85.

[157] Kahneman D. A perspective on judgment and choice: mapping bounded rationality [J]. American Psychologist, 2003, 58（9）: 697–720.

[158] Kaluza A J, Boer D, Buengeler C, et al. Leadership behaviour and leader self-reported well-being: a review, integration and meta-analytic examination [J]. Work and Stress, 2019, 34（1）: 1–23.

[159] King A Y. Kuan-hsi and network building: A sociological interpretation [J]. Daedalus, 1991, 120（2）: 63–84.

[160] King A Y. The Individual and Group in Confucianism: A Relational Perspective [M] //Munro D J. Individualism and Holism: Studies in Confucian and Taoist Values. Ann Arbor, MI: Center for Chinese Studies, 1985.

[161] Kipnis A B. Producing Guanxi: Sentiment, Self, and Subculture in a North China Village [M]. Durham and London: Duke University Press, 1997.

[162] Kivetz Y, Tyler T R. Tomorrow I'll be me: The effect of time perspective on the activation of idealistic versus pragmatic selves [J].

Organizational Behavior and Human Decision Processes, 2007, 102(2): 193–211.

[163] Klein K, Bliese P, Kozolowski S, et al. Multilevel analytical techniques [M] //Klein K J, Kozlowski W J. Multilevel Theory, Research, and Methods in Organizations: Foundations, Extensions, and New Directions. San Francisco: Jossey–Bass, 2000.

[164] Kluegel J R, Smith E R. Beliefs about inequality: American's views of what is and what ought to be [J] . Social Forces, 1988, 66 (4) : 1146–1148.

[165] Kozlowski S W J, Hattrup K A. Disagreement about within–group agreement: Disentangling issues of consistency versus consensus [J] . Journal of Applied Psychology, 1992, 77: 161–167.

[166] Krannitz M A, Grandey A A, Liu S, et al. Workplace surface acting and marital partner discontent: Anxiety and exhaustion spillover mechanisms [J] . Journal of Occupational Health Psychology, 2015, 20 (3) : 314–325.

[167] Lammers J, Stapel D A, Galinsky A D. Power Increases Hypocrisy: Moralizing in Reasoning, Immorality in Behavior [J] . Psychological Science, 2010, 21 (5) : 737–744.

[168] Laumann E O. Prestige and association in an urban community [M] . Indianapolis: Bobbs–Merrill, 1996.

[169] Law K S, Wong C S, Wang D X, et al. Effect of supervisor-subordinate Guanxi on supervisory decisions in China: An empirical investigation [J] . International Journal of Human Resource Management, 2000, 11 (4) : 751–765.

[170] Leana C, Van Buren H J. Organizational social capital and employment

practices [J]. The Academy of Management Review, 1999, 24: 538–555.

[171] Lee D Y, Dawes P L. Guanxi, Trust, and Long–term Orientation in Chinese Business Markets [J]. Journal of International Marketing, 2005, 13 (2): 28–56.

[172] Lee D, Pae J H, Wong Y H. A model of close business relationships in China (guanxi) [J]. European Journal of Marketing, 2001, 35 (1/2): 51–69.

[173] Leung K, Bond M H. The impact of cultural collectivism on reward allocation [J]. Journal of Personality and Social Psychology, 1984, 47: 793–804.

[174] Leung T K P, Lai K H, et al. The role of Xinyong and Guanxi in Chinese relationship marketing [J]. European Journal of Marketing, 2005, 39 (6): 528–558.

[175] Leung T K P, Wong Y H, Wong S. A Study of Hong Kong Businessmen's Perception of the Role "Guanxi" in the People's Republic of China [J]. Journal of Business Ethics, 1996, 15: 749–758.

[176] Leung T K P, Wong Y H. The ethics and positioning of guanxi in China [J]. Marketing Intelligence & Planning, 2001, 19 (1): 55–64.

[177] Levin D Z, Cross L R. The Strength of Weak Ties You Can Trust: The Mediating Role of Trust in Effective Knowledge Transfer [J]. Management Science, 2004, 50: 1477–1490.

[178] Li H A, Athuahene–Gima K. Product Innovation Strategy and the Performance of New Technology Ventures in China [J]. Academy of

Management Journal, 2001, 44（6）: 1123-1134.

[179] Li J, Wang W, Sun G, et al. Supervisor-Subordinate Guanxi and Job Satisfaction Among Migrant Workers in China [J]. Social Indicators Research: An International and Interdisciplinary Journal for Quality-of-Life Measurement, 2016.

[180] Liden R C, Maslyn J M. Multidimensionality of leader-member exchange: An empirical assessment through scale development [J]. Journal of Management, 1998, 24（1）: 43-72.

[181] Lin L H. Cultural and Organizational Antecedents of Guanxi: The Chinese Cases [J]. Journal of Business Ethics, 2011, 99（3）: 441-451.

[182] Lin M. The effects of supervisors' chaxugejv on leadership behaviors and effectiveness [D]. Unpublished Master's thesis, Taipei: National Zhongshan University, 2002.

[183] Lin N, Ensel W M, Vaurhn J C. Social Resources and Occupational Status Attainment [J]. Social Forces, 1981, 59（4）: 1163-1181.

[184] Lin N. Social capital: A theory of social structure and action（Vol.19）[M]. Cambridge: Cambridge university press, 2002.

[185] Lin N. Social Capital: A Theory of Social Structure and Action [M]. Cambridge: Cambridge University Press, 2001.

[186] Liu J, Kwan H K, Ping P F, et al. Ethical leadership and job performance in China: The roles of workplace friendships and traditionality [J]. Journal of Occupational & Organizational Psychology, 2013, 86（4）: 564-584.

[187] Liu X Y, Wang J. Abusive supervision and organizational citizenship

behavior: is supervisor–subordinate guanxi a mediator? [J].
International Journal of Human Resource Management, 2013, 24 (7):
1471–1489.

[188] Lockett M. Culture and problems of Chinese management [J].
Organization Studies, 1988, 9: 475–496.

[189] Loury G. A dynamic theory of racial income differences [J].
Women, minorities, and employment discrimination, 1977, 153:
86–153.

[190] Lovett S, Kali S R. Guanxi Versus the Market: Ethics and Efficiency
[J]. Journal of International Business Studies, 1999, 30 (2):
231–247.

[191] Luo Y D. Particularistic trust and general trust: a network analysis in
Chinese organizations [J]. Management and Organizational Review,
2005, 3: 437–458.

[192] Luo Y, Chen M. Managerial implications of guanxi–based business
strategies [J]. Journal of International Management, 1996, 2 (4):
293–316.

[193] Luo Y, Huang Y, Wang S L. Guanxi and organizational performance:
a meta–analysis[J]. Management & Organization Review, 2012, 8(1):
139–172.

[194] Luo Y. Guanxi and Business [M]. River Edge: World Scientific,
2000.

[195] Luo Y. Guanxi and Performance of Foreign–Invested Enterprises
in China: An Empirical Inquiry [J]. Management International
Review, 1997, 37 (1): 51–70.

[196] Luo Y. Guanxi: principles, philosophies, and implications [J].

Human Systems Management, 1997, 16（1）: 43–51.

[197] Luo Y. Industrial Dynamics and Managerial Networking in an Emerging Market: The Case of China [J]. Strategic Management Journal, 2003, 24（13）: 1315–1327.

[198] Mcallister D J. Affect- and Cognition-Based Trust as Foundations for Interpersonal Cooperation in Organizations [J]. Academy of Management Journal, 1995, 38（1）: 24–59.

[199] McConnell A R. The multiple self-aspects framework: self-concept representation and its implications [J]. Personality and Social Psychology Review, 2011, 15（1）: 3–27.

[200] Mccord M A, Joseph D L, Dhanani L Y, et al. A meta-analysis of sex and race differences in perceived workplace mistreatment [J]. Journal of Applied Psychology, 2018, 103（2）: 137–163.

[201] Millington A, Eberhardt M, Wilkinson B. Gift Giving, Guanxi and Illicit Payments in Buyer-Supplier Relationships in China: Analysing the Experience of UK Companies [J]. Journal of Business Ethics, 2005, 57（3）: 255–268.

[202] Minnotte K L, Minnotte M C, Bonstrom J. Work-family conflicts and marital satisfaction among US workers: Does stress amplification matter? [J]. Journal of Family and Economic Issues, 2005, 36（1）: 21–33.

[203] Minnotte K L, Minnotte M C, Pedersen D E. Marital Satisfaction among Dual-Earner Couples: Gender Ideologies and Family-to-Work Conflict [J]. Family Relations, 2013, 62（4）: 686–698.

[204] Morgeson F P, Hofmann D A. The Structure and Function of Collective Constructs: Implications for Multilevel Research and Theory

Development [J]. Academy of Management Review, 1999, 24（2）: 249-265.

[205] Muraven M, Baumeister R F. Self-regulation and depletion of limited resources: does self-control resemble a muscle? [J]. Psychological Bulletin, 2000, 126（2）: 247-259.

[206] Muraven M. Building Self-Control Strength: Practicing Self-Control Leads to Improved Self-Control Performance [J]. Journal of Experimental Social Psychology, 2010, 46（2）: 465-468.

[207] Muurlink O, Peetz D, Murray G. Work-related influences on marital satisfaction amongst shiftworkers and their partners: a large, matched-pairs study [J]. Community Work & Family, 2014, 17（3）: 288-307.

[208] Nahapiet J, Ghoshal S. Social capital, intellectual capital and the organizational advantage [J]. Academy of Management Review, 1998, 23: 242-266.

[209] Naso R C. Immoral actions in otherwise moral individuals: Interrogating the structure and meaning of moral hypocrisy [J]. Psychoanalytic Psychology, 2006, 23（3）: 475-489.

[210] Nee V. The emergence of a market society: Changing mechanisms of stratification in China[J]. American journal of sociology, 1996, 101（4）: 908-949.

[211] Ng S H. Equity and social categorization effects on intergroup allocation of rewards [J]. British Journal of Social Psychology, 1984, 23: 165-172.

[212] Ngo H Y, Wong C S. Antecedents and Outcomes of Employees' Trust in Chinese Joint Ventures [J]. Asia Pacific Journal of Management,

2003, 20（4）：481-499.

[213] Noor N M, Zainuddin M. Emotional labor and burnout among female teachers: Work-family conflict as mediator [J]. Asian Journal of Social Psychology, 2011, 14（4）: 283-293.

[214] Obradović J, Čudina-Obradović M. Work stress and marital quality in dual earner couples: a test of three mediation models [J]. Journal for General Social Issues, 2013, 22（4）: 673-691.

[215] Opper S, Nee V, Holm J. Risk aversion and guanxi activities: a behavioral analysis of CEOs in China [J]. Academy of Management Journal, 2016, 60（4）: 1504-1530.

[216] Ozcelik H. An empirical analysis of surface acting in intra-organizational relationships [J]. Journal of Organizational Behavior, 2013, 34（3）: 291-309.

[217] Park S H, Luo Y. Guanxi and organizational dynamics: organizational networking in Chinese firms [J]. Strategic Management Journal, 2001, 22（5）: 455-477.

[218] Parnell M F. Chinese business guanxi: an organization or non-organization? [J]. Journal of Organizational Transformation and Social Change, 2005, 2（1）: 29-47.

[219] Peng M W, Luo Y. Managerial Ties and Firm Performance in a Transition Economy: The Nature of a Micro-Macro Link [J]. The Academy of Management Journal, 2000, 43（3）: 486-501.

[220] Peng S. Guanxi in trust: An indigenous study of Chinese interpersonal trust [D]. Hong Kong: University of Hong Kong, 1998.

[221] Perrone K M, Webb L K, Blalock R H. The Effects of Role Congruence and Role Conflict on Work, Marital, and Life Satisfaction [J] .Journal

of Career Development, 2005, 31（4）: 225-238.

[222] Podsakoff P M, et al. Impact of Organizational Citizenship Behavior on Organizational Performance: A Review and Suggestion for Future Research [J]. Human Performance, 1997, 10（2）: 133-151.

[223] Podsakoff P M, Mackenzie S B, Moorman R H, et al. Transformational leader behaviors and their effects on followers' trust in leader, satisfaction, and organizational citizenship behaviors [J]. Leadership Quarterly, 1990, 1（2）: 107-142.

[224] Portes A. Social Capital: Its Origins and Applications in Modern Sociology [J]. Annual Review of Sociology, 1998, 24: 1-24.

[225] Portes A. The Two Meanings of Social Capital [J]. Sociological Forum, 2000, 15（1）: 1-12.

[226] Putnam R D. Bowling Alone: America's Declining Social Capital [J]. Journal of Democracy, 1995, 6（1）: 65-78.

[227] Putnam R D. Making democracy work: civic traditions in modern Italy [M]. Princeton: Princeton University Press, 1993.

[228] Pye L. Chinese commercial negotiating style [M]. Cambridge, MA: Oelgeschlage, Gunnand Hain Inc, 1982.

[229] Qi H. Strategy process and guanxi in Chinese township and village enterprises: a case-study approach [J]. Asia Pacific Business Review, 2006, 12（1）: 1-18.

[230] Ramasamy B, Goh K W, Yeung M. Is Guanxi（relationship）a bridge to knowledge transfer? [J]. Journal of Business Research, 2006, 59（1）: 130-139.

[231] Reagans R, Zuckerman E W. Networks, Diversity, and Productivity: The Social Capital of Corporate R & D Teams [J]. Organization

Science, 2001, 12（4）: 502-517.

［232］Reinecke L, Hartmann T, Eden A. The Guilty Couch Potato: The Role of Ego Depletion in Reducing Recovery Through Media Use［J］. Journal of Communication, 2014, 64（4）: 569-589.

［233］Ren H, Chen C W. Why do Chinese employees engage in building supervisor- subordinate guanxi?［J］. Chinese Management Studies, 2018, 12（1）: 148-163.

［234］Ren S, Chadee D. Is guanxi always good for employee self-development in China? Examining non-linear and moderated relationships［J］. Journal of Vocational Behavior, 2017, 98（2）: 108-117.

［235］Rhee J, Zhao X, Jun I, et al. Effects of collectivism on Chinese organizational citizenship behavior: guanxi as moderator［J］. Social Behavior & Personality: An International Journal, 2017, 45（7）: 1127-1142.

［236］Richards J M, Gross J J. Personality and emotional memory: How regulating emotion impairs memory for emotional events［J］. Journal of Research in Personality, 2006, 40（5）: 631-651.

［237］Riley D, Eckenrode J. Social ties: subgroup differences in costs and benefits［J］. Journal of Personality and Social Psychology, 1986, 51: 770-778.

［238］Rook, Karen S. The negative side of social interaction: impact on psychological well-being［J］. Journal of Personality & Social Psychology, 1984, 46（5）: 1097-1108.

［239］Ross M, Sicoly F. Egocentric biases in availability and attribution［J］. Journal of Personality and Social Psychology, 1982, 37（3）: 322-336.

[240] Rozman G. The east Asia region in comparative perspective [M] // Rozman G. The East Asia region. Princeton: Princeton University Press, 1991.

[241] Samuels A. Carnal critiques: promiscuity, politics, imagination, spirituality and hypocrisy [J]. Psychotherapy and Politics International, 2009, 7 (1): 4-17.

[242] Sandberg J G, Yorgason J B, Miller R B, et al. Family-to-Work Spillover in Singapore: Marital Distress, Physical and Mental Health, and Work Satisfaction [J]. Family Relations, 2012, 61 (1): 1-15.

[243] Sanz-Vergel A I, Rodriguez-Munoz A, Bakker A B, et al. The daily spillover and crossover of emotional labor: Faking emotions at work and at home [J]. Journal of Vocational Behavior, 2012, 81 (2): 209-217.

[244] Schumm W R, Paff-Bergen L A, Hatch R C, et al. Concurrent discriminant validity of the kansas marital satisfaction scale [J]. Journal of Marriage and the Family, 2005, 48 (2): 381-387.

[245] Seibert S E, Kraimer M L, Liden R C. A Social Capital Theory of Career Success [J]. Academy of Management Journal, 2001, 44 (2): 219-237.

[246] Sheh S W. Chinese cultural values and their implications to Chinese management [J]. Singapore Management Review, 2001, 23 (2): 75-83.

[247] Shelley C. Hypocrisy as irony: Toward a cognitive model of hypocrisy [J]. Metaphor and Symbolic Activity, 2006, 21 (3): 169-190.

［248］Shin S K, Ishman M, Sanders G L. An empirical investigation of socio-cultural factors of information sharing in China ［J］. Information and Management, 2007, 44（2）: 165-174.

［249］Shou Z, Rui G, Zhang Q, et al. The many faces of trust and guanxi behavior: Evidence from marketing channels in China ［J］. Industrial Marketing Management, 2011, 40（4）: 503-509.

［250］Smart A. Gifts, Bribes, and Guanxi: A Reconsideration of Bourdieu's Social Capital ［J］. Cultural Anthropology, 1993, 8（3）: 388-408.

［251］Sparrowe R T, Liden R C, Wayne S J, et al. Social Networks and the Performance of Individuals and Groups ［J］. Academy of Management Journal, 2001, 44（2）: 193-201.

［252］St. Vil N M. African American Marital Satisfaction as a Function of Work-Family Balance and Work-Family Conflict and Implications for Social Workers ［J］. Journal of Human Behavior in the Social Environment, 2014, 24（2）: 208-216.

［253］Standifird S S, Marshall R S. The transaction cost advantage of guanxi-based business practices［J］. Journal of World Business, 2000, 35（1）: 21-42.

［254］Stone J. Self-consistency for low self-esteem in dissonance processes: the role of self-standards ［J］. Personality and Social Psychology Bulletin, 2003, 29（7）: 846-858.

［255］Su C, Littlefield S. Is Guanxi Orientation Bad, Ethically Speaking? A Study of Chinese Enterprises ［J］. Journal of Business Ethics, 2003, 44（4）: 303-312.

［256］Suarez F F. Network effects revisited: the role of strong ties in technology selection [J]. Academy of Management Journal, 2005, 48: 710-720.

[257] Tajfel H, Billig M G, Bundy R P, et al. Social categorization and intergroup behaviour [J]. European journal of social psychology, 1971, 1（2）: 149-178.

[258] Tajfel H, Turner J C. An integrative theory of intergroup conflict [M] //Austin W G, Worchel S. The Social Psychology of Intergroup Relations. Monterey, CA: Brooks/Cole, 1979: 33-27.

[259] Tan D, Snell R S. The Third Eye: Exploring Guanxi and Relational Morality in the Workplace [J]. Journal of Business Ethics, 2002, 41（4）: 361-384.

[260] Tan H H, Tan C S F. Toward the Differentiation of Trust in Supervisor and Trust in Organization [J]. Genet Soc Gen Psychol Monogr, 2000, 126（2）: 241-260.

[261] Tenbrunsel A E, Northcraft G. In the eye of the beholder: Payoff structures and decision frames in social dilemmas [M] //Kramer R M, Tenbrunsel A E, Bazerman M H. Social Decision Making: Social Dilemmas, Social Values, and Ethical Judgments. London: Psychology Press, 2009: 95-116.

[262] Tepper B J. Abusive Supervision in Work Organizations: Review, Synthesis, and Research Agenda [J]. Journal of Management, 2007, 33（3）: 261-289.

[263] Tepper B J. Consequences of abusive supervision [J]. Academy of Management Journal, 2000, 43（2）: 178-190.

[264] Timmers M, Fischer A H, Manstead A S. Gender differences in motives for regulating emotions [J]. Personality and Social Psychology

Bulletin, 1998, 24（9）: 974-985.

[265] Trope Y, Liberman N. Construal-Level Theory of Psychological Distance [J]. Psychological Review, 2010, 117（2）: 440-463.

[266] Tryon G S, Vinski E J. Study of a Cognitive Dissonance Intervention to Address High School Students' Cheating Attitudes and Behaviors [J]. Ethics & Behavior, 2009, 19（3）: 218-226.

[267] Tsang E W K. Can Guanxi Be a Source of Sustained Competitive Advantage for Doing Business in China? [J]. Academy of Management Executive, 1998, 12（2）: 64-73.

[268] Tsui A S, Farh J L, Xin K R. Guanxi in the Chinese Context [M] // Li J T, Tsui A S, Weldon E. Management and organizations in the Chinese context. London: MacMillan, 2000.

[269] Tsui A S, Farh J L. Where guanxi matters: Relational demography and guanxi in the Chinese context [J]. Work and Occupations, 1997, 24（1）: 56-79.

[270] Tung R L. Network capitalism: the role of human resources in penetrating the China market [J]. The International Journal of Human Resource Management, 2001, 12（4）: 517-534.

[271] Tversky A, Kahneman D. The framing of decisions and the psychology of choice [J]. Science, 1981, 211（4481）: 453-458.

[272] Twenge J M, Campbell W K, Foster C A. Parenthood and marital satisfaction: A meta-analytic review [J]. Journal of Marriage and Family, 2003, 65（3）: 574-583.

[273] Umberson D, Williams K, Powers D A, et al. As good as it gets? A life course perspective on marital quality [J]. Social Forces, 2005, 84（1）: 493-511.

［274］Van Steenbergen E F, Kluwer E S, Karney B R. Work-family enrichment, work-family conflict, and marital satisfaction: a dyadic analysis［J］. Journal of Occupational Health Psychology, 2014, 19(2): 182-194.

［275］Vanhonacker W R. Guanxi Networks in China［J］. Journal of Contemporary Eastern Asia, 2004, 31（3）: 48-53.

［276］Vinokur A D, Ryn M V. Social support and undermining in close relationships: their independent effects on the mental health of unemployed persons［J］. Journal of Personality and Social Psychology, 1993, 65（2）: 350-359.

［277］Wagner D T, Barnes C M, Scott B A. Driving it Home: How Workplace Emotional Labor Harms Employee Home Life［J］. Personnel Psychology, 2013, 67（2）: 487-516.

［278］Wakabayashi M. Japanese management progress: Mobility into middle management［J］. Journal of Applied Psychology, 1988, 73（2）: 217-227.

［279］Walder A G, Li B, Treiman D J. Politics and life chances in a state socialist regime: Dual career paths into the urban Chinese elite［J］. American Sociological Review, 2000, 65（2）: 191-209.

［280］Walder A G. Local Governments as Industrial Firms: An Organizational Analysis of China's Transitional Economy［J］. American Journal of Sociology, 1995, 101（2）: 263-301.

［281］Wang G. What role does leaders' emotional labor play in effective leadership? An empirical examination［D］. University of Iowa, 2011.

［282］Wang Z M, Heller F A. Patterns of Power Distribution in Managerial

Decision Making in Chinese and British Industrial Organizations [J].
International Journal of Human Resource Management, 1993, 4 (1):
113–128.

[283] Wang Z, Jex S M, Peng Y, et al. Emotion regulation in supervisory
interactions and marital well–being: A spillover–crossover perspective
[J]. Journal of Occupational Health Psychology, 2019, 24 (4):
467–481.

[284] Warner M. Human resource management "with Chinese characteristics"
[J]. The International Journal of Human Resource Management,
1993, 4 (1): 45–65.

[285] Warren D E, Dunfee T W, Li N. Social Exchange in China: The
Double–Edged Sword of Guanxi [J]. Journal of Business Ethics,
2004, 55: 355–372.

[286] Weigert L A J. The social dynamics of trust: Theoretical and empirical
research [J]. Social Forces, 2012, 91 (1): 25–31.

[287] Williams L J, Anderson S E. Job Satisfaction and Organizational
Commitment as Predictors of Organizational Citizenship Behavior and In-
Role Behavior [J]. Journal of Management, 1991, 17 (3): 601–
618.

[288] Wong C S, Tinsley C, Law K S, et al. Development and validation of
a multidimensional measure of guanxi [J]. Journal of psychology in
Chinese societies, 2003, 4 (1): 43–69.

[289] Wong Y H, Chan Y K. Relationship Marketing in China: Guanxi,
Favouritism and Adaptation [J]. Journal of Business Ethics, 1999,
22 (2): M 107–118.

[290] Wong Y T, Wong C S, Ngo H Y. Loyalty to supervisor and trust in

supervisor of workers in Chinese joint ventures: A test of two competing models [J]. International Journal of Human Resource Management, 2002, 13（6）: 883-900.

[291] Woolcock M. Social capital and economic development: Toward a theoretical synthesis and policy framework [J]. Theory & Society, 1998, 27（2）: 151-208.

[292] Wu T Y, Hu C. Abusive supervision and subordinate emotional labor: The moderating role of openness personality [J]. Journal of Applied Social Psychology, 2013, 43（5）: 956-970.

[293] Xiao Z, Tsui A S. When Brokers May Not Work: The Cultural Contingency of Social Capital in Chinese High-tech Firms [J]. Administrative Science Quarterly, 2007, 52（1）: 1-31.

[294] Xin K K, Pearce J L. Guanxi: Connections as Substitutes for Formal Institutional Support [J]. The Academy of Management Journal, 1996, 39（6）: 1641-1658.

[295] Xin K R, Farh J L, Cheng B S, et al. Guanxi and vertical dyads: Evidence from Taiwan and the PRC [C] //Conference of the Asia Association of Social Psychology. Taipei: Taiwan, 1999.

[296] Yage J. When friendship hurts: how to deal with friends who betray, abandon, or wound you [M]. New York: Simon & Shuster, 2002.

[297] Yanchus N J, Eby L T, Lance C E, et al. The impact of emotional labor on work-family outcomes [J]. Journal of Vocational Behavior, 2010, 76（1）: 105-117.

[298] Yang C F. Psycho-cultural foundations of informal group: The issues of loyalty, sincerity, and trust [M] //Dittmer L, Fukui H, Lee P N S. Informal Politics in East Asia. New York: Cambridge University

Press, 1997.

[299] Yang K S. Chinese Personality and its Changes [M] //Bond M H. The Psychology of the Chinese People. Hong Kong: Oxford University Press, 1986.

[300] Yang M H. Gifts, favors, and banquets: the art of social relationships in China [M]. Ithaca, New York: Cornell University Press, 1994.

[301] Yang M M. The Resilience of Guanxi and its New Deployments: A Critique of Some New Guanxi Scholarship [J]. The China Quarterly, 2002, 170: 459-476.

[302] Yeung I, Tung R L. Achieving business success in Confucian societies: The importance of guanxi (connections) [J]. Organizational Dynamics, 1996, 25 (2): 54-65.

[303] Yg C A B O, Huo Y P. Conceptions of Employee Responsibilities and Rights in the United States and the People's Republic of China [J]. Journal of Human Resource Management, 1993, 4 (1): 85-111.

[304] Yoon J, Thye S. Supervisor support in the work place: legitimacy and positive affectivity [J]. Journal of Social Psychology, 2000, 140 (3): 295-316.

[305] Zapf D, Holz M. On the positive and negative effects of emotion work in organizations [J]. European Journal of Work & Organizational Psychology, 2006, 15 (1): 1-28.

[306] Zhang L, Deng Y, Wang Q. An Exploratory Study of Chinese Motives for Building Supervisor-Subordinate Guanxi [J]. Journal of Business Ethics, 2014, 124 (4): 659-675.

[307] Zhang L, Deng Y, Zhang X, et al. Why do Chinese employees build supervisor-subordinate guanxi? A motivational analysis [J]. Asia

Pacific Journal of Management, 2016, 33: 617-648.

[308] Zhang L, Deng Y. Guanxi with Supervisor and Counterproductive Work Behavior: The Mediating Role of Job Satisfaction [J]. Journal of Business Ethics, 2016, 134 (3): 413-427.

[309] Zhang X A, Li N, Harris T B. Putting non-work ties to work: The case of guanxi in supervisor-subordinate relationships [J]. Leadership Quarterly, 2015, 26 (1): 37-54.

[310] Zhang Y, Zhang Z. Guanxi and organizational dynamics in China: a link between individual and organizational levels [J]. Journal of Business Ethics, 2006, 67 (4): 375-392.

[311] Zhang Z X, Yang C F. Beyond distributive justice: The reasonableness norm in Chinese reward allocation [J]. Asian Journal of Social Psychology, 1998, 1: 253-269.

[312] Zhang Z X. Sensing contextual cues in reward allocation: the effect of situational factors [C] //The 15th Annual Conference of the Society of Industrial and Organizational Psychology. New Orleans: Louisiana, 2000.

[313] Zhang Z X. The effect of frequency of social interaction and relationship closeness on reward allocation [J]. Journal of Psychology, 2001, 135 (2): 154-164.

[314] Zhou J, Martocchio J J. Chinese and American managers' compensation award decisions: A comparative policy-capturing study [J]. Personnel Psychology, 2010, 54 (1): 115-145.

致　谢

　　本书集结了我和我带领的团队多年来对于上下级关系的研究与思考，这些研究成果在某种程度上满足了我对于做本土化、中国式管理心理学研究的学术志趣。本书主要以我的博士学位论文为核心，其中部分章节曾在国内学术期刊上发表过，例如第七章的研究成果发表于《心理学报》（2011年第 7 期），第九章的研究成果发表于《中国人力资源开发》（2016 年第 21 期），在此对上述期刊表示诚挚的感谢！本书还收纳并扩充了我所指导的部分硕士研究生的学位论文，他们是王芃、王瑞、刘珊瑚、王思思等，我与这些优秀的学生志同道合，一起探索上下级关系研究主题，每次想起其中的经历，备感幸福，作为导师，在此我也对他们的付出表示感谢！

　　在本书的写作过程中，我得到了众多师长的支持和关怀。首先要感谢我的导师华中科技大学管理学院龙立荣教授，龙老师为我的学术发展和个人成长付出了大量心血，师门数载，恩深似海！我还要感谢南京师范大学心理学院郭永玉教授，郭老师既是我尊敬的老师，也是我学术道路的一位领路人，我与郭老师也曾同事多年，感谢郭老师多年的关怀和照顾！我还要感谢华中师范大学心理学院马红宇教授，马老师既是我的老师和领导，也与我身处同一研究团队和方向，感谢马老师多年来的鼓励和支持！

在本书成稿的过程中，我众多的研究生也为之默默付出。我的研究生张丽瑶参与了本书第十三章的部分撰写工作；研究生汪义广、杨彬参与了本书第十一章、第十二章的撰写与修改工作；研究生丁亮东负责订正了全书的引文和参考文献，研究生游苏敏负责了全书的排版工作，研究生李苏蕾、肖遥、李方朝、薛欢、徐瀚文负责了全书的校对工作。我在此对他们的帮助和工作表示感谢！

最后我要深深地感谢我的家人给予我的支持，家庭不仅是我身心休憩的港湾，也是我工作中不竭的动力源泉！

上下级关系是一个充满无穷魅力又无比复杂的主题，由于我的研究水平所限，本书中难免存在各种问题和错误，希望各位同行和读者不吝指教！

王忠军

2021 年 12 月于武汉南湖